Oetterli · Betriebssoziologie

Betriebssoziologie und Gesellschaftsbild

von

Jörg Oetterli

Walter de Gruyter · Berlin · New York 1971

 – Satz und Druck: Courier Druckhaus Ingolstadt. – Printed in Germany.
ISBN 3 11 001976 0

Vorwort

„Die Soziologie ist ein Produkt der industrialisierten Gesellschaft – und die Industrie ist ihr bevorzugter Gegenstand."[1] Würde diese Feststellung zutreffen, so müßte industrie- und betriebssoziologische Forschung in voller Blüte stehen. In Wirklichkeit verhält es sich anders. Wohl gehören betriebssoziologische Vorlesungen zu den Standardprogrammen an unseren Universitäten. Forschung wird dagegen immer spärlicher getrieben. Die betriebssoziologische Forschung steckt seit Jahren in einer nicht zu übersehenden Krise. Ich kann die Zahl meiner Kollegen, die seit Jahren regelmäßig Grundlagenforschung in Betrieben durchführen, an einer einzigen Hand abzählen. Die Industrie ist allenfalls zum bevorzugten Gegenstand der Kontroverse geworden, nicht aber zum Zentrum wissenschaftlicher Arbeit.

Es gibt wenige konsistente Entwicklungen in unserer Gesellschaft. Eine davon ist der wissenschaftlich-technische Akkumulationsprozeß, der nicht nur die industrielle Arbeitswelt prägt, sondern gesellschaftliche Strukturen insgesamt. Längst sind wir auf dem Wege von einer Maschinentechnologie zu einer intellektuellen Technologie. Längst haben wir eingesehen, daß die Organisationsformen, die im Zuge der Industrialisierung, der Anwendung technologischer Prinzipien also, entstanden sind, unser Leben verändern. Betriebliche Probleme ergeben sich schon heute vermehrt auch in Dienstleistungsbetrieben. Es wäre deshalb anzunehmen, daß die ursprünglichen Fragen der Industrie- und Betriebssoziologie im allgemeinen Rahmen einer Soziologie der technologischen Umwelt weiterbehandelt werden müssen.

Wenn die technologischen Prozesse so einheitlich ablaufen, wie sehr oft angenommen wird, wäre zu erwarten, daß auch betriebssoziologische Untersuchungen eine bestimmte Einheitlichkeit aufweisen. Dies ist keineswegs der Fall. *Oetterli* ist einigen Gründen der disparitären Entwicklung in der Betriebssoziologie nachgegangen: „Ausgangspunkt dieser ‚Forschung über die Forschung' bildete das Unbehagen, welches einem schon bei einer relativ oberflächlichen Betrachtung der betriebssoziologischen Literatur befällt: Die verschiedenen Arbeiten scheinen ziemlich beziehungslos nebeneinander zu liegen; die Forschungsergebnisse sind nur schwer vergleichbar und kaum geeignet, zur Erarbeitung eines brauchbaren theoretischen Ansatzes in der Betriebssoziologie beizutragen ..." (S. 13) Mit Hilfe einer Analyse der Gesellschaftsbilder, welche den einzelnen betriebssoziologischen Arbeiten zugrunde liegen, soll diese Zusammenhanglosigkeit und Gegensätzlichkeit der Ansätze dargestellt werden. Ich sehe drei Gründe für die Widersprüchlichkeit betriebssoziologischer Ergebnisse:

1. Eine kontinuierliche Entwicklung in der Betriebssoziologie hat zu keiner Zeit

bestanden. Weder waren die institutionellen Mittel, die zur Verfügung standen, ausreichend, noch ergaben sich gemeinsame Zielsetzungen für die Forschung.

2. Betriebssoziologie wurde nicht auf Grund einer einheitlichen theoretischen Basis getrieben. Nicht das Forschungsobjekt selbst, also die betriebliche Sozialorganisation bestimmte den Einsatz der Forschungsmethoden, sondern vielmehr gesellschaftstheoretische Überlegungen einerseits oder eingeschränkte Interessenlagen der Auftraggeber andererseits. Der Anteil der empirizistischen Arbeiten ist gerade im betriebssoziologischen Bereich besonders groß.

3. Die gesellschaftlichen Erwartungen an die Betriebssoziologie entsprachen zu keiner Zeit den wissenschaftlichen Möglichkeiten dieser Disziplin. Es wurden von der Betriebssoziologie stets Ergebnisse erwartet, die unverzüglich in der Praxis zur rationelleren Arbeitsgestaltung anwendbar sind. Solche Erwartungen entsprechen nicht einer wissenschaftlichen Zielsetzung. Jene Forscher, die sich diesem Drängen unkritisch unterzogen, müssen deshalb zu Recht den Vorwurf entgegennehmen, vornehmlich einer Gruppe im Betrieb gedient zu haben: dem Management.

Gerade anhand der betriebssoziologischen Literatur können Grundprobleme des Angebotes und der Nachfrage wissenschaftlicher Erkenntnisse durchleuchtet und exemplifiziert werden. Die Nachfrage nach Methoden, die eine noch rationellere Produktion und Administration erlauben, war stets groß. Ähnlich wie Ende des 19. Jahrhunderts der Ruf nach wissenschaftlicher Betriebsführung im Zuge der immer größer werdenden industriellen Betriebe sich verstärkte, werden heute sämtliche verfügbaren Methoden der empirischen Sozialforschung, der Sozialpsychologie und Soziologie verwendet, wo immer sich daraus eine Nützlichkeit ableiten läßt. Es gibt kaum eine moderne Betriebsverfassung, in die nicht sozialwissenschaftliches Vokabular Eingang gefunden hat. So wird von der „Motivation“ der Mitarbeiter gesprochen, von „Gruppendynamik“ und dergleichen mehr. Wie wir wissen, wurden seinerzeit *Frederic Winslow Taylors* Methoden sehr rasch von der Industrie verwendet; die Zielsetzung seiner „Wissenschaftlichen Betriebsführung“ hat er aber nie erreicht. Seine Vorstellung durch objektives Erfassen der Arbeitsverhältnisse, durch wissenschaftliche Messungen also, Konflikte jeglicher Art auszuschalten, erwies sich als eine Fiktion. Ebenso untauglich haben sich bisher in der Industrie die Versuche erwiesen, das Betriebsklima mit Hilfe von Umfragen zu verändern.

Ungeklärt bleibt ebenfalls die Diskrepanz zwischen Theorie und Praxis im Bereiche des Betriebs. Gerade wenn es sich um soziale Systeme handelt, kann der Praktiker mit einigen Fakten alleine nichts anfangen. Partikulare Information ist Desinformation. Er kann wissenschaftliche Erkenntnisse und Ergebnisse von Untersuchungen nur dann verwenden, wenn er auch die Funktionsweise sozialer Systeme versteht, also mit entsprechenden Theorien vertraut ist.

Es ist längst betriebliche Praxis, daß kritische Analysen im Rechnungswesen oder in der Qualitätskontrolle zum wirtschaftlichen Erfolg führen. Kritische Analyse im sozialen Bereich wird dagegen als nicht notwendig oder gar als störend betrachtet. Man versucht zwar dauernd Neuerungen einzuführen, und ist erstaunt darüber, wenn menschliche Verhaltensweisen sich als konservativ, als entwicklungshemmend ergeben. Dabei übersieht man, daß gerade soziale Konflikte nicht nur unvermeidbar sind, sondern geradezu die Veränderung von Verhaltensweisen erst ermöglichen.

Die Betriebssoziologie, oder wie man besser sagen müßte, die Soziologie betrieblicher Organisationen kann nie zum Ziele haben, den Menschen weiter an die Technologie anzupassen. Eine „Humanisierung" der Arbeitswelt geschieht nicht dadurch, den Menschen mit noch verfeinerten Methoden an Maschinen anzupassen, sondern vielmehr nur dann, wenn die Technologie humaneren Bedürfnissen untergeordnet wird.

Betriebssoziologie wird in Zukunft immer weniger als Mittel der Konditionierung mißbraucht werden können. Wo die Wissenschaft selbst in unkritischer Weise dazu beigetragen hat, hat sich zu Recht eine Krise eingestellt. Die Managementsoziologie ist tatsächlich auf einem toten Geleise.

Die ökonomische Zweckmäßigkeit ist nicht mit der gesellschaftlichen Zweckmäßigkeit identisch. Die Betriebssoziologie wird sich zwar ökonomischen Bedingungen keineswegs entziehen können, muß sich aber vermehrt der Aufgabe widmen, gesamtgesellschaftliche Ziele von betrieblichen Strukturen und Maßnahmen zu untersuchen.

Wenn der englische Chemiker und Wirtschaftler *Andrew Ure* (1778–1857) noch meinte, daß eigenwillige und unlenksame Arbeiter ein Hindernis der industriellen Produktion darstellen, so ist gerade in Zukunft mehr Eigenwilligkeit und Unlenksamkeit zu fordern, sofern es darum geht, humanere Lebensbedingungen zu schaffen. *Ures* Ansicht wird auch heute noch von zu vielen vertreten: „Nach der Unvollkommenheit der menschlichen Natur kann es sich wohl treffen, daß der geschickteste Arbeiter um so eigenwilliger und unlenksamer ist, und deshalb am wenigsten für ein mechanisches System taugt, wo er durch gelegentliche Unregelmäßigkeiten dem Ganzen den größten Schaden tun könnte. Es ist also das hohe Ziel des neuern Manufakturisten, durch Vereinigung von Kapital und Wissenschaft die Aufgabe seiner Arbeitsleute auf Aufmerksamkeit und Gewandtheit allein zu beschränken –, Fähigkeiten, welche bei jungen Leuten und Kindern sehr bald zur Vollkommenheit gebracht werden können."[2]

Wenn Betriebssoziologie auch in Zukunft noch eine Aufgabe hat, dann gerade jene, die Aufmerksamkeit für Zusammenhänge zu wecken, welche in der allgemeinen Verblendung durch den technologischen Fortschritt weder erforscht noch beachtet werden.

Prof. Dr. Peter Atteslander

[1] *Wolfram Burish,* Industrie- und Betriebssoziologie, Sammlung Göschen Nr. 3103, 6., neu bearbeitete und erweiterte Auflage, Berlin 1971, S. 5.

[2] *Andrew Ure,* Soziale Auswirkungen der industriellen Arbeitsteilung, in: *Friedrich Fürstenberg,* Hrsg., Industrie – Soziologie, Neuwied 1959, S. 32.

Inhaltsverzeichnis

1. Betriebssoziologische Forschung als Ergebnis einer Vielzahl von Einflußfaktoren

Vergleicht man betriebssoziologische Arbeiten, so lassen sich bereits bei einer oberflächlichen Betrachtung große Unterschiede zwischen den verschiedenen Ansätzen feststellen. Man hat sogar das Gefühl, daß die einzelnen betriebssoziologischen Forschungsergebnisse ziemlich beziehungslos nebeneinander liegen. Damit sind nicht bloß die Abweichungen gemeint, wie sie sich aus der unterschiedlichen historischen Entwicklung der Betriebssoziologie ergeben. Vielmehr bestehen Diskrepanzen zwischen theoretischen Arbeiten und empirischen Forschungsansätzen, zwischen den Ansätzen verschiedener Autoren innerhalb eines bestimmten Forschungsraumes[1], zwischen den Arbeiten und Ergebnissen der Autoren verschiedener Forschungsräume (z. B. zwischen der deutschen, der französischen und der amerikanischen Betriebssoziologie). Alle diese Unterschiede erschweren eine Vergleichbarkeit der Publikationen und damit auch eine zielgerichtete Weiterentwicklung der betriebssoziologischen Forschung.

Die vorliegende Studie geht vom Tatbestand dieser unterschiedlichen betriebssoziologischen Ansätze aus. Dabei stellen sich sofort zwei Fragen, nämlich erstens, worin diese Unterschiede bestehen, und zweitens, durch welche Faktoren sie bedingt sind.

Jede betriebssoziologische Forschungsarbeit wird wesentlich durch drei Bedingungen gekennzeichnet:

(1) durch das bearbeitete betriebssoziologische Problem,
(2) durch den verwendeten theoretischen Ansatz,
(3) durch die Persönlichkeitsmerkmale des Forschers sowie durch die gesellschaftliche Situation im betreffenden Forschungsraum.

Für jeden dieser drei Faktoren lassen sich zwischen den verschiedenen betriebssoziologischen Arbeiten Unterschiede feststellen. Auf die Frage nach dem „warum" dieser Unterschiede finden sich eine Reihe von Erklärungen. Neben dem Entwicklungsstand der soziologischen Theorien, der Präferenz für bestimmte theoretische Ansätze sowie der sozialen Bedingungen im betreffenden Forschungsraum, spielt insbesondere auch das Gesellschaftsbild des Forschers eine wichtige Rolle. Jede Forschungsarbeit setzt einen theoretischen Bezugsrahmen voraus. Der Forscher muß sich also für einen bestimmten theoretischen Ansatz entscheiden. Diese Entscheidung ist wesentlich verknüpft mit der Gesell-

[1] Der Begriff „Forschungsraum" soll in dieser Arbeit grundsätzlich im geographischen Sinn verstanden werden. Damit umfaßt z. B. der französische Forschungsraum die in Frankreich publizierten Arbeiten französischer Betriebssoziologen.

schaftsauffassung des betreffenden Soziologen. Umgekehrt kann natürlich der Fortschritt der soziologischen Theorie diese Vorstellungen ebenfalls beeinflussen. In ähnlicher Weise wird auch die Entscheidung für bzw. die Konzentration auf bestimmte zu erforschende Problemkreise durch verschiedene Faktoren bestimmt. So führt das Gesellschaftsbild dazu, einzelne soziale Zusammenhänge als „problematisch“ zu sehen. Dies kann eine der Ursachen für Schwerpunkte in der Forschung sein. Schwerpunkte können sich ferner daraus ergeben, daß gewisse Probleme innerhalb einer gegebenen Gesellschafts- oder Wirtschaftsstruktur oder während einer bestimmten Phase der industriellen Entwicklung besonders im Vordergrund stehen und somit die Forschungsaktivität beeinflussen.

Aus diesen Überlegungen ergibt sich eine weitere Feststellung: Die drei Faktoren sind nicht unabhängig voneinander, sondern beeinflussen sich gegenseitig; sie sind in enger Interdependenz verflochten. Damit verbunden ist die Annahme, daß die Soziologie — und damit auch die Forschungsschwerpunkte und die Interpretation der Forschungsergebnisse — nicht unabhängig ist von den bestehenden gesellschaftlichen Bedingungen. Mit anderen Worten: Soziologische Forschung existiert nicht isoliert, sondern immer innerhalb eines konkreten gesellschaftlichen Rahmens.

Natürlich liegt nun die Vermutung nahe, es könnten sich aufgrund dieser erwähnten Einflußfaktoren räumliche Schwerpunkte bilden. Eine oberflächliche Betrachtung der einzelnen Publikationen führt sogar leicht zur Vorstellung von der Existenz „nationaler Soziologien“.

Anderseits stellt man bei einem genaueren Vergleich ebenso fest, daß auch innerhalb des gleichen Forschungsraumes verschiedenste Ansätze nebeneinander bestehen bzw. daß sich in verschiedenen Forschungsräumen ähnliche Ansätze finden lassen.

Die vorliegende Studie setzt sich zur Aufgabe, durch eine Gegenüberstellung ausgewählter betriebssoziologischer Autoren und Publikationen solche Unterschiede und Gemeinsamkeiten herauszuarbeiten. Dabei möchte ich diese verschiedenen Positionen vor allem aufgrund der Gesellschaftsbilder, welche den Ansätzen der einzelnen Autoren zugrunde liegen, sichtbar machen. Zu diesem Zweck wurde die Methode der Inhaltsanalyse gewählt.

Damit dieses Forschungsinstrument eingesetzt werden kann, muß

(1) das zu analysierende Material abgegrenzt und

(2) die Hauptkategorien der Analyse festgelegt werden.

Auf diese notwendigen Vorarbeiten wird im folgenden Abschnitt 1.1 kurz hingewiesen.

1.1 Auswahl der betriebssoziologischen Publikation und Festlegung der Hauptkategorien der Analyse

1.1.1 Zum Bereich der Betriebssoziologie

Viele Mißverständnisse und Schwierigkeiten bei der Beurteilung betriebsoziologischer Arbeiten liegen bereits beim Begriff der Betriebssoziologie selbst. Es ist deshalb notwendig, klarzustellen, in welchem Sinne die Bezeichnung „Betriebssoziologie" in dieser Arbeit verwendet werden soll. Erst dadurch wird es möglich sein, jene Publikationen und Autoren näher abzugrenzen, welche durch die vorliegende Analyse erfaßt werden sollen.

Die Diskussion um die Abgrenzung des Bereichs der Betriebssoziologie — insbesondere im deutschen Forschungsraum — weist auf die Verschwommenheit dieses Begriffs hin.[2] So sucht man nach Beziehungen und Abgrenzungen gegenüber andern Spezialgebieten der Soziologie (wie z. B. der Organisationssoziologie, der Gruppensoziologie, der Wirtschaftssoziologie, der Industriesoziologie, der Soziologie der Arbeit) einerseits und andern Wissenschaften (wie z. B. der Betriebswissenschaft, der Sozialpolitik, der Psychologie, der Sozialgeschichte) anderseits. Dazu kommt noch, daß der Begriff „Betriebssoziologie" aus Deutschland stammt und weder im französischen noch im englischen Sprachbereich gebräuchlich ist. „Sociologie industrielle", „sociologie du travail", „sociologie des organisations", „industrial sociology", „human relations", „sociology of work" sind einige jener Bezeichnungen, die sich mehr oder weniger stark mit der deutschen „Betriebssoziologie" überschneiden. Zudem besteht auch hier wiederum Uneinigkeit über den Forschungsbereich, d. h. über die spezifischen Problemkreise, welche mit den einzelnen Bezeichnungen verbunden sind. So schreibt etwa *Friedmann* [80, S. 1]:

> „Le terme de sociologie industrielle semble trop restreint pour cette jeune discipline en pleine expansion qu'on appellerait plus justement sociologie du travail. Dans l'état actuel de la recherche, elle prend pour objet des réalités globales saisies sous divers angles et ne comporte qu'artificiellement des secteurs bien délimités."

Ferner sei hier ebenfalls an die Diskussion über die „Human Relations" in den Vereinigten Staaten erinnert.[3]

Ganz allgemein läßt sich sagen, daß sich die Betriebssoziologie mit Problemen befaßt, die sich aus der sozialen Verflechtung im Arbeitsbereich ergeben. Je nach der Optik, die die einzelnen Autoren bei der Erforschung dieser Aspekte anlegen, ergeben sich ganz bestimmte Schwerpunkte, eine ganz bestimmte Abgrenzung von Problemkreisen, die dann zu den verschiedenen Bezeichnungen wie „Betriebssoziologie", „Industriesoziologie", „Organisationssoziologie", „Soziologie der Arbeit" u. a. m. führen.

[2] Siehe zu diesem Problem etwa: *Atteslander* [12, S. 277 ff.], *Schelsky* [189, S. 59 ff.], *Jantke* [118], *König* [128], *Dahrendorf* [56, S. 5 ff.], *Geck* [88].
[3] Siehe z. B. *Atteslander* [12, S. 288 ff.].

Auf eine kritische Gegenüberstellung der von den einzelnen Autoren verwendeten oder bevorzugten Bezeichnung ihrer Spezialdisziplin soll hier verzichtet werden. Viel wichtiger ist der Versuch, einen eigenen Rahmen abzustecken, der für die beabsichtigte Analyse brauchbar und sinnvoll erscheint. Der Bereich oder der Begriff der „Betriebssoziologie“ soll sich dann – soweit er in dieser Arbeit verwendet wird – auf diesen Rahmen beziehen.

Nicht nur der Industriebetrieb, sondern in zunehmendem Maße auch der Dienstleistungsbetrieb, bildet ein wesentliches Strukturmerkmal der modernen Gesellschaft. Aus der sehr allgemeinen Umschreibung des Betriebes als „soziale Organisation zum Zwecke der Herstellung von Gütern oder der Erbringung von Dienstleistungen“ ergeben sich für die Betriebssoziologie unter anderem zwei wichtige Tatbestände:

(1) Betriebe lassen sich als organisatorische Einheiten voneinander unterscheiden.

(2) In der industriellen Gesellschaft vollzieht sich die Arbeitsausübung für die Mehrheit der arbeitenden Menschen innerhalb von Betrieben.

Diese Tatsache, wonach Menschen in Betrieben zusammenarbeiten, bedeutet zunächst lediglich, daß sie in einer bestimmten Art und Weise sozial wirksam werden. Damit ist noch nichts festgelegt über die Bestimmungsgründe ihres Verhaltens. Insbesondere sagt dies noch nichts darüber aus, wie weit externe Einflüsse das betriebliche Sozialverhalten bestimmen oder wie weit jeder Betrieb Stileigenheiten aufweist, die nicht durch äußere Einwirkungen entstanden sind, also ein spezifisches internes Sozialsystem entwickelt.

Zur Abgrenzung der betriebssoziologisch relevanten Aspekte soll der Betrieb zunächst als organisatorische Einheit betrachtet werden, in der technische, ökonomische und soziale Faktoren wirksam werden. Die formalen Ziele der betrieblichen Organisation können nur durch das Zusammenwirken dieser Faktoren erreicht werden. Dies bedeutet aber nicht eine Harmonie der Interessen der verschiedenen im Betrieb tätigen Menschen und Gruppen. Betrieb in diesem Sinne stellt ein universales Gebilde dar, d. h. in allen industriellen Gesellschaften existieren solche betriebliche Einheiten, und zwar zunächst unabhängig von der konkreten Gesellschafts- und Wirtschaftsstruktur. Die Probleme der Machtbeziehungen bzw. der Eigentums- und Produktionsverhältnisse stehen an diesem Punkt noch nicht zur Diskussion (obwohl natürlich gerade die Einstellung der Autoren zu diesen Problemen zu einer ganz bestimmten Ausprägung der betriebssoziologischen Ansätze führt).

Es gibt theoretische Probleme (technischer, ökonomischer, sozialer Art), die sich im Prinzip für jeden Betrieb stellen. Dazu gehören auch eine Reihe soziologisch relevanter Aspekte (z. B. das Problem der Arbeitsteilung und der Kooperation, das Problem der Integration, das Problem des Interessenkonflikts u. a. m.). Nicht alle diese theoretischen Probleme sind für den konkreten Betrieb in einem bestimmten Zeitpunkt und einer bestimmten gesellschaftlichen Situation gleichermaßen aktuell. Mit andern Worten: In jeder historischen Situation werden ganz bestimmte soziale Bedingungen als „problematisch“ empfunden und diskutiert. So ergeben sich etwa aus der Automatisierung eine ganze Reihe sozialer Probleme (wie z. B. die Freisetzung von Arbeitskräften, die Funktionsveränderungen, die Anforderungen an die berufliche Ausbildung u. a. m.).

Halten wir fest: Den Forschungsbereich der Betriebssoziologie bilden die sozialen Zusammenhänge im Betrieb. In etwas vereinfachter Form und teilweise in Anlehnung an *Touraine* [212] lassen sich diese sozialen Zusammenhänge auf drei Ebenen darstellen, nämlich:

(1) auf der Ebene des Arbeitsplatzes und der Arbeitsgruppe. Der einzelne wird hier als Ausführender seiner Arbeit und als Gruppenmitglied gesehen. Es geht also um die Probleme der unmittelbaren Arbeitssituation,

(2) auf der Ebene der gesamtbetrieblichen Organisation. Der einzelne wird hier als Mitglied des Gesamtbetriebes und in seiner Verflechtung mit der gesamtbetrieblichen Sozialorganisation gesehen,

(3) auf der Ebene der Gesamtgesellschaft bzw. der Verflechtung zwischen Betrieb und Umwelt. Der einzelne wird hier als Mitglied der Gesamtgesellschaft und als Mitglied außerbetrieblicher Gruppen gesehen. Dabei ist dieser Aspekt für die Betriebssoziologie im engeren Sinne nur insofern relevant, als er das Arbeitsverhalten, d. h. die sozialen Beziehungen innerhalb des Betriebes, beeinflußt.

Auf eine detaillierte Beschreibung der Forschungsprobleme, welche diesen drei erwähnten Ebenen zuzuordnen sind, wird hier verzichtet. Diese drei Problemebenen bilden jedoch den Rahmen zur Abgrenzung jener Publikationen, die als „betriebssoziologische Arbeiten“ bezeichnet werden sollen. Dies bedeutet, daß in dieser Analyse nicht nur Arbeiten erfaßt werden, welche sich selber als „betriebssoziologisch“ bezeichnen, sondern das Auswahlkriterium bildet die Zuordnungsmöglichkeit zu einer der drei Problemebenen. Der hier verwendete Begriff der „Betriebssoziologie“ muß deshalb in diesem Sinne interpretiert werden.

1.1.2 Die Auswahl der Publikationen und Autoren

Nach der Klärung des Bereichs der „Betriebssoziologie“ geht es nun darum, aus der Fülle der betriebssoziologisch relevanten Publikationen eine Auswahl zu treffen. Diese Auswahl erfolgte nach vier Kriterien:

(1) *Die Beschränkung auf deutsche und französische Publikationen*

Eine erste wesentliche Eingrenzung liegt in der Konzentration auf die betriebssoziologischen Arbeiten deutscher und französischer Autoren. Es wird aber unumgänglich sein, auch auf Publikationen und Ansätze der amerikanischen Betriebssoziologie hinzuweisen, von denen wesentliche Impulse auf die europäische Forschung ausgingen, sei es im Sinne einer kritischen Auseinandersetzung, sei es im Sinne einer unreflektierten Übernahme amerikanischer Konzepte. Durch die Konzentration der Analyse auf den französischen und den deutschen Forschungsraum ist der Umfang der in Frage kommenden Publikationen bereits wesentlich eingeengt. Trotzdem sind noch eine Reihe weiterer Auswahlkriterien erforderlich

(2) *Die Beschränkung auf Publikationen in Buchform*

Dieses Kriterium ist insofern willkürlich, als natürlich die Buchform kein Qualifikationsmerkmal für eine wissenschaftliche Arbeit zu sein braucht. Eine Reihe bedeutender soziologischer Publikationen sind als Zeitschriftenartikel erschienen. Das Kriterium der Buchform ist also mehr „pragmatischer" Art, d. h. es ergibt sich aus der Notwendigkeit, die Fülle des vorhandenen Materials auf einen Umfang zu reduzieren, der im Rahmen der gesteckten Zielsetzung zu überblicken und zu bewältigen ist. Maßgebend dabei ist vor allem die Überlegung, daß es kaum bedeutende betriebssoziologische Autoren gibt, die neben Zeitschriftenartikeln nicht auch Forschungsberichte in Buchform veröffentlicht haben. Die vorliegende Analyse konzentriert sich ja auf das Gesellschaftsbild, welches hinter den verschiedenen Ansätzen steht, und es ist deshalb nicht erforderlich, alle Publikationen eines Autors zu erfassen.

(3) *Die Beschränkung auf Arbeiten, die nach 1945 publiziert wurden*

Die Analyse beschränkt sich auf die „moderne" Betriebssoziologie. Darunter soll die Periode nach 1945 verstanden werden. Aus den historischen Hinweisen im folgenden Abschnitt 1.2 wird sich zeigen, daß sich sowohl die deutsche als auch die französische Betriebssoziologie nicht erst nach dem Zweiten Weltkrieg und nicht bloß unter amerikanischem Einfluß entwickelt hat, sondern bedeutende Anregungen aus der eigenen soziologischen Tradition schöpft. Trotzdem brachte der Weltkrieg für die europäische Soziologie – vielleicht im Gegensatz zu den USA – einen spürbaren Unterbruch in der Forschungstätigkeit. Zudem kann von einem eigentlichen Durchbruch der empirischen Soziologie sowohl in Deutschland als auch in Frankreich erst nach 1945 gesprochen werden.

(4) *Die Beschränkung auf die wichtigsten Forschungsschwerpunkte sowie auf die bedeutendsten betriebssoziologischen Autoren*

Nach den bisherigen Kriterien würden rund 170 deutsche und französische Publikationen zur näheren Analyse in Frage kommen. Da zur Darstellung der verschiedenen Gesellschaftsauffassungen ein relativ breiter Kategorienrahmen erforderlich ist, drängt sich eine weitere Begrenzung auf die wichtigsten Forschungsschwerpunkte sowie auf die bedeutendsten Autoren auf.[4]

Für die *französische* Situation läßt sich sowohl eine Begrenzung auf die For-

[4] Siehe in diesem Zusammenhang die Tabelle auf S. 24, welche eine Aufgliederung der betriebssoziologischen Publikationen in Frankreich, Deutschland und den USA enthält. Es zeigen sich für jeden Forschungsraum deutliche Forschungsschwerpunkte.

schungsschwerpunkte als auch auf die wichtigsten Autoren durchführen. So lassen sich im wesentlichen zwei große Hauptgruppen unterscheiden, welche die zentralen Forschungsbereiche der französischen Betriebssoziologie charakterisieren:

a) Die Arbeiten über die Probleme der sozialen Auswirkungen des technischen Fortschrittes und der Automation. Zu diesem Forschungsbereich gehören *Georges Friedmann* und *Alain Touraine* einerseits, die sich beide mit den soziologischen Aspekten der Evolution der Produktionstechniken auseinandersetzen, und *Pierre Naville* anderseits, der sich im besonderen auf die Probleme der Automation konzentriert.

b) Die Arbeiten über organisationssoziologische Probleme. Im Zentrum stehen hier die Publikationen von *Michel Crozier*.

Die vorliegende Gliederung ist sicher nicht die einzig mögliche. Immerhin gehören die erwähnten vier Autoren zu den bedeutendsten Vertretern der französischen Betriebssoziologie.[5] Die Mehrheit der übrigen Autoren und Publikationen gruppiert sich um diese vier Forscherpersönlichkeiten.

Für die *deutsche* Betriebssoziologie lassen sich ebenfalls deutliche Forschungsschwerpunkte bilden. Im Gegensatz zu Frankreich ist hier jedoch eine Beschränkung auf die wichtigsten Autoren schwieriger. Wohl stimmt der Ausspruch von *Dahrendorf* [58], daß es kaum ein soziologisches Institut in Deutschland gibt, aus dem nicht mindestens eine betriebssoziologische Arbeit hervorgegangen ist, und kaum einen Soziologen, der nicht mindestens einen betriebs- oder industriesoziologischen Aufsatz veröffentlicht hat. Anderseits läßt sich weder bei Instituten noch bei Autoren eine eigentliche Spezialisierung auf die Betriebssoziologie feststellen.[6] Aus diesem Grunde beschränkt sich die Auswahl der deutschen Publikationen vor allem auf das Kriterium der Forschungsschwerpunkte. Die folgenden Publikationen und Autoren sollen dabei berücksichtigt werden:

(a) Die Arbeiten über die Probleme der Arbeitssituation, insbesondere die Untersuchungen über das Betriebsklima: *von Ferber* [70]; *von Friedeburg* [75], [76]; *Götte* [92]; *Thomas* [209].

(b) Die Arbeiten zu den Problemen der Auswirkungen des technischen Fortschrittes: *Popitz* [176]; *Wiedemann* [231].

(c) Die Arbeiten zu den Problemen der Arbeiter und Angestellten als soziale Gruppen: *Aufhäuser* [14], *Bahrdt* [15], [16]; *Bednarik* [26]; *Braun* [32]; *Claessens* [42]; *Croner* [45]; *Jaeggi* [116]; *Müller* [156]; *Neundörfer* [169]; *Popitz* [177]; *Symanowski* [205].

[5] Folgende Publikationen dieser vier Autoren wurden in die nähere Analyse einbezogen: *Friedmann* [77], [78], [79]; *Touraine* [211], [213], [214]; *Naville* [160], [161], [162]; *Crozier* [46], [48], [49].

[6] Eine Ausnahme bildet vielleicht *Otto Neuloh*, der eine ganze Reihe betriebssoziologisch relevanter Arbeiten publizierte. Siehe *Neuloh* [164], [165], [166], [167], [168].

(d) Arbeiten zum Problem der Mitbestimmung: *Neuloh* [166]; *Pirker* [175]; *Popitz* [177]; *von Friedeburg* [75].
(e) Als weitere Gruppe sollen auch die systematischen Darstellungen und einführenden Übersichten erfaßt werden: *Atteslander* [12]; *Dahrendorf* [52], [56]; *Fürstenberg* [84]; *Mayntz* [144]; *Schelsky* [190].

1.1.3 Bemerkungen zum Kategorienrahmen

Croner [45] schreibt in seiner Arbeit über die Angestellten, daß die Antwort auf die Frage nach der Stellung der Angestellten in der modernen Gesellschaft auf entscheidende Weise geprägt, ja präjudiziert sei von der Auffassung, die der Antwortende von der Struktur der Gesellschaft selbst hat. Damit drückt *Croner* ziemlich genau jenen Gedanken aus, welcher als Ausgangshypothese dieser Analyse formuliert wurde: Die Unterschiede in den verschiedenen betriebssoziologischen Ansätzen – die teilweise gegensätzliche Auffassung über analoge Problemkreise – kommen insbesondere durch unterschiedliche Gesellschaftsbilder, die den einzelnen Arbeiten zugrunde liegen, zum Ausdruck.

Was *Jaeggi* [116] für die Angestellten und *Popitz* [177] für die Arbeiter versuchten, nämlich eine Typologie der von den Befragten geäußerten Gesellschaftsvorstellungen aufzustellen, ist im Rahmen dieser Analyse auch für die soziologischen Publikationen und Autoren beabsichtigt. Auf diese Weise läßt sich allerdings zunächst bloß die Streuung der verschiedenen Gesellschaftsauffassungen in der neuen deutschen und französischen Betriebssoziologie aufzeigen. Eine Antwort auf die ebenso interessante Frage nach den Gründen, nach den maßgebenden Faktoren, welche zu diesen unterschiedlichen, oft gegensätzlichen Auffassungen führen, ergibt sich auf diese Weise noch nicht. Es wird Zweck des folgenden Abschnitts 1.2 sein, einige Thesen zu diesem zweiten Problemkreis zu formulieren.

Weder die Typologie der Gesellschaftsbilder von *Popitz* [177] noch jene von *Jaeggi* [116] kann ohne weiteres auf die vorliegende Analyse übertragen werden. Sie dienen jedoch als allgemeine Richtpunkte für die Aufstellung des eigenen Kategorienrahmens. In dieser Arbeit werden ja die ausgewählten Autoren nicht direkt befragt, sondern die verschiedenen Auffassungen sind inhaltsanalytisch zu ermitteln. Dabei ist es vielfach so, daß ein Gesellschaftsbild nicht explizit formuliert wird, sondern es ergibt sich erst aus der Interpretation verschiedenster Aussagen eines Autors. Für die Bewältigung dieser Aufgabe ist ein geeigneter Kategorienrahmen erforderlich, der als einheitlicher Raster für die Analyse sämtlicher ausgewählter Publikationen brauchbar ist. Im Zentrum sollen dabei die folgenden drei Hauptkategorien stehen:

(1) Die Vorstellungen über die bestehende betriebliche und gesellschaftliche Ordnung.
(2) Die Beurteilung der sozialen Auswirkungen des technischen Fortschrittes.
(3) Die Vorstellungen über die künftige betriebliche und gesellschaftliche Ordnung.

Diese drei Problemkreise sind selbstverständlich nicht unabhängig voneinander, sondern es besteht eine enge Interdependenz zwischen ihnen. Je nach der Ausprägung und der Art der Verknüpfung dieser drei Kategorien bei den verschiedenen Autoren ergeben sich die unterschiedlichen Typen von Gesellschaftsbildern. Die dazu erforderlichen Informationen lassen sich aber meist nicht direkt aus dem Text der ausgewählten Publikationen entnehmen, sondern entstehen erst durch Abstraktion und Interpretation einer Reihe von Unterkategorien. Auf eine nähere Darstellung dieses verfeinerten Kategorienrahmens kann hier verzichtet werden, da der Aufbau der Kapitel 4, 5 und 6 [siehe Inhaltsverzeichnis] weitgehend diesem Raster entspricht. Kapitel 7 enthält dann die Übertragung der Ergebnisse der Analyse auf die drei Hauptkategorien.

1.2 Einige Thesen zu den Ursachen der Unterschiede zwischen den betriebssoziologischen Arbeiten

Untrennbar verknüpft mit der Darstellung von Unterschieden und Gemeinsamkeiten bei betriebssoziologischen Arbeiten ist die Frage nach den Ursachen, nach den Gründen solcher Differenzen oder Parallelen. Es geht also mit andern Worten um das Problem jener Einflußfaktoren, welche die soziologische Forschung allgemein und die Betriebssoziologie im besonderen prägen. Bei den heutigen Kommunikationsmöglichkeiten zwischen den verschiedenen Forschungsstellen müßten sich eigentlich längst brauchbare theoretische Ansätze entwickelt haben, welche sowohl allgemein anerkannt als auch interkulturell überprüft sind. Daß dies für die moderne Betriebssoziologie nicht zutrifft, ist eine der Ausgangshypothesen dieser Analyse. Die Erforschung der Gründe dieser Situation muß deshalb ein weiteres wichtiges Anliegen sein.

Eine nähere Abklärung dieser Zusammenhänge würde allerdings eine sehr umfassende Studie bedingen. Dazu wären eine Reihe von Informationen erforderlich, die aus dem hier verarbeiteten Material nicht ersichtlich sind und zu deren Beschaffung auch andere Forschungsmethoden erforderlich wären.

Die folgenden Überlegungen im Rahmen dieses Einleitungskapitels sind somit lediglich als ergänzende Hinweise zum besseren Verständnis der eigentlichen Themenstellung dieser Arbeit gedacht. Neben anderen Einflußfaktoren dürften die folgenden sechs in weitem Maße auf die besondere Ausprägung betriebssoziologischer Ansätze einwirken:

(1) Die spezifische Sozialstruktur bzw. die spezifischen gesellschaftlichen Bedingungen im betreffenden Forschungsraum.
(2) Die durch die Betriebssoziologie bearbeiteten Forschungsschwerpunkte.
(3) Die historische Entwicklung der Soziologie allgemein und der Betriebssoziologie im besonderen.

(4) Die gesellschaftliche Situation der Soziologie im betreffenden Forschungsraum (Forschungsorganisation, Stellung der Soziologie an den Hochschulen u. a. m.).
(5) Die Persönlichkeitsmerkmale des Soziologen.
(6) Das Verhältnis von Grundlagenforschung und Bedarfsforschung.

Diese Aufzählung erhebt natürlich keinen Anspruch auf Vollständigkeit. Zudem ist leicht ersichtlich, daß diese einzelnen Faktoren nicht isoliert wirksam sind, sondern eine enge Verflechtung und gegenseitige Beeinflussung zwischen ihnen besteht. Eine umfassende Analyse müßte gerade Art und Ausmaß dieser bestehenden Interdependenzen berücksichtigen (z. B. die Beziehungen zwischen historischer Entwicklung und aktueller Situation oder zwischen den bestehenden gesellschaftlichen Bedingungen und den Forschungsschwerpunkten), um zu noch aussagefähigeren Ergebnissen zu kommen.

1.2.1 Die spezifischen gesellschaftlichen Bedingungen

Soziologische Forschung existiert nicht isoliert, sondern immer innerhalb eines konkreten gesellschaftlichen Rahmens. Der Soziologe ist gezwungen, seine Untersuchungen im vorgegebenen sozialen Milieu, d. h. innerhalb einer spezifischen sozialen Struktur, durchzuführen. So mag etwa die Skepsis der Franzosen gegenüber der Schule von *Elton Mayo* und der Interaktionisten zum großen Teil auf unterschiedlichen nationalen Strukturgegebenheiten beruhen. Die kapitalistische Gesellschaftsordnung ist in den USA praktisch nie in Frage gestellt worden, weder von den Gewerkschaften noch den politischen Parteien; die Forderungen bezogen sich lediglich auf Anpassungen und partielle Reformen innerhalb der bestehenden Ordnung. In Frankreich wird im Gegensatz dazu die bestehende gesellschaftliche Ordnung durch verschiedene Gruppen und Organisationen kritisiert und abgelehnt (z. B. durch die Intellektuellen, die Gewerkschaften, die kommunistische Partei). Ähnliche Überlegungen ließen sich auch für die gesellschaftliche Situation in Deutschland machen. Ohne hier eine solche Situationsanalyse durchzuführen und die entsprechenden Vergleiche anzustellen, läßt sich die Hypothese formulieren, daß solche gesellschaftlichen Verschiedenheiten ihre entscheidende Auswirkung auf die soziologische Forschung haben. Denken wir z. B. nur an das Interesse der amerikanischen Betriebssoziologen für die Erforschung kleiner sozialer Einheiten (z. B. Arbeitsgruppen), für Interaktionsbeziehungen, für Rollenanalysen u. a. m. und der französischen Autoren für die gesamtgesellschaftlichen Zusammenhänge, für technische Entwicklungsphasen, für die Probleme des Menschen in der Arbeitssituation (z. B. Entfremdung) u. a. m.

Nach *Dahrendorf* [56] liegt die Besonderheit der Industrie- und Betriebssoziologie darin, daß sie ein Produkt der historischen Entwicklung ist. Ihr Gegenstand kann deshalb nicht als systematisch abtrennbarer Ausschnitt des Gesamtbereichs der Soziologie betrachtet werden, sondern ist immer bezogen auf bestimmte Perioden der Sozialgeschichte.

Ähnlich argumentiert auch *Fürstenberg* [83]: Nach ihm ist die Entwicklung der Industrie- und Betriebssoziologie eng mit den Strukturänderungen der Gesellschaft im Verlaufe des Industrialisierungsprozesses verbunden. Eine Analyse des Standorts der Betriebssoziologie setzt deshalb auch eine Analyse der sozialen Bedingungen voraus, welche den Anstoß zu ihrer Entwicklung gaben.

Im gleichen Sinne weist *Hoefnagels* [199, S. 22] auf die enge Verbindung zwischen der Diskussion der „sozialen Frage" und der Entstehung und Entwicklung der Soziologie hin.

Wenn die grundsätzliche Akzeptierung des betrieblichen und gesellschaftlichen „status quo" zur vorherrschenden Tendenz in einer Gesellschaft gehört, dann besteht das zentrale Anliegen betriebssoziologischer Ansätze sehr rasch (und fast logischerweise) in der Steigerung der Effizienz der bestehenden Ordnung, in der Ausregulierung von Störungen im Interesse der Produktivität oder bestenfalls im Versuch, die Funktionsweise betrieblicher Sozialsysteme und deren Elemente zu beschreiben. Im Gegensatz dazu muß die Kritik an der bestehenden Ordnung und die Vorstellung einer besseren künftigen Ordnung den kritischen Soziologen vermehrt auf die Frage nach der Interdependenz zwischen Betrieb und Gesellschaft, auf das Problem des Wandels, auf die Funktion des sozialen Konflikts und ganz allgemein auf die Möglichkeiten einer Behebung der bestehenden Mißstände führen.

1.2.2 Die Forschungsschwerpunkte in der Betriebssoziologie

Der Einfluß der konkreten gesellschaftlichen Bedingungen auf die betriebssoziologischen Ansätze wirkt sich nicht zuletzt auf die Wahl der Forschungsschwerpunkte in einem bestimmten Forschungsraum aus.

Tatsächlich zeigt eine Zusammenstellung der wichtigsten betriebssoziologischen Publikationen deutlich solche typische Schwerpunkte in der Forschung. Die folgende Tabelle versucht einen Überblick über die Aufteilung der betriebssoziologischen Arbeiten nach verschiedenen Problemkreisen zu vermitteln, wobei neben den deutschen und französischen auch die wichtigsten amerikanischen Publikationen berücksichtigt wurden. Der Bereich der Industrie- und Betriebssoziologie ist zu diesem Zweck wie folgt gruppiert worden:

(1) Probleme der Arbeitssituation: Arbeitsausführung, Arbeitsmotivation, Arbeitsverhalten, Arbeitsbefriedigung, Arbeitsmoral, Arbeitsanforderungen, Arbeitsbedingungen.
(2) Probleme der Arbeitsgruppe, informelle Gruppe, Stellung des Meisters.
(3) Soziale Auswirkungen des technischen Fortschrittes (insbesondere auch der Automation).
(4) Der Betrieb als komplexe soziale Organisation (Betrieb als soziales System).
(5) Die Gestaltung der menschlichen Beziehungen („Human Relations", Kommunikation, Führungsstil, Führungsprobleme, Betriebsklima).
(6) Probleme des Management.

(7) Die Angestellten als soziale Gruppe.
(8) Die Arbeiter als soziale Gruppe.
(9) Das Problem der Mitbestimmung, des Miteigentums, der „communautés".
(10) Gewerkschaften und politische Arbeiterbewegung („Industrial-Relations").

Die Aufteilung der verschiedenen Publikationen[7] auf diese 10 Problemkreise ergibt folgendes Bild:

Problemkreis	USA		DEUTSCHLAND		FRANKREICH	
	absolut	%	absolut	%	absolut	%
1	13	8	22	20	5	9
2	14	8	8	7	3	5
3	16	9	18	16	16	26
4	43	26	12	11	9	15
5	32	19	8	7	5	8
6	24	14	3	3	2	3
7	1	1	12	12	3	5
8	2	1	10	9	5	8
9	2	1	14	13	8	13
10	21	13	2	2	5	8
Total	168	100	109	100	61	100

Diese Zusammenstellung erhebt keinen Anspruch auf Vollständigkeit, sondern sie will lediglich Tendenzen aufzeigen. Erfaßt wurden dabei nur Publikationen, welche in den Zeitraum 1945—1967 fallen. Bereits die Aufgliederung der Problemkreise ist willkürlich, d. h. jede andere Gliederung würde das Zahlenbild verändern. Ein gewisser Ausgleich zu diesem Verfälschungsfaktor konnte insofern gefunden werden, als wichtige Arbeiten, welche verschiedene Problemkreise berühren, mehrmals erfaßt wurden.

Bei der Aufstellung dieser Tabelle war die zur Verfügung stehende Liste deutscher Arbeiten am vollständigsten, was zumindest die absoluten Zahlenwerte beeinflußte. Es wurden insgesamt etwas über 300 Publikationen klassiert, wovon die Hälfte amerikanischer, ein Drittel deutscher und der Rest französischer Herkunft ist.

Aufgrund der *prozentualen* Aufteilung ergeben sich einige Hinweise in bezug auf die Schwerpunkte und Unterschiede in der europäischen Betriebssoziologie

[7] Es wurden nur Publikationen in Buchform erfaßt. Für weitere Hinweise siehe etwa die Bibliographie von *Treanton* [216] oder von *Schneider* [192].

(Vergleich zwischen Deutschland und Frankreich) sowie in bezug auf die Schwerpunkte und Unterschiede zwischen den USA und Europa.

Mehr als 10 % der Publikationen entfallen in Deutschland[8] auf die Problemkreise 1, 3, 4, 7 und 9, in Frankreich auf die Problemkreise 3, 4 und 9.

Ein näherer Vergleich zeigt eine Übereinstimmung bei den Problemen des technischen Fortschrittes (Problemkreis 3), wobei allerdings in Frankreich die Fragen der Automation[9] besonderes Gewicht haben. Die deutschen Arbeiten zur Analyse des „Betriebsklimas" wurden unter Problemkreis 1 mitgezählt, was zur hohen Belegung (20 %) führte. Zählt man die Problemkreise 1 und 3 zusammen, so fallen sowohl in Deutschland als auch in Frankreich rund 35 % aller betriebssoziologischen Publikationen unter diese beiden (teilweise sehr eng miteinander verflochtenen) Forschungsschwerpunkte.

Einen zweiten wichtigen Schwerpunkt in Frankreich bilden die organisationssoziologischen Studien von *Michel Crozier*. Auch in Deutschland entfallen 11 % auf den Problemkreis 4. Es handelt sich aber zum Teil um eher periphäre soziologische Studien, welche der betriebswirtschaftlichen Fragestellung nahestehen. Ferner sind die Darstellungen von *Mayntz* [144] und *Dahrendorf* [52] theoretische Übersichten (und nicht eigene empirische Forschungsberichte). Es wäre somit falsch, hier von einem eigentlichen Schwerpunkt der deutschen Betriebssoziologie zu sprechen.

Zu den Problemen der Angestellten (Problemkreis 7) finden sich in Frankreich nur relativ wenige Arbeiten; insbesondere sind gewisse Studien von *Crozier* [z. B. 46, 47, 48] dazuzuzählen. Im Gegensatz dazu besteht aber in Deutschland hier ein besonderes Interessengebiet.

Interessant ist der Vergleich im Bereich der „Mitbestimmung" (Problemkreis 9). Sowohl für Frankreich als auch für Deutschland ergab sich ein Anteil von 13 %. Die französischen Arbeiten wurden aber nicht für die nähere Analyse ausgewählt. Neben Beschreibungen und Vergleichen der Regelung der Mitbestimmung in verschiedenen Ländern geht es den französischen Autoren vor allem um das Problem der „communautés de travail" und der „coopératives ouvrières", also um Fragen, die nicht mehr eigentlich zu dem für diese Studie definierten Bereich der Betriebssoziologie gehören. Das Problem der Mitbestimmung ist vor allem eine europäische Erscheinung, wobei insbesondere die „joint consultation" in England und die „Mitbestimmung" in Deutschland zu interessanten Studien anregten.

Bei den *amerikanischen* Publikationen liegen die Schwerpunkte auf den Problemkreisen 4, 5, 6 und 10, d. h. also auf den organisationssoziologischen Analysen, den sozialtechnischen Problemen der „Human Relations", den Führungsproblemen, den Kommunikationsproblemen und vor allem auch auf den

[8] Siehe z. B. auch *Lepsius* [133].
[9] Siehe vor allem die Forschungsarbeiten von *P. Naville*. Zudem besteht in Frankreich eine enge Verbindung zwischen den Problemkreisen 1 und 3 [siehe z. B. *Friedmann]*.

Problemen des Management. In relativ engem Zusammenhang dazu stehen ebenfalls die „Industrial Relations“, also die Beziehungen zwischen Gewerkschaften und Unternehmern. Wie bereits erwähnt, fehlt dabei — im Gegensatz zur europäischen Industrie- und Betriebssoziologie — das gesellschaftskritische Anliegen fast völlig.[10]

Die Aussagekraft einer solchen quantitativen Auszählung und Aufgliederung der betriebssoziologischen Publikationen ist natürlich sehr beschränkt. Sie gibt zwar einen Überblick über die Bevorzugung bestimmter Problemkreise durch die betriebssoziologische Forschung; sie sagt jedoch nichts aus über die Ursachen dieser Schwerpunktswahl sowie über die qualitativen Aspekte der Bearbeitung der einzelnen Probleme. Die Frage nach den Ursachen läßt sich wohl nur aus der Interdependenz mit den übrigen Einflußfaktoren (wie z. B. die historische Entwicklung der Betriebssoziologie oder die gesellschaftlichen Bedingungen im betreffenden Forschungsraum) beantworten. Hinweise auf die qualitative Art der Ausprägung der einzelnen Ansätze setzen andere Methoden voraus, so insbesondere die Methode der qualitativen Inhaltsanalyse, wie sie auch für die vorliegende Studie gewählt wurde.

1.2.3 Die historische Entwicklung der Betriebssoziologie

Sehr wichtig für die charakteristische Ausprägung soziologischer Ansätze dürfte die historische Entwicklung der Soziologie und der soziologischen Denkweise allgemein und der Betriebssoziologie im besonderen in den betreffenden Forschungsräumen sein. Dabei ist unbestritten, daß Forschungsräume nicht isoliert sind, sondern Querverbindungen mit vielfältigen gegenseitigen Beeinflussungsmöglichkeiten bestehen. Trotz dieser Interdependenz vermochte aber die geisteswissenschaftliche Tradition bzw. die Bedeutung bestimmter historischer „Schulen“ die Entwicklung der modernen soziologischen Ansätze im betreffenden Forschungsraum nachhaltig zu beeinflussen (so z. B. etwa der Einfluß von *Emile Durkheim* in Frankreich, von *Karl Marx* in Frankreich und Deutschland, von *Max Weber* in Deutschland u. a. m.).

Die Auffassungen über die Entwicklung der Betriebssoziologie variieren ebenso wie jene über den Begriff der Betriebssoziologie. So meint etwa *Geck* [88], daß es nur in Deutschland zur Entstehung einer eigentlichen Betriebssoziologie gekommen sei, während z. B. in den USA erst in den 40er Jahren gewisse betriebssoziologische Aspekte im Rahmen der sog. „Industriesoziologie“ bearbeitet worden seien.

Die Schwierigkeit liegt bereits im Bemühen, den Zeitpunkt für den Beginn der eigentlichen betriebssoziologischen Fragestellung festzulegen. So bezeichnen z. B. gewisse Autoren die „Hawthorne-Experimente“ von *Elton Mayo* als Be-

[10] Siehe in diesem Zusammenhang insbesondere den Exkurs über die amerikanische Betriebssoziologie in Kapitel 2.

ginn der amerikanischen Betriebssoziologie. *Geck* [88] unterscheidet zwischen einer „Vorgeschichte" und einer „Entstehungsgeschichte" der Betriebssoziologie. Diese „Vorgeschichte" läuft denn auch parallel mit den sozialgeschichtlich bedeutenden Vorgängen der Industrialisierung im 19. Jahrhundert. *Fürstenberg* [83] schreibt in diesem Zusammenhang, daß die vordringlichsten Probleme der massenhaft entstehenden „Armut" und der „sozialen Radikalisierung" vorerst mit den traditionellen Erkenntnismitteln und Erkenntnismethoden bearbeitet werden mußten. So bemühten sich Sozialphilosophen, Philanthropen, Sozial- und Wirtschaftspraktiker und einige weitsichtige Politiker als erste um die Erforschung und Analyse der frühindustriellen Arbeitswelt. Das reformatorische und allenfalls revolutionäre Anliegen schränkte dabei oft die Objektivität der Erkenntnisse ein. Parallel zur Geschichte der industriellen Entwicklung stammen die ersten industrie- und betriebssoziologischen Studien aus England.

Bemerkungen zur Entwicklung in Frankreich

Ferrarotti [71] vertritt nicht als einziger die Auffassung, man könne erst seit ca. 20 Jahren von einer eigentlichen Industrie- und Betriebssoziologie in Frankreich sprechen. Andere Autoren, so insbesondere etwa *Georges Gurvitch* und *Raymond Aron* widersprechen dieser These, und sie legen Wert darauf, die Grundlagen der französischen Soziologie — auch der modernen Soziologie — auf Namen wie *Henri de Saint-Simon, Pierre-Joseph Proudhon, Auguste Comte, Karl Marx* und andere zurückzuführen. Aufgrund dieser Auffassung ergeben sich die folgenden Feststellungen:

(1) Die moderne französische Soziologie — und vor allem auch die Betriebssoziologie — ist nicht zu verstehen ohne die Berücksichtigung ihrer Wurzeln in der sozialphilosophischen und sozialkritischen Tradition des 19. Jahrhunderts.

(2) Die Behauptung, man könne erst nach dem Zweiten Weltkrieg von einer eigentlichen Soziologie in Frankreich sprechen (also erst seitdem die Franzosen „Amerika" entdeckten), bedeutet eine Verkennung der soziologischen Tradition in Frankreich. Sofern man unter „Soziologie" nur die empirische Soziologie nach amerikanischem Vorbild versteht, lassen sich in Frankreich allerdings erst in den letzten zwei Jahrzehnten ausgeprägte Ansätze in dieser Richtung erkennen. Die Tatsache der heute noch bestehenden Spaltung zwischen Universität (d. h. der Lehre) und der empirischen Sozialforschung beweist jedoch, wie verfehlt es wäre, die empirische Soziologie als *den* Repräsentanten soziologischen Denkens in Frankreich zu bezeichnen.

Der Umstand, daß die soziale Erregung sich im 19. Jahrhundert ständig steigerte, daß die sozialistische Idee von einer grundlegenden Reform der Gesellschaft in immer breiteren Kreisen Anklang fand, daß die Grundsätze der traditionellen gesellschaftlichen Ordnung über Bord geworfen wurden und man seit langem bestehende Verhältnisse plötzlich als „Arbeitsmißstände" bezeichnete und heftig kritisierte, bedeutete auch für die französische Betriebssoziologie jenen Zeitpunkt, wo erste soziologisch relevante Denkmodelle erkennbar wurden.

Der Prozeß der Industrialisierung und seiner sozialen Bedingungen ist äußerst komplex. Der Wandel des sozialen Charakters der Arbeit führte zu einer völlig neuen Sozialordnung und damit zur Zerstörung der traditionellen Verhaltensweisen. Der brutale „Kampf ums Dasein", die Polarisierung der Gesellschaft in besitzende und besitzlose Klassen stand im Gegensatz zur traditionellen Vorstellung von der Harmonie der gesellschaftlichen Ordnung. Diese wachsende kritische Grundeinstellung gegenüber der gesellschaftlichen Situation bildete den auslösenden Impuls zur systematischen wissenschaftlichen Erforschung. Da aber das moderne empirische Forschungsinstrumentarium noch weitgehend fehlte, wurden die beobachteten Fragenkomplexe mit den bekannten traditionellen Erkenntnismitteln und Methoden (wie der Sozialphilosophie oder der Sozialpolitik) bearbeitet.[11]

Nach *Naumann* [158] wurden im 19. Jahrhundert in Frankreich vier — vor allem in ihrer politischen Tendenz verschiedene — Ansätze ausgearbeitet, die alle den Anspruch auf „Positivität" und „Objektivität" erhoben. Es sind dies:

(1) Der Ansatz von *Henri de Saint-Simon* (1760—1825).
(2) Der Ansatz von *Auguste Comte* (1798—1853).
(3) Der Ansatz von *Pierre-Joseph Proudhon* (1805—1865).
(4) Der Ansatz von *Karl Marx* (1818—1863).

Schon der Hinweis auf diese Namen vermag anzudeuten, in welchen Traditionen die französische Betriebssoziologie verwurzelt ist. *Stoetzel* [203] unterscheidet nach dem Tode von *Emile Durkheim* im Jahre 1917 drei hauptsächlichste Perioden in der Entwicklung der französischen Soziologie:

(1) Die *humanistische Periode* von 1918 bis 1929: Sie ist charakterisiert durch den Ausfall von Soziologen infolge des Ersten Weltkrieges und insbesondere durch den Tod von *Durkheim*. Einerseits wird versucht, an die alte *Durkheim*-Tradition wiederum anzuknüpfen.[12] Daneben aber machen sich auch andere Ansätze bemerkbar, die von den Ideen *Durkheims* mehr oder weniger abweichen.[13] Es geht in dieser Periode also vor allem um eine Neugruppierung der Nachfolger; neue Namen kommen kaum auf.
(2) Die *Übergangsperiode* von 1930 bis 1944: Die empirischen Versuche vor dem Ersten Weltkrieg[14] werden nicht weiter ausgebaut. Das soziologische Denken konzentriert sich im Gegenteil auf abstrakte Probleme. Die Univer-

[11] Es ist nicht möglich, diese „Begründer" der betriebssoziologischen Tradition in Frankreich eingehend zu besprechen. Nach Georges *Gurvitch* kommt *Henri de Saint-Simon* (mehr noch als *Auguste Comte*) die Bedeutung eines „geistigen Vaters" der modernen französischen Soziologie zu. So übernahm z. B. *Emile Durkheim* von *Saint-Simon* den bekannten Begriff der „physiologie sociale". Siehe in diesem Zusammenhang die Darstellung von *Gurvitch* [99].
[12] Vor allem Autoren wie: *G. Davy, M. Mauss, P. Fauconnet, C. Bougle, M. Halbwachs.*
[13] Dazu gehören etwa: *F. le Play, R. Worms, L. Lévy-Bruhl.*
[14] Z. B. *E. Durkheim, M. Halbwachs, A. Siegfried.*

sität wird durch die Juristen und die neo-kantischen Philosophen beherrscht, welche die Soziologen in einen marginalen Bereich verdrängen. Insbesondere fehlt auch der Nachwuchs für die allmählich ausfallende ältere Soziologen-Generation. Der einzige Neuling ist ein ausländischer Philosoph, nämlich *Georges Gurvitch,* dessen Arbeiten von den *Durkheim*-Schülern mit großer Skepsis aufgenommen werden. Den Grund für das Überleben der Soziologie in dieser Periode sieht *Stötzel* in der wachsenden Bedeutung verwandter Disziplinen sowie der engen Zusammenarbeit der Sozialwissenschaften, die für Frankreich charakteristisch ist.[15] Besondere Bedeutung kommt der Ethnologie und der „Geographie humaine" zu, die sich stark auf die Soziologie auswirken. Die eigentliche *Durkheim*-Tradition überlebt in *Maurice Halbwachs,* der diese Periode insgesamt dominiert.

(3) Die *empirische Periode* nach 1945. Während dem Zweiten Weltkrieg ruht die Forschungsaktivität fast völlig. Bei Kriegsende erfolgt nun aber keine völlige „Wiedererweckung". Ein großer Teil der Soziologen ist tot, ausgewandert oder übernimmt andere Aufgaben. Anderseits bestehen noch einige alte Namen.[16] Neben der Weiterführung dieser alten Ansätze beginnt jedoch ein zunehmendes Interesse für die empirische Forschung. Die Feldarbeit hat nicht mehr bloß eine zufällige, illustrative Bedeutung, sondern erhält eine zentrale Rolle in der soziologischen Forschung. Nach *Stötzel* ist dies nicht bloß eine ausländische Importation, sondern der Kulminationspunkt eines Trends in der nationalen Soziologie, der lange Zeit unterdrückt war und nun plötzlich neu durchbricht. So zerstörte diese neue Tendenz die traditionelle philosophische und humanistische Prägung der französischen Soziologie nicht.

Den eigentlichen Eingang in die Universität fand die Soziologie als wissenschaftliche Disziplin durch *Emile Durkheim.* Seine Gedanken beherrschten nicht nur lange Zeit die Soziologie in Frankreich, sondern die Tradition der *Durkheim*-Schule ist auch in der modernen französischen Soziologie noch vorhanden. Man kann *Durkheim* nicht als eigentlichen Betriebssoziologen bezeichnen, obwohl natürlich seine Arbeiten – insbesondere sein Werk über die Arbeitsteilung – Probleme anschneiden, welche für die betriebssoziologische Fragestellung von Bedeutung sind. Die modernen Ansätze der französischen Betriebssoziologie sind aber ebenfalls nicht zu verstehen ohne den Einbezug der Antipoden der *Durkheim*schen Vorstellung von der vollständig integrierten Gesellschaft, in der Mittel und Wünsche im Gleichgewicht sind[17], nämlich der Kritiker der bürgerlichen Gesellschaft (insbesondere der Anhänger marxistischer Denkweisen). Neben dieser sozialphilosophischen und spekulativen Tradition scheinen noch zwei weitere Wurzeln der französischen Betriebssoziologie erwähnenswert, näm-

[15] Als Beispiel zitiert *Stoetzel* das Werk von *François Simiand* über „L'évolution sociale et la monnaie".
[16] So etwa *G. Davy, A. Bayet, G. Gurvitch, G. Friedmann.*
[17] Siehe in diesem Zusammenhang *Bergmann* [28].

lich einerseits die Schule von *Frédéric Leplay,* welche bereits um 1850 versuchte, mit ihrer monographischen Methode ihre Studie über die europäischen Arbeiter[18] mit objektiven und genauen Untersuchungsdaten abzustützen, und damit in gewissem Sinne als ein Vorläufer der empirischen Betriebssoziologie gilt. Anderseits ist schließlich auch die sozialpsychologische Tradition von Bedeutung. So las z. B. *René Hubert* schon vor 1930 an verschiedenen Universitäten über „Psychosociologie du travail" – ein Problemkreis, der direkt überleitet zu Ansätzen der Soziologie nach dem Zweiten Weltkrieg, insbesondere zu den Publikationen von *Georges Friedmann.*[19] *Friedmann* wird als einer der Begründer der modernen Betriebssoziologie in Frankreich bezeichnet. Er leitete die erste moderne betriebssoziologische Feldforschung und gab ihr den Charakter einer Grundlagenstudie, welche die klassischen Auffassungen von *Saint-Simon, Marx, Proudhon* und auch *Durkheim* in bezug auf die technische Entwicklung und die modernen Produktionsweisen und deren Auswirkungen auf das Verhalten der arbeitenden Menschen überprüfte. Ausgehend von dieser Basis erweiterte die französische Betriebssoziologie in den ersten Nachkriegsjahren allmählich die eigene Perspektive und erhielt ihr spezifisches Gepräge durch eine Reihe bedeutender Arbeiten.[20]

Touraine [215] hat versucht, diesen Komplex von Forschungen in drei große Sektoren einzuteilen:

(1) Forschungen des mehr oder weniger traditionellen Typs im Bereiche der „Géographie humaine".

(2) Studien des „para-marxistischen" Typs über die sozialen Probleme der mechanisierten Industrie (d. h. Studien, bei denen ein signifikanter Zusammenhang zwischen der technischen-ökonomischen Produktionsweise, dem sozialen Verhalten und der sozio-ökonomischen Struktur postuliert wird).

(3) Studien über das Arbeitsverhalten und die Beziehungen zwischen Gewerkschaften und Arbeitgebern. Dabei stehen hier jedoch nicht die „Human Relations" im amerikanischen Sinne zur Diskussion, sondern vielmehr eine völlig andere Perspektive, nämlich die Erkenntnis der Formen und Strukturen des Bewußtseins der Arbeitenden, mit der Absicht, den Zusammenhang einer historischen Situation zu verstehen.

Bemerkungen zur Entwicklung in Deutschland

Auch die deutsche Soziologie kennt eine lange Tradition, die weit über das Kriegsende sowie die nationalsozialistische Ära zurückreicht. *Aron* [10] unterscheidet in seinem Überblick über die Entwicklung der deutschen Soziologie

[18] Siehe *Le Play* [132].

[19] Dies gilt insbesondere für *Friedmann* [77].

[20] Dazu gehören Namen wie: *V. Isambert, M. Verry, A. Touraine, P. Naville, D. Laballe, J. Dofny, M. Crozier, J. R. Treanton, V. Ledoux, J. D. Reynaud, P. Chaumbard de Lauwe, J. Dumazedier, L. Brams, P. Louchet, A. Michel, M. Gillet* und andere.

zwischen der enzyklopädischen Soziologie des 19. Jahrhunderts und der analytischen Soziologie des 20. Jahrhunderts. Die analytische Soziologie zerfällt nach ihm in drei Richtungen, nämlich:

(1) in die *systematische* Soziologie mit der formalen Soziologie *(George Simmel, Leopold von Wiese)*, dem Ansatz von *Ferdinand Tönnies*, der phänomenologischen Soziologie *(Alfred Vierkandt)* und dem Universalismus *(Othmar Spann)*,

(2) in die *historische* Soziologie mit dem Ansatz von *Franz Oppenheimer*, der Kultursoziologie *(Alfred Weber)* und der Wissenssoziologie *(Karl Mannheim)*,

(3) in die Synthese zwischen der systematischen und der historischen Soziologie im Ansatz von *Max Weber*.

Diese Wurzeln wurden nach *Aron* zum prägenden Element der deutschen Soziologie. Im Vergleich mit Frankreich sieht er ein wesentliches Unterscheidungsmerkmal in den *philosophischen Tendenzen*, nämlich die mehr spiritualistische Ausrichtung der deutschen Soziologie im Gegensatz zu den stark positivistischen Prägungen der französischen Ansätze. Die bedeutendsten Vertreter der traditionellen deutschen Soziologie sehen die Soziologie als Geisteswissenschaft, während sie die *Durkheim*-Schule als Naturwissenschaft versteht. Dieser geisteswissenschaftliche Charakter der deutschen Soziologie zeigt sich insbesondere im Bemühen, die Eigenbedeutung aller menschlichen Phänomene zu erfassen. So lehrt etwa die Phänomenologie die Bedeutung jedes einzelnen Gefühls zu unterscheiden und die Besonderheit jedes Kulturbereichs zu respektieren. Dieses „Verstehen“ im umfassendsten Sinne widerspricht theoretisch etwa der Auffassung von *Durkheim*, die sozialen Fakten als „Dinge“ zu behandeln. Nach *Aron* versuchen aber auch die strengsten Anhänger der französischen Soziologie, die statistisch gewonnenen Resultate zu „verstehen“. Der Unterschied liegt somit mehr in den Programmen. Im Gegensatz zur deutschen ist die französische Soziologie stärker auf die Suche nach Gesetzmäßigkeiten im naturwissenschaftlichen Sinn ausgerichtet. Dieser Suche nach Gesetzen entspricht in der deutschen systematischen Soziologie etwa die Suche nach „Wesensbegriffen“ oder „letzten Elementen“. Der Spiritualismus zeigt sich auch in der Auffassung des geschichtlichen Werdens. Die deutschen Soziologen haben nicht die Absicht, die Geschichte in eine (Gesetzes-)Wissenschaft zu verwandeln. Gegensatzpaare wie „Gemeinschaft und Gesellschaft“ oder „Zivilisation und Kultur“ sind in vielen deutschen Schulen zu finden, in Frankreich aber wenig bekannt.

Als zweites Wesensmerkmal der deutschen Soziologie sieht *Aron* ihr *methodisches Interesse*, ihre Suche nach einer philosophischen Grundlegung, ihr Bedürfnis nach Selbstrechtfertigung. Jeder deutsche Soziologe glaubt, ein „System der Soziologie“ verfassen zu müssen, das dann letztlich eine reine Methodendiskussion darstellt und von echter Philosophie und konkreter Forschung gleich weit entfernt ist. Deshalb fehlt in der deutschen Soziologie weitgehend der Raum für die Vorstellung der Soziologie als einer einheitlichen Wissenschaft, dessen vollendetes Gebäude eines Tages dem der mathematischen Physik ähneln werde.

In verschiedenen Epochen, Klassenlagen und gesellschaftlichen Situationen wird die Soziologie andere Ausgangspunkte haben und daher zu anderen Resultaten gelangen.

Sowohl *Geck* [88] wie auch *Ferrarotti* [71] sehen am Ursprung der betriebssoziologisch relevanten Fragestellung in Deutschland die Sozialpolitik der Jahrhundertwende. Dabei werden insbesondere Namen wie *Gustav Schmoller* oder *Richard Ehrenberg* genannt. Von besonderer Bedeutung in diesem Zusammenhang war unbestreitbar die Tätigkeit des „Vereins für Sozialpolitik", der bereits 1905 als Thema seiner Jahrestagung „Das Arbeitsverhalten in den privaten Riesenbetrieben" wählte. Als besonderer Markstein in der deutschen Betriebssoziologie gilt die 1907 im Auftrag dieses Vereins für Sozialpolitik und unter der Leitung von *Alfred* und *Max Weber* begonnene mehrjährige Untersuchung über „Auslese und Anpassung (Berufswahl und Berufsschicksal) der Arbeiter in den verschiedenen Zweigen der Großindustrie". Obwohl *Max Weber* diese Untersuchung als Arbeit zur „Psychophysik der industriellen Arbeit" bezeichnete, berührte er nach Auffassung von *Lutz* [137] soziologische Aspekte, welche bis heute ihre Aktualität beibehielten. So übertreffen nach *Lutz* einige Äußerungen über das Problem des Arbeitswiderstandes an Klarheit alles, was die moderne Soziologie über das Verhalten der Arbeiter gegenüber den Entlohnungsformen geschrieben habe.

Durch den Ersten Weltkrieg wurde dieser erste Beginn „empirischer Forschung" unterbrochen, und die Ansätze der deutschen Betriebssoziologie nach Kriegsende bestanden mehr in romantischen Spekulationen über Begriffe wie „Betriebsgemeinschaft", „industrielle Dezentralisierung", „Entproletarisierung der Arbeiter" oder „Integration der Arbeiter in die nationale Gemeinschaft". Namen wie *Willy Hellpach, Eugen Rosenstock, Josef Winschuh, Heinz Pothoff* und andere standen im Brennpunkt dieser sozialhistorischen, sozialphilosophischen und sozialreformatorischen Überlegungen. Einen mehr soziologischen Ansatz enthielten die Arbeiten von *Heinrich Lechtape,* der mit Hilfe der Beziehungstafel von *Leopold v. Wiese* die sozialen Prozesse des Betriebes, die Gruppenbildungen im Betrieb, die betriebliche Hierarchie, den Aufstieg, den Konflikt u. a. m. analysierte. Der Begriff der „Betriebssoziologie" selbst wurde schließlich in den 20er Jahren von *Götz Briefs* geprägt. Aufgrund seiner Anregungen, wie die sozialen Probleme des Produktionsprozesses in der Ausbildung der Ingenieure zu berücksichtigen seien, kam es 1928 zur Gründung des „Instituts für Betriebssoziologie und soziale Betriebslehre" an der Technischen Hochschule Berlin. *Briefs* Anliegen galt allerdings in erster Linie der Überwindung der traditionellen Sozialpolitik. Ende 1930 legte schließlich *Adolph Geck* eine Arbeit vor, die er selbst als „das erste System der Betriebssoziologie" (beruhend auf der Beziehungslehre von *Leopold v. Wiese*) bezeichnete.[21] Später erweiterte *Geck* den betriebssoziologischen Wissensbereich durch den Versuch einer

[21] Siehe *Geck* [88].

wissenschaftlichen Begründung der betrieblichen Sozialpolitik und einer Lehre von der sozialen Betriebsführung.[22] Ebenfalls im Rahmen der Beziehungslehre *v. Wieses* liegt die 1932 erschienene Arbeit von *Walter Jost.*[23] Ab 1934 wurde die Tätigkeit des Instituts für Betriebssoziologie stark eingeschränkt, und 1938 schließlich erfolgte seine Aufhebung. Während rund zehn Jahren ruhte die betriebssoziologische Forschung in Deutschland fast völlig.

Ähnlich wie für Frankreich gilt auch für Deutschland die Feststellung, daß die Entwicklung einer eigentlich empirischen Soziologie erst in die Zeit nach dem Zweiten Weltkrieg fällt. Auch hier ist in diesem Zusammenhang der Einfluß der empirischen Sozialforschung in den USA unverkennbar – wenn auch, wie in Frankreich, die moderne deutsche Betriebssoziologie durchaus eigene Schwerpunkte und eigene Ausprägungen kennt.

Die Verbindung zwischen der neueren Betriebssoziologie und der älteren Soziologie scheint in Deutschland eher schwächer zu sein als in Frankreich. Dies mag teilweise mit der spezifischen Situation der Betriebssoziologie in Deutschland nach dem Zweiten Weltkrieg zusammenhängen.[24] Nach der Ansicht von *Lutz* [137] ist die Industrie- und Betriebssoziologie in der Bundesrepublik nach dem Zweiten Weltkrieg weitgehend das Werk der Generation der Jungen, welche von der Situation in Deutschland profitierten und die konventionellen Universitätskarrieren zurückwiesen. Nach *Lutz* nahm von den Lehrstuhlinhabern nur *Helmut Schelsky* aktiv an der Forschungsarbeit teil. Die übrigen übernahmen höchstens die Verantwortung für Durchführung und Publikation (z. B. *Otto Neuloh, Theodor W. Adorno, Max Horkheimer*).

Bemerkungen zur Entwicklung in den USA

Die Bedeutung der amerikanischen soziologischen Forschung für die moderne europäische Soziologie rechtfertigt es – im Sinne einer Abrundung und Ergänzung –, diesem kurzen historischen Überblick ebenfalls einige Bemerkungen über die historische Entwicklung in den USA beizufügen.[25] Sowohl *Dahrendorf* [54] wie auch *Hinkle* [107] unterteilen die Entwicklungszeit der amerikanischen Soziologie in drei Phasen, nämlich:

(1) in eine Entstehungsphase (1905–1918),
(2) in eine Phase der Bemühungen um eine exakt-wissenschaftliche Grundlage (1918–1935) und
(3) in eine Phase der Wechselwirkung zwischen Theorie und Forschung (nach 1935).

[22] Siehe *Geck* [87].
[23] *W. Jost:* Das Sozialleben des industriellen Betriebes. Eine Analyse des sozialen Prozesses im Betrieb, Berlin, 1932.
[24] Siehe in diesem Zusammenhang auch Abschnitt 1.2.4.
[25] Über die Entwicklung der amerikanischen Soziologie existieren eine Reihe ausführlicher Beschreibungen. *Dahrendorf* [54, S. 224] erwähnt eine ganze Reihe bibliographischer Hinweise in diesem Zusammenhang.

Der Zweifel am moralischen Wert des technischen Fortschritts (Vertiefung der Standesunterschiede, Polarisierung von reich und arm u. a. m.) löste Proteste und sozialreformatorische Bewegungen aus. Zweck der Wissenschaft – insbesondere der Soziologie – sollte es sein, zur Behebung sozialer Mißstände beizutragen. Europäische Vorbilder, wie vor allem *Auguste Comte* und *Herbert Spencer,* beeinflußten in dieser *ersten Phase* das soziologische Denken in Amerika maßgeblich. So waren es einerseits die typischen Merkmale der amerikanischen Gesellschaft und anderseits diese europäischen philosophischen Einflüsse, welche der frühen amerikanischen Soziologie ihre besondere Prägung gaben. Durch den Ersten Weltkrieg wurde der Fortschrittsglaube, der behauptete, daß ein Krieg zwischen zivilisierten Völkern ein Anachronismus sein müsse, erschüttert. Diese „Schockwirkung" auf die junge Soziologie zwang zu einer grundlegenden Revision ihrer geistigen Grundlagen. Die Ernüchterung brachte eine kritischere Einstellung gegenüber der „Rationalität des Menschen", gegenüber Fortschritt und Weltverbesserung.[26] Wenn nun auch irrationale Kräfte das soziale Verhalten bestimmen, so müsse – nach der Meinung vieler Soziologen – es Aufgabe der Soziologie sein, jene Gesetze zu finden, nach denen diese Kräfte wirken. Dies bedinge eine exakt arbeitende Wissenschaft mit einwandfreien Methoden. In dieser *zweiten Entwicklungsphase* vollzog sich insbesondere die Institutionalisierung der Soziologie an den Universitäten und die Gründung der ersten großen „Departments of Sociology". Einerseits führte das vermehrte Interesse für die Erforschung der psychischen Natur des Menschen zur Ausprägung einer neuen theoretischen Richtung, die als „interaktionalistische" Sozialpsychologie oder als sozialpsychologische „Schule von Chicago" bekannt ist, mit führenden Vertretern wie *Charles H. Cooley, John Dewey, George H. Mead* und *William J. Thomas.* Anderseits wurde Chicago berühmt durch die Gemeindestudien von *Robert E. Park.*

Die Weltwirtschaftskrise und der Zweite Weltkrieg hatten ihre Auswirkungen auch auf die amerikanische Soziologie. Vermehrt tritt wieder das Anliegen in den Vordergrund, daß soziologische Erkenntnisse für die Gesellschaft nutzbringend anwendbar sein sollten. Durch diese vermehrte Betonung der praktischen Anwendbarkeit soziologischer Forschung änderte sich in dieser *dritten Phase* auch das Verhältnis von Theorie und Forschung. Die alte Theorie der ersten Entwicklungsphase enthielt stark spekulative Aspekte. Man stand ihr deshalb in der zweiten Phase sehr skeptisch gegenüber. Das bloße Sammeln von rein beschreibenden Erkenntnissen genügte aber nicht mehr, und die Aufgabe, die Einzelergebnisse zu ordnen, zu analysieren und miteinander in Beziehung zu setzen, brachte eine neue Bedeutung für die soziologische Theorie.

Etwas grob und verallgemeinernd läßt sich sagen, daß die amerikanische Soziologie durch drei hauptsächlichste Einflußfaktoren geprägt wurde, nämlich:

[26] Ein Beispiel dieses pessimistischeren Untertons war etwa die – heute noch sehr oft zitierte – Theorie des „cultural lag"; siehe *Ogburn* [171].

(1) durch die Biologie: Die Gesellschaft funktioniert wie ein Organismus. Struktur und Funktion werden zu zentralen Begriffen dieses Organismus-Denkens,
(2) durch die Ethnologie: Die Gesellschaft wird als kohärentes Funktionssystem von Normen gesehen,
(3) durch die Psychologie: Die Gesellschaft wird aus den Beziehungen von einzelnen Individuen konstruiert (Chicago-Schule, Kleingruppenforschung, Interaktionstheorie).

Im Unterschied zur europäischen Soziologie fehlten anderseits in Amerika die folgenden vier Elemente weitgehend:
(1) die Ökonomie (d. h. die Verbindungslinie von der schottischen Ökonomie zur Soziologie),
(2) die politische Thematik bzw. die politischen Impulse,
(3) die Geschichte,
(4) gewisse Thesen von *Durkheim* (insbesondere sein Antipsychologismus).

Aus diesem Grunde fand in den USA eine Soziologie im Sinne von *Karl Marx* (welche alle diese Elemente enthielt) nie großen Anklang. Andererseits war die Entwicklung der amerikanischen Soziologie aber auch nicht unbeeinflußt von europäischen Theoretikern. Zu erwähnen sind in diesem Zusammenhang etwa Namen wie *Vilfredo Pareto* mit seinem Begriff eines gleichgewichtigen sozialen Systems, seiner Betonung des Irrationalen im menschlichen Verhalten und seiner Theorie vom Kreislauf der Eliten; *Emile Durkheim* mit seinen Auffassungen über den sozialen Wandel, seinem Begriff der Anomie, seiner Theorie von den Kategorien des Denkens und seiner Religionssoziologie (andere Auffassungen *Durkheims,* wie etwa sein Gesellschaftsbegriff, wurden nicht übernommen); *Sigmund Freud* mit seiner Psychoanalyse, welche den irrationalen Kern des Menschen erfassen will und die Persönlichkeitsentwicklung deterministisch erklärt, und schließlich *Max Weber,* der insbesondere durch seine Definition und Beschreibung des menschlichen Verhaltens als „soziales Handeln" in den USA stark beachtet wurde.

Diese allgemeinen historischen Hinweise gelten auch für die Entwicklung der Betriebssoziologie. Dabei stellt sich ebenfalls wiederum die Frage, wo man erstmals in den USA von einer betriebssoziologisch relevanten Fragestellung sprechen kann. So werden in diesem Zusammenhang etwa Namen wie *Frederic W. Taylor, Elton Mayo* oder auch *Wilbert Moore* erwähnt. Sicher kann das „Scientific management" von *Frederic W. Taylor* nicht als „soziologischer" Ansatz bezeichnet werden. Trotzdem sind seine Bemühungen erwähnenswert, weil sie in auffallender Weise mit gewissen Erscheinungen der frühen amerikanischen Soziologie zusammenfallen.[27] *Taylor* will das unzulängliche menschliche Urteil, die Willkür, welche die betriebliche Menschenführung beherrscht,

[27] Als kritische Darstellungen von *Taylors* Ansatz siehe etwa *Atteslander* [12] oder *Friedmann* [77].

durch wissenschaftlich festgelegte Regeln ersetzen. Sein Gefühl der Gerechtigkeit war religiös motiviert. Es hatte die Züge jenes Puritanismus, der für die amerikanische Gesellschaft kennzeichnend war und der auch die frühe amerikanische Soziologie wesentlich mitprägte. In seiner „Philosophie der Zusammenarbeit" liegt der sozialreformerische Grundton und der unerschütterliche Glaube an die Verbesserungsfähigkeit des Bestehenden. Die Auffassung, daß für das menschliche Verhalten gleiche Gesetzmäßigkeiten bestehen, wie sie auch die Naturwissenschaften – insbesondere die Physik und die Biologie – kennen, deckt sich ebenfalls mit dem Vorgehen *Taylors,* die menschliche Arbeit mit den Methoden des Ingenieurs, des Mathematikers zu zerlegen und zu reorganisieren. Ebenso war der Glaube an die Rationalität, an die Vernunftmäßigkeit des menschlichen Verhaltens eine seiner grundlegenden Annahmen. Für *Taylor* war der Arbeiter ein „homo oeconomicus", der sein Arbeitsverhalten ändert, sofern er mehr verdienen kann und bessere Arbeitsbedingungen hat. Dieser Glaube an die Rationalität und Vernunft des Menschen ist ebenfalls ein Zeichen der frühen amerikanischen Soziologie. Eines ihrer weiteren Merkmale ist die Auffassung, daß soziales Verhalten und die Gesellschaft auf dem individuellen Verhalten der einzelnen Menschen beruhen. Dieser konsequente Individualismus findet sich auch bei *Taylor,* wird bei ihm allerdings durch seine Vorstellung von der Belegschaft als einer „Horde" völlig voneinander unabhängiger Individuen ins Extrem verzerrt.

Taylors Ansatz wurde durch seine Nachfolger, insbesondere durch die Vertreter des sog. „Human Engineering", weitgehend übernommen. Damit ist bereits eine Entwicklungslinie angedeutet, die auch die neuere Betriebssoziologie noch zu beeinflussen vermochte.[28] Der fehlende spezifisch „soziologische" Ansatzpunkt beim *Taylor*ismus führte bei den meisten dogmengeschichtlichen Betrachtungen dazu, den Beginn einer eigentlichen Betriebssoziologie erst bei den sog. „Hawthorne-Experimenten" von *Elton Mayo* in den 20er Jahren zu legen. Es handelte sich bei diesen Experimenten in einem Werk der General Electric Company in Chicago zunächst (analog den meisten größeren Feldforschungen in den USA) um einen Forschungsauftrag. Äußerer Anlaß dazu war die zunehmende Unzufriedenheit der Belegschaft, trotz den Bemühungen der Betriebsleitung, fortschrittliche Arbeitsbedingungen zu schaffen. Dabei war ursprünglich vorgesehen, das am Arbeitsplatz bestehende Verhältnis zwischen Leistung und Beleuchtung zu untersuchen. Mit andren Worten stand am Beginn dieser rund 10 Jahre dauernden Forschungen nicht etwa ein „soziologisches" Konzept, sondern das erste Forscherteam der „National Academy of Sciences" war 1924 noch voll im Banne der traditionellen mechanistischen Individual-Psychology, die den Arbeiter als isolierte Einheit, berechenbar wie eine Ma-

[28] So sind denn auch gegen Autoren wie *L. C. Mead, J. D. Vandenberg* oder *J. W. Dunlop* die gleichen Einwände zu machen wie gegenüber dem *Taylor*ismus. Ein kurzer Überblick über das „Human Engineering" vermittelt *Atteslander* [12, S. 44 ff.].

schine, betrachtete. Erst der unerwartete Verlauf dieser Experimente führte zu jenen völlig neuen Erkenntnissen, durch welche die Ergebnisse der „Hawthorne-Studien" zu den klassischen Grundlagen betriebssoziologischer Forschung und insbesondere zum Ausgangspunkt der sog. „Human-Relations-Schule" wurden.

Diese wenigen Bemerkungen über die soziologische bzw. betriebssoziologische Tradition in Deutschland, Frankreich und den USA bezweckten lediglich einige Hinweise auf Trends, die sich vielfach auch in neueren betriebssoziologischen Ansätzen noch finden lassen. Wie weit in Zukunft eine vermehrte Verwischung solcher historisch bedingter Merkmale eintritt und sich die verschiedenen Ansätze infolge der zunehmenden Interdependenz der internationalen Forschung stärker angleichen, bleibt im Augenblick eine spekulative Frage. Immerhin scheinen Tendenzen in dieser Richtung nicht unwahrscheinlich, weil mit der Emanzipation der Soziologie, mit ihrer Institutionalisierung und Professionalisierung, mit den Fortschritten ihrer Grundlagenforschung die Möglichkeiten steigen, daß sich theoretische Konzepte durchsetzen, welche mehr oder weniger allgemein akzeptiert und übernommen werden.

1.2.4 Die Situation der Soziologie nach dem Zweiten Weltkrieg

Unter diesem vierten Wirkungsfaktor soll die spezifische Ausprägung der Forschungsorganisation der Soziologie allgemein und der Betriebssoziologie im besonderen, ihre Stellung und Integration an der Universität und in der Gesellschaft verstanden werden. Auch hier ist zu betonen, daß dieser Faktor nicht isoliert betrachtet werden kann, sondern von anderen Bedingungen, wie etwa der historischen Entwicklung und der allgemeinen gesellschaftlichen Situation in starkem Maße abhängig ist.

Bemerkungen zur Situation in Frankreich[29]

Am Ende des Zweiten Weltkrieges hatte die französische Soziologie einen beträchtlichen Rückstand in bezug auf die Beherrschung der empirischen Forschungstechniken sowie in der Rezeption der funktionalistischen Analyse. Die Forscher standen im Schnittpunkt zweier gegensätzlicher Bestrebungen: Ihr beruflicher Enthusiasmus galt den amerikanischen Forschungsergebnissen; ihre sozialen, kulturellen und politischen Interessen hingegen lagen gar nicht in der amerikanischen Perspektive. Die Tätigkeit des Soziologen wurde allgemein als ein persönliches Engagement betrachtet. Einerseits übernahmen die französischen Soziologen die amerikanischen Methoden und Techniken, kritisierten aber anderseits gleichzeitig die Weltanschauung, die Naivität und das fehlende Verständnis für die sozialen Probleme ihrer amerikanischen Kollegen. Man vergönnte der amerikanischen Soziologie drei Dinge: ihre finanziellen Möglich-

[29] Die folgenden Hinweise stützen sich insbesondere auf ein Paper von *Thönig* [208].

keiten, ihren Wissensstand und ihren gesellschaftlichen Status. Man warf ihr aber vor, nicht das aus ihren Möglichkeiten zu machen, was sie müßte, nämlich nicht bloß das soziale System zu verstehen und zu analysieren, sondern es auch zu verändern.

Nach 1945 erfolgte also in Frankreich sowohl eine radikale Veränderung der Forschungspraxis als auch eine Evolution der intellektuellen Ausrichtung der Soziologie. Das Gefühl des Engagement lief parallel mit einer Veränderung der Funktion der Intellektuellen. Es war künftig nicht mehr ihre Aufgabe, Garant von Freiheiten und Werten zu sein; sondern ihr Anliegen galt vielmehr der konkreten Realität.

Aber nach 1950 traten mit der „Entzauberung" des französischen Traums von den Möglichkeiten einer Verknüpfung der marxistischen Grundhaltung mit den amerikanischen Forschungstechniken neue Veränderungen ein. Die Begeisterung für die Techniken verschwand bei jenen, die nicht bereit waren, auch den „Geist" zu akzeptieren.

Von besonderer Bedeutung war Mitte der 50er Jahre die Veränderung der Stellung des Soziologen in der französischen Gesellschaft. Die Aufgabe der Soziologie wurde allmählich anerkannt. Die schlechte finanzielle Lage zwang die Soziologen zu Kontakten mit den „Nachfragern" nach soziologischen Untersuchungen. Damit wurde der Soziologe vom Gelehrten über den Engagierten schließlich zum Experten, der weder Ziel noch Mittel der sozialen Aktion zu diskutieren, sondern lediglich seinen wissenschaftlichen Standpunkt darzulegen hatte. Über diesen Kanal wurde die Soziologie „gesellschaftsfähig".

Spezifisch für die französische Soziologie ist, daß sich die Beziehungen zwischen Gesellschaft und soziologischer Forschung am besten aus der Analyse der Arbeitsbedingungen der Soziologen zeigen. Während den ersten zehn Jahren nach dem Weltkrieg waren die Soziologen, die von der Universität herkamen und sich der Gesellschaft, welche sie ablehnte und ignorierte, entfremdeten, äußerst unsicher. Die Universität war bereit, Soziologen für das Lehramt aufzunehmen, sie lehnte jedoch den Geist ihrer Disziplin und ihre Methoden ab. Deshalb wurde der Staat (bzw. die Gesellschaft) aufgrund der bestehenden aktuellen Probleme zu ihrem Auftraggeber: Er offerierte Geld und Prestige für die Expertentätigkeit der Soziologen. Unter dem Druck dieser Entwicklung nahm der akademische Charakter und der Hang zur kritischen Auseinandersetzung der soziologischen Arbeiten allmählich ab. Die neue Aktivität, ausgerichtet auf die Sammlung „objektiver", signifikanter Resultate, erstickte zum großen Teil den traditionellen Hang zur Polemik.

Die aktuelle Forschungssituation der französischen Soziologie ist insbesondere durch zwei Probleme charakterisiert:

(1) durch die Diskrepanz, welche zwischen dem Entwicklungsstand der Forschungspraxis und dem Ansturm der Aufträge besteht, d. h. durch die Lücke zwischen den Anforderungen, welche an die Soziologie gestellt werden, und den effektiven Möglichkeiten, über die sie verfügt;

(2) durch das Problem der Organisation des Forschungsmilieus. Dabei ist für Frankreich besonders der bestehende Bruch zwischen Universität und empirischer Forschung von Bedeutung, da er eine gemeinsame Strategie (bzw. eine sinnvolle Verbindung von Grundlagenforschung und Bedarfsforschung) behindert.

Das besondere Problem in Frankreich besteht somit in der fehlenden institutionellen Verbindung zwischen Universität (d. h. der Lehre) und der Forschungspraxis. Die empirische Forschung erfolgt außerhalb der Universität. Durch die Einrichtung des CNRS[30] bestehen im Forschungsbereich jedoch ähnliche Aufstiegsmöglichkeiten wie an der Universität (sog. Forschungskarriere). Dabei liefert das CNRS im Prinzip nicht Forschungskredite und technische Hilfsmittel, sondern sichert lediglich die materielle Existenz der Forscher. Die Forschungskredite selber müssen von außen über Aufträge beschafft werden. Zudem konzentriert sich die empirische Forschung weitgehend auf die Region von Paris. Diese Situation der Soziologie in Frankreich führt zu paradoxen Verhältnissen: Die Universität hat die Aufgabe, die künftigen Forscher auszubilden. Da der Graben zwischen der akademischen Welt der Universität einerseits und dem CNRS (Forschungspraxis) zu groß ist, wählen nur wenige Studenten später den Weg der Forschung. Umgekehrt ist für die Forscher des CNRS die Universitätsfunktion eine Prestigesache (Hoffnung auf eine Professur). Die Forschung wird damit als „Wartezimmer“ (und nicht als bestes) für eine spätere Universitätslaufbahn angesehen.

Konflikte um Kompetenzen, um Forschungsbereiche, der Kampf um Machtpositionen innerhalb des CNRS führen zu einer immer deutlicheren institutionellen Fragmentierung. Um die einzelnen Machtpositionen sammelt sich eine Gruppe von „Günstlingen“. Es entsteht ein eigentliches „Feudalsystem“ mit autoritärer und paternalistischer Prägung. Nach *Thönig* [208] ist das Forschungssystem in Frankreich weitgehend immobil geworden.

Diese allgemeine Situation der Soziologie in Frankreich betrifft natürlich auch die Lage der Betriebssoziologie. Dies um so mehr, als die empirische Soziologie in Frankreich nach dem Zweiten Weltkrieg weitgehend in Form einer „sociologie industrielle ou de travail“ entstanden ist.

Typisch an der Entwicklung der französischen Industrie- und Betriebssoziologie ist, daß sie viel stärker dem Bedürfnis der wissenschaftlichen Forschung entsprungen ist als dem Wunsch nach Dienstleistung für die daran interessierte Industrie. 1946 entstand unter der Obhut des CNRS das CES.[31] Heute ist das CES in verschiedene Sektionen aufgeteilt, wovon die Betriebssoziologie eine der wichtigsten Abteilungen darstellt. Neben dem CES sind ebenfalls das „Institut des Sciences Sociales du Travail“ sowie das „Laboratoire de Sociologie Industrielle“ zu erwähnen. Das „Laboratoire“ ist jüngern Datums und der „Ecole

[30] CNRS = Centre National de la Recherche Scentifique.
[31] CES = Centre d'Etudes Sociologiques.

Pratique des Hautes Etudes" angeschlossen. Sein Zweck liegt in der betriebssoziologischen Forschung im engeren Sinne. Es ist ein öffentliches Unternehmen, finanziert durch den Staat, jedoch mit weitgehender Forschungsfreiheit. Seine zentralen Forschungsprobleme weisen eindeutig auf die Entwicklung einer spezifischen „Soziologie der Arbeiterklasse" hin. Dies bedeutet nicht unbedingt eine Einseitigkeit im Ansatz, sondern man ist bemüht, die Arbeiterklasse von den verschiedensten Standpunkten aus zu betrachten.

Bemerkungen zur Situation in Deutschland

Auch in der Bundesrepublik bestand nach Kriegsende ein gewisses Spannungsverhältnis zwischen den traditionellen Universitätskarrieren und der empirischen Forschung. Dieser Tatbestand beeinflußte ebenfalls die deutsche Betriebssoziologie.

Nach *Lutz* [137] hatte es die Industrie- und Betriebssoziologie in Deutschland relativ schwer, sich an den klassischen Universitätsinstituten zu integrieren. So wurden die beiden ersten großen empirischen Untersuchungen nach dem Zweiten Weltkrieg, welche den eigentlichen Anstoß zur Neuentwicklung der Industrie- und Betriebssoziologie gaben, fern von der Universität durchgeführt.[32] In den letzten Jahren haben sich jedoch sowohl die Universitätsinstitute als auch die außeruniversitären Institute gefestigt und an Bedeutung gewonnen. Der Wiederbeginn der soziologischen Forschung in der Industrie fiel zusammen mit der Aktualisierung des Problems der Mitbestimmung in der Metallindustrie. Dies wirkte sich auf die Forschung in verschiedener Hinsicht aus: Einerseits erwarteten die Betriebsleitungen von den Soziologen praktische Rezepte, und anderseits erhofften beide Arbeitspartner (Unternehmer und Gewerkschaften) von den soziologischen Untersuchungen die geeigneten Argumente zur Untermauerung ihrer Politik. So stellte etwa die Frankfurter Untersuchung über das „Betriebsklima"[33], angeregt und finanziert durch die Leitung der Mannesmann-Werke, einen Versuch dar, die Resultate der von gewerkschaftlicher Seite finanzierten Studie der *Pirker*-Gruppe[34], welche eine positive Einstellung zur Mitbestimmung feststellte, zu widerlegen.

Das Unbehagen bei diesen ersten Untersuchungen nach dem Weltkrieg bestand vor allem im Fehlen eines allgemeinen theoretischen Bezugsrahmens, der als Grundlage der betriebssoziologischen Forschung hätte dienen können. Die Industrie bildete die große Unbekannte in der modernen Nachkriegsgesellschaft, und sie wurde vielleicht gerade deshalb zum beliebten soziologischen Forschungsobjekt. So kommt denn auch *Dahrendorf* [58, S. 135] zu seiner früher bereits erwähnten Feststellung:

[32] Es handelt sich um die Forschergruppen *Pirker/Braun/Lutz/Hammelrath* (Arbeiter-Management-Mitbestimmung) 1951–1955 sowie *Popitz/Bahrdt/Jueres/Kesting* (Technik und Industriearbeit) 1957. Siehe auch *Pirker* [175] und *Popitz* [176].

[33] Siehe *v. Friedeburg* [76].

[34] Siehe *Pirker* [175].

„Legen wir einen weiteren Begriff von Industriesoziologie zugrunde, dann gilt, daß es heute in (West-)Deutschland kein soziologisches Institut oder Seminar gibt, aus dem nicht mindestens eine industriesoziologische Arbeit hervorgegangen wäre, ja, daß es wenige Soziologien gibt, die nicht mindestens einen industriesoziologischen Aufsatz veröffentlicht hätten."

Diese Tatsache weist darauf hin, daß in der gesellschaftlichen Situation in Deutschland Probleme industrie- und betriebssoziologischer Art aktuell waren und Forschungsaufträge ermöglichten. Im Gegensatz zu Frankreich gibt es in Deutschland aber kaum Forschungsinstitute oder auch nur Lehrstuhlinhaber, deren Schwerpunkte im Bereiche der Industrie- und Betriebssoziologie liegen. Dies wiederum schließt die gelegentliche Bearbeitung solcher Probleme durch diese Institute nicht aus (vor allem durch jüngere Forscherteams).

Ferrarotti [71] nennt neben den beiden bedeutendsten Forschungszentren – dem Institut für Sozialforschung der Universität Frankfurt und der Sozialforschungsstelle der Universität Münster, mit Sitz in Dortmund – acht weitere Forschungsstellen an Universitäten und neun wissenschaftliche Institutionen außerhalb der Universität, welche sich mit industrie- und betriebssoziologischen Forschungen befassen bzw. befaßten. Diese Feststellung würde die These von *Dahrendorf* bestätigen. Anderseits weist *Lutz* [137] darauf hin, daß die ersten großen Untersuchungen der 50er Jahre praktisch ohne gegenseitigen Kontakt der verschiedenen Forschergruppen durchgeführt wurden. Selbst nach der Schaffung einer Arbeitsgruppe für Industriesoziologie, welche diese Kontaktnahme ermöglichen sollte, konnte eine weitere Aufsplitterung und Unsicherheit in der neuern deutschen Betriebssoziologie nicht überwunden werden. Die Lage für die Forschung mag in Deutschland insofern erschwert sein, als eine Institution wie das CNRS in Frankreich fehlt, eine Institution, welche besonders auch jungen Forschern zumindest ein materielles Existenzminimum sichert. So bleibt in der Bundesrepublik den jungen Forschern nichts anderes übrig, als sich in eine der bestehenden Institutionen zu integrieren, d. h.:

- sich durch eine große Unternehmung anwerben zu lassen,
- sich dem Unterricht zuzuwenden oder
- sich für Forschungsaufgaben im Rahmen eines Instituts oder eines Gelegenheitsauftrages zu interessieren.

Die beiden ersten Alternativen verhindern jede wirklich interessante Forschung; bei der dritten Lösung hingegen besteht das Problem der Überwindung der Widerstände und der Sabotage der Forschungsprojekte durch die Industriebürokratien, d. h. der Kampf gegen die Ablehnung und die Skepsis in der deutschen Gesellschaft gegenüber der Sozialforschung.

Bemerkungen zur Situation in den USA

Die Situation der Soziologie und besonders auch der Betriebssoziologie unterscheidet sich im amerikanischen Forschungsbereich in mancher Hinsicht von den europäischen Bedingungen. Einerseits kann nicht von einer Unterbrechung der

Forschungstätigkeit während den Kriegsjahren gesprochen werden. Anderseits ist die Bedeutung der Sozialforschung in der amerikanischen Gesellschaft anerkannt, und es besteht eine enge Verbindung zwischen Forschung und Lehre an den Universitäten. So werden denn auch rund 3/4 der Soziologieabsolventen durch die Universitäten und ihre Forschungszentren aufgesogen.

Auf eine nähere Darstellung der amerikanischen Situation soll hier verzichtet werden, da ein Überblick über die Vielfalt der bestehenden betriebssoziologischen Forschungszentren, deren Zielsetzungen und Forschungsschwerpunkte, den Rahmen dieses Einleitungskapitels sprengen würde. *Chris Argyris* erfaßte in seiner Arbeit über „The Present State of Research in Human Relations in Industry" rund zwanzig spezialisierte Forschungszentren der verschiedenen Universitäten sowie eine Reihe von bedeutenden Einzelforschern.[35]

Dieser Darstellung der Situation in den einzelnen Forschungsräumen sollte als Ergänzung eigentlich auch ein Überblick über die internationale Verflechtung der Sozialforschung beigefügt werden. Gerade in dieser übernationalen Zusammenarbeit, im Austausch der Forschungsergebnisse, im interkulturellen Vergleich liegt letztlich die Chance, zu gesicherteren Forschungsresultaten zu gelangen, die schließlich zu allgemein anerkannten und brauchbaren theoretischen Konzepten führen können. Aus zwei Gründen wird darauf verzichtet: Einerseits geht es hier vor allem um den Hinweis auf Faktoren, welche als mögliche Erklärungen für die unterschiedliche Ausprägung der einzelnen betriebssoziologischen Ansätze in Frage kommen. Anderseits fehlen die Informationen über Art und Ausmaß der internationalen Zusammenarbeit und Verflechtung der Sozialforschung noch weitgehend; sie müßten vorerst selbst durch eine eigene Studie beschafft werden.

1.2.5 Die Persönlichkeit des Forschers

Die soziologischen Ansätze werden selbstverständlich nicht bloß durch die gesellschaftlichen Umweltbedingungen, die bestehende Forschungsorganisation oder die historischen Bedingungen beeinflußt, sondern auch durch die Persönlichkeit des Forschers selbst geprägt. Dabei geht es hier weniger um seine intellektuellen Begabungen als um seine biographischen Daten, wie etwa seine soziale Herkunft, seinen Ausbildungsweg, seine Auslandaufenthalte, seine berufliche Karriere, sein persönliches Rollen-Set insgesamt.

Rolf Klima [126] weist in seinem Beitrag über die „Widersprüche im Rollen-Set des Soziologen" auf die Rollenkonflikte hin, denen der Soziologe ausgesetzt ist. Gerade in diesem Zusammenhang werden die Persönlichkeitsmerkmale besonders wichtig, da es „die" Soziologen-Rolle nicht gibt. Vielmehr gehört zur sozialen Position des Soziologen in unserer Gesellschaft nicht nur eine einzige

[35] Siehe *Argyris* [4]. Einen gewissen summarischen Überblick vermittelt auch *Ferrarotti* [71].

Rolle, sondern eine Reihe von Rollen, ein Rollen-Set. Diese Kombination von Rollen ist es, welche die Entwicklung der Soziologen wesentlich mitbestimmt. In Anlehnung an *Klima* [126, S. 81] kann man folgende Rollenbeziehungen hervorheben, die mit der Position des Soziologen verbunden sind:

(1) Die Beziehungen zu anderen Angehörigen seiner Disziplin,

(2) die Beziehungen zu den Gruppen der „Öffentlichkeit", für die die Soziologie ideologische Bedeutung besitzt,

(3) die Beziehungen zu den Gruppen, die soziologische Informationen im Sinne technologisch-manipulativer Instrumente benutzen wollen.

Die Bedeutung anderer Fachkollegen für einen wesentlichen Teil der Karriere eines Soziologen ist wohl offensichtlich. Erwähnt seien nur etwa die Einflüsse während der Ausbildung, bei Berufungen, beim Zugang zu den Massenmedien, bei der Verteilung von Forschungsmitteln oder beim Eintritt in berufliche Organisationen. Zudem bilden die Fachkollegen einen wesentlichen Teil des „Publikums" für die wissenschaftliche Arbeit eines Soziologen. Je nach den Erwartungen, welche von diesen Fachgruppen an den Soziologen herangetragen werden, wird seine Persönlichkeit als Forscher beeinflußt. Erfüllt er diese Erwartungen nicht, hat er mit Sanktionen verschiedensten Ausmaßes zu rechnen; damit steht er dauernd unter dem Zwang zu ganz bestimmten Verhaltensweisen. *Klima* [126, S. 83] spricht von einem System wechselseitiger Tauschbeziehungen, nämlich „wissenschaftliche Beiträge" gegen „Anerkennung durch die Kollegen". Während aber in den exakten Wissenschaften relativ eindeutige Kriterien für diese Anerkennung bestehen, kann in der gegenwärtigen Lage der Sozialwissenschaften kein Soziologe unbedingt damit rechnen, für seine Arbeit allgemeine Anerkennung im Kollegenkreis zu finden, da ein entsprechender Konsensus fehlt.[36] Dies bewirkt, daß die Bedeutung der Fachkollegenschaft im Rollen-Set des Soziologen zumindest relativiert wird.

Neben dieser „fachinternen" Prägung der Persönlichkeit des Soziologen wird seine Position ebenfalls durch seine Beziehungen zu den andern erwähnten Gruppen beeinflußt. Einerseits geht es dabei um seine Rolle in der Öffentlichkeit, seine Rolle in den politisch-sozialen Konflikten, d. h. also um die Frage seines Engagements.[37] Anderseits handelt es sich aber auch um die Auswirkungen der Beziehungen des Soziologen zu jenen Gruppen, welche an die Nützlichkeit der sozialwissenschaftlichen Erkenntnisse für ihre soziotechnischen, manipulativen Interessen appellieren und nur dann bereit sind, Forschungen zu finanzieren, wenn der Forscher die von ihnen definierten Formen von „Nützlichkeit" akzeptiert. Die Soziologie kann hier zur reinen Technik der Datensammlung werden, völlig abseits von ihren theoretischen Grundfragen. Es ist naheliegend, daß eine solche Abhängigkeit des Soziologen von seinen Auftraggebern, eine

[36] Siehe in diesem Zusammenhang den Beitrag von *Erwin K. Scheuch* [191].

[37] Auf das wichtige Problem des Engagements wird im Schlußkapitel noch etwas näher eingegangen.

solche Entfremdung von seiner Wissenschaft, die Persönlichkeitsstruktur des Forschers entscheidend prägt.

Nach *Klima* [126, S. 94] „haben diese Widersprüche des Rollen-Sets natürlich zur Folge, daß die Qualifikation des einzelnen kaum effektiv kontrolliert werden kann. Die Konsequenz ist, daß die Soziologie ein ‚dünnes Brett' ist und bleibt und wir viele schlechte Soziologen haben.
Abgesehen davon führt dieser schlechte Zustand zu den bekannten Erscheinungen sozialer und individueller Desorganisation. Soziologen neigen zur Isolation voneinander . . ., zu wechselseitiger Mißgunst und arroganter Originalitätssucht, ja zu manifesten Aggressivitäten gegeneinander. Individuelle Desorganisation zeigt sich nicht zuletzt darin, daß Soziologen häufig unzufrieden sind mit sich selbst und Produktivitätshemmungen haben. Die Unsicherheit über die kognitiven Standards der Disziplin führt nicht selten zu Erkenntnisdefaitismus oder gar Erkenntniszynismus. Unter Umständen hat das den Rückzug aus der selbständigen Forschungsarbeit überhaupt zur Folge."

Auf die enge Verflechtung dieser Probleme des persönlichen Rollen-Sets des Soziologen mit den andern erwähnten Einflußfaktoren braucht hier kaum besonders hingewiesen zu werden. Es entspricht ja einem typisch soziologischen Blickpunkt, die Persönlichkeitsstruktur in weitem Maße als ein Produkt ihrer Umwelt zu betrachten.

1.2.6 Das Verhältnis von Grundlagenforschung und Bedarfsforschung

Dieser letzte Einflußfaktor bezieht sich auf den wissenschaftlichen Entwicklungsstand der Betriebssoziologie im engern Sinne, so vor allem auf ihr Bemühen um die Erarbeitung brauchbarer theoretischer Konzepte.

Nach *Ferrarotti* [71] ist die Zusammenhangslosigkeit und Fehlerhaftigkeit ein wesentliches Charakteristikum der betriebssoziologischen Forschung in Europa und in den USA. Dabei fehlt nicht die Initiative zur Forschung, sondern bedenklich ist vielmehr ihre fragmentarische Struktur, das sporadische Vorgehen, das lückenhafte Erfassen von Gelegenheiten verschiedenster Art, das Verfolgen von Ad-hoc-Theorien. Diese Lückenhaftigkeit ist nach *Ferrarotti* nicht zufällig, sondern ein Indiz des mangelhaften Verständnisses für die Bedeutung der Sozialforschung in der modernen Gesellschaft. Insbesondere ist sie ein Zeichen für die fehlende Grundlagenforschung, welche den erforderlichen theoretischen Bezugsrahmen schaffen könnte, jedoch gewaltige Mittel bedingt, die nicht einen direkten, unmittelbaren Erfolg für den Geldgeber sichtbar machen.

Wenn *Atteslander* [13, S. 8] schreibt:

„Dem Umfang nach wird in überwiegendem Maße Bedarfsforschung getrieben, ohne daß die theoretischen Grundlagen genügend abgeklärt worden sind. So kommt es, daß die in die Sozialforschung gesetzten Erwartungen ihre Möglichkeiten weitgehend übersteigen", so trifft dies insbesondere für die *deutsche Betriebssoziologie* zu. *Jaeggi* [117] sieht die Auswirkungen dieser Situation in dreifacher Hinsicht:

(1) In der relativ unkritischen Anpassung der deutschen Betriebssoziologie an den Systemgedanken und den Begriff der Anpassung;

(2) in der zu starken Verblendung durch die praktische Einflußnahme und der fehlenden Rückbesinnung auf die gesellschaftskritische Funktion der Betriebssoziologie. Dies führt zu einer übertriebenen Betonung sozialtechnischer Maßnahmen, die einer kurzfristigen Symptombekämpfung, aber keinen langfristigen Lösungen dienen;

(3) im fast völligen Fehlen einer kritischen Diskussion der empirischen und der „theoretischen" Arbeiten.

Die Annahme, die deutsche betriebssoziologische Forschung befinde sich heute auf dem Wege einer Ausweitung und Systematisierung, ist falsch, vor allem auch im Hinblick auf Ansätze zu einer systematischen Theorie. Gewisse Konzepte – wie z. B. die „Theorie" der formalen und informalen Organisation – wurden von amerikanischen Autoren übernommen und insbesondere in den betriebssoziologischen Einführungen und Lehrbüchern wiedergegeben. In den bedeutenden empirischen Untersuchungen fehlt aber der Bezug zu diesen Ansätzen fast völlig. Die empirischen Arbeiten sind stark problemorientiert; sie sind darauf angelegt, Antworten und Lösungen zu finden, die, je nach dem Auftraggeber, bestimmte politische Tendenzen enthalten. Von einem Bemühen um eine vertiefte theoretische Fundierung betriebssoziologischer Ansätze kann man deshalb bis heute in Deutschland kaum sprechen. Dabei geht es nicht nur um abstrakte, generalisierende Theorien, etwa im Sinne von *Talcott Parsons,* der nach allgemeinsten Kategorien sucht. Vielmehr kann auf die Versuche französischer Autoren[38] hingewiesen werden, analytisch-soziologische Gesamtinterpretationen der industriellen Arbeitswelt zu erarbeiten, welche einen brauchbaren Bezugsrahmen für die empirische Forschung bieten und eine Vergleichsbasis erlauben.

Auch die *französische Betriebssoziologie* ist sehr stark problemorientiert und beweist durch ihre Forschungspraxis ihre Anpassungsfähigkeit an die Entwicklung der Gesellschaft. Daneben erfolgt aber in Frankreich ebenso konsequent die theoretische Entwicklung der Soziologie. Dabei gibt es sowohl Beispiele für die partielle Konzeptualisierung unter Anlehnung an den von *Robert Merton* entwickelten Begriff der „Theorien mittlerer Reichweite"[39] als auch für Versuche zur Aufstellung globaler Ansätze, beruhend auf dem Wunsch, eine Theorie zu schaffen, welche das Phänomen des sozialen Wandels befriedigend erfaßt.[40] Gerade aus dieser Sicht ist es in der französischen Betriebssoziologie viel schwieriger zwischen Grundlagenforschung und angewandter Forschung zu unterschei-

[38] Z. B. *G. Friedmann, P. Naville, A. Touraine* und auch *M. Crozier.*
[39] Wie z. B. *Crozier* [49].
[40] Wie z. B. *Touraine* [213].

den. Die Unterscheidung liegt hier viel eher in Forschungsprojekten, die sich auf allgemeine und damit langfristige Probleme beziehen, und Projekten, welche eher kurzfristige Probleme bearbeiten. So gehören eine Reihe der realisierten Forschungsprojekte zur Grundlagenforschung, wie z. B. die Forschungen der Gruppe für Organisationssoziologie unter *Michel Crozier*.

2. Die Organisations- und Betriebssoziologie in den Vereinigten Staaten – ein Exkurs

2.1 Forschungsschwerpunkte und Entwicklungslinien in der amerikanischen Betriebssoziologie[41]

Eine Betrachtung der modernen europäischen Soziologie ist kaum möglich, ohne mindestens die wichtigsten Grundzüge der amerikanischen Forschung einzubeziehen. Der Entwicklungsstand der amerikanischen Soziologie – insbesondere auch der empirischen Forschungsmethoden – hat die neuere europäische Soziologie entscheidend geprägt.

Während es für die deutsche und französische Situation sinnvoll erscheint, den Beginn der modernen betriebssoziologischen Forschung mit dem Ende des Zweiten Weltkrieges zu fixieren, wäre dieses Vorgehen für die amerikanische Betriebssoziologie zu willkürlich, da in den USA der Krieg nicht zu einem faktischen Stillstand der Forschung führte. So datiert etwa das klassische Werk von *Roethlisberger* [181] aus dem Jahre 1939, und gerade diese Arbeit bildet die Grundlage für eine große Zahl von Publikationen nach 1945. Mit andern Worten: Es gibt für die Entwicklung der modernen amerikanischen Betriebssoziologie bedeutendere Marksteine als das Kriegsende. Dazu gehören insbesondere die berühmten „Hawthorne-Experimente" unter der Leitung von *Elton Mayo*. Zudem fällt ein für die amerikanische Betriebssoziologie nicht unwesentlicher Forschungsbereich, nämlich die sog. Kleingruppenforschung, zu einem großen Teil in den Zeitraum zwischen 1930 und 1950.[42]

Ferrarotti [71, S. 20 ff.] kommt bei seiner Gliederung der Autoren nach den bearbeiteten Problemkreisen auf drei hauptsächlichste Entwicklungslinien, die hier, mit einigen Modifikationen, übernommen werden sollen.

Eine *erste* Phase charakterisiert sich durch ihre Konzentration auf die kleine Arbeitsgruppe im Innern des Betriebes. Dabei geht es vor allem um das Problem der Stabilisierung der Arbeitsmoral sowie um die Messung des Einflußbereichs des „Gruppenklimas" auf die Produktivität.[43] Diese erste Gruppe von betriebs-

[41] Siehe in diesem Zusammenhang die Tabelle auf S. 24. Besondere Schwerpunkte zeigen sich vor allem bei den Problemkreisen 4, 5, 6 und 10.

[42] So unterscheidet z. B. *Stirn* [202] in seinem Forschungsbericht acht verschiedene Richtungen der industriellen Sozialforschung, welche sich alle mehr oder weniger auf das Studium der kleinen Arbeitsgruppe konzentrieren.

[43] *Ferrarotti* [71] sieht in dieser ersten Phase eine logisch und historisch notwendige Ergänzung und Weiterentwicklung der traditionellen „Psychotechnik". Im deutschen

soziologischen Arbeiten, in deren Zentrum die bereits erwähnte Hawthorne-Studie von *Elton Mayo* und seiner Mitarbeiter der „Graduate School of Business Administration" der Universität von Harvard steht, konnte sich auf eine ganze Reihe bekannter Forschungen über die Kleingruppe stützen, so von der Theoretisierung der Primärgruppe bei *Charles H. Cooley* bis zu den Arbeiten von *Robert E. Park* und *Edward W. Burgess* in Chicago um 1920. Später gesellten sich auch Forscher wie *Jacob L. Moreno* oder *Kurt Lewin* dazu, welche das Instrumentarium zur systematischen Erforschung der Interaktionen innerhalb der Gruppe, der Art der Bildung informeller Cliquen sowie der Gruppendynamik im allgemeinen lieferten.

Diese erste Entwicklungslinie wurde in den 50er Jahren vor allem durch das „Survey Research Center" und das „Research Center for Group Dynamics" der Universität von Michigan sowie durch eine Reihe weiterer Forscher neu aktiviert. Bekannte Namen in diesem Zusammenhang sind insbesondere etwa *Rensis Likert, Dorwin Cartwright, Alvin Zander, Daniel Katz, Robert Kahn, Eugene Jacobson, Stanley Seashore, Nancy Morse, Robert Tannenbaum.*[44]

Eine *zweite* Entwicklungslinie in der modernen amerikanischen Betriebssoziologie wird durch die Arbeiten des „Committee for Human Relations in Industry" der Universität Chicago eingeleitet. Bei den Begründern dieser Gruppe stehen Namen wie *Lloyd Warner* [219], *Everett Hughes* [113] sowie der junge *William Whyte* [224]. Im Unterschied zur ersten Phase (und insbesondere zur Harvard-Gruppe) konzentrieren sich diese Forscher stärker und systematischer auf jene Faktoren, welche von außen auf die Gruppe als solche einwirken und somit wesentlich den Zusammenhang, die Solidarität und die Integration der Gruppe mitbestimmen. Anderseits geht es auch um die Erfassung der betrieblichen Sozialstruktur als Ganzes, d. h. den Beziehungen zwischen den verschiedenen Gruppen im Betrieb und ihrer gesamtbetrieblichen Verflechtung. Auf die wichtigsten Autoren dieser Gruppe wird in anderem Zusammenhang noch hinzuweisen sein.

Die *dritte* Entwicklungslinie verläßt den Bereich der Kleingruppe vollends. So geht es hier nicht mehr um die äußern Einflußfaktoren auf die Arbeitsgruppe, sondern vielmehr um die Verflechtung des betrieblichen Sozialsystems mit seiner nähern Umwelt (Gemeinde) und der Gesamtgesellschaft schlechthin. Im Zentrum stehen die gesamtgesellschaftlichen Auswirkungen des Betriebes einerseits und der Einfluß gesellschaftlicher Leitideen, Ideologien, Normen auf den Betrieb und seine soziale Struktur anderseits. Von besonderer Bedeutung sind

Bereich gilt die Publikation von *Hugo Münsterberg* „Grundzüge der Psychotechnik" im Jahre 1914 als Begründung dieser Richtung. In den USA sind es *Taylor* [207] mit seinem „Scientific Management" und seine Nachfolger des sog. „Human Engineering", welche sich mit ähnlichen Problemen befaßten.

[44] Eine gute Zusammenfassung der Forschungsarbeiten der Michigan-Gruppe enthält das Buch von *Likert* [135]. Von Bedeutung sind vor allem die Arbeiten von: *Cartwright* [35], *Katz* [122], [124], *Seashore* [194], *Morse* [155], *Tannenbaum* [206], *Kahn* [120].

die sozialen Auswirkungen des technischen Fortschrittes. Durch diese ausgeweitete Betrachtungsweise wird der enge Rahmen der traditionellen Betriebssoziologie gesprengt.[45]

Die von *Ferrarotti* [71] verwendete Gliederung in drei Entwicklungsphasen darf nicht einfach in einer chronologischen Reihenfolge gesehen werden, da die verschiedenen Schulen und Forschungsrichtungen sich in buntem Gemisch zeitlich nebeneinander entfalteten. Es handelt sich vielmehr um eine Entwicklung in Richtung einer zunehmenden Ausweitung des Blickfeldes für die komplexen Zusammenhänge im Betrieb und seine Interdependenz mit der gesellschaftlichen Umwelt. Das Interesse der Forscher wechselte von der kleinen Arbeitsgruppe über zur komplexen Struktur des Gesamtbetriebes und befaßte sich schließlich mit den Aspekten der industriellen Gesellschaft schlechthin.

Diese verschiedenen Tendenzen und Richtungen werden nach außen sichtbar durch die Vielfalt von betriebssoziologischen Forschungsinstituten an den einzelnen amerikanischen Universitäten. Wenn man davon ausgeht, daß die verschiedenen amerikanischen Forschungszentren nicht völlig isoliert voneinander arbeiten, dann ist es naheliegend (trotz dem großen Ausmaß der erscheinenden Publikationen), nach gewissen Parallelen und gemeinsamen Zügen zu suchen. Solche Parallelen bestehen dabei nicht nur in bezug auf die behandelten Problemkreise, sondern ebenso in bezug auf den theoretischen Bezugsrahmen und auf das Gesellschaftsbild.[46]

Die starke Ausrichtung der amerikanischen Betriebssoziologie auf die Erforschung der organisatorischen Zusammenhänge und die Entwicklung von Regeln für die Gestaltung der menschlichen Beziehungen im Betrieb erforderte gleichzeitig eine vermehrte Aufmerksamkeit auf die Entwicklung eines geeigneten Forschungsinstrumentariums. Erinnert sei in diesem Zusammenhang etwa an die Verbesserung und Entwicklung von Testverfahren (z. B. durch *Harold Guetzkow* und *Milton Rosenberg*), an die zunehmende Bedeutung der nichtteilnehmenden Beobachtung (z. B. *Leon Festinger* und *Daniel Katz*)[47], an die Entwicklung der soziometrischen Techniken (z. B. *Jacob L. Moreno*), an das Interaktiogramm als Hilfsmittel zur Aufzeichnung von Interaktionsmustern (z. B. *William F. Whyte)*, auf den Einsatz mathematischer Methoden (z. B. *Herbert A. Simon*), auf das Studium des „Feed-back“ von Forschungsergebnissen, auf die Problematik interdisziplinärer Forschung (z. B. „Tulane University) sowie natürlich an die Verfeinerung und Verbesserung der klassischen Befragungsmethoden.

[45] Von besonderer Bedeutung in diesem Zusammenhang sind vor allem etwa die Arbeiten von: *Moore* [154], *Lipset* [136], *Bendix* [27], *Whyte* [225], *Kornhauser* [130], *Blau* [29], [30], [31], *Dubin* [65], *Scott* [193], *Argyris* [6], *Etzioni* [68], *Bakke* [17], [18], [19], [20], [21], [22], *Gross* [98], *Simon* [200], [199].

[46] *Argyris* [4] hat in seinen Trend Report die Arbeiten von 20 Forschungsinstituten sowie einer Reihe von Einzelforschern einbezogen. Für eine detailliertere Information sei deshalb auf diese Studie verwiesen.

[47] Siehe etwa *Festinger* [72].

Diese Darstellung der Forschungsschwerpunkte und Entwicklungslinien soll nun ergänzt werden durch einen kurzen Überblick über die wichtigsten theoretischen Ansätze in der amerikanischen Betriebssoziologie. Die Vielfalt der Forschungsarbeiten, die Vielzahl der Forscher und Institute macht eine solche Übersicht nicht leicht.

In Anlehnung an verschiedene Publikationen[48] lassen sich, stark vereinfachend, für die betriebssoziologisch relevanten Arbeiten in den USA zwei große Gruppen theoretischer Ansätze unterscheiden, nämlich der sozialpsychologische Ansatz der „Human Relations" einerseits und der organisationssoziologische Ansatz anderseits.

Diese beiden Ansätze sollen in den beiden folgenden Abschnitten 2.2 und 2.3 mit Hilfe der folgenden drei Kriterien kurz skizziert werden:
(1) Die Ausrichtung bzw. Zielsetzung der betriebssoziologischen Forschung;
(2) die Charakterisierung des betrieblichen Sozialsystems;
(3) die Vorstellungen über das Verhalten der Menschen im Betrieb.

2.2 Der Ansatz der „Human Relations"

Der Ansatz der „Human Relations"[49] geht direkt auf die bekannte „Hawthorne-Studie" von *Elton Mayo* und seiner Mitarbeiter (vor allem *Fritz J. Roethlisberger* und *William J. Dickson*) der sog. „Harvard-Schule" zurück. Der andere Haupteinfluß, welcher insbesondere die Periode von 1945 bis 1950 stark prägte, kommt von *Kurt Lewin* und seiner Forschergruppe der Universität von Michigan.

Die Arbeiten von *Elton Mayo* und *Kurt Lewin* haben jedoch nicht bloß historischen Wert. Vor allem in den 50er Jahren nimmt der Ansatz der „Human Relations" in den USA eine zentrale Stellung ein. Bereits ein oberflächlicher Überblick über die anfallende betriebssoziologische Literatur zeigt die Vorliebe für die Probleme der Kommunikation und des Betriebes als soziales System, das Interesse für das Funktionieren der kleinen Arbeitsgruppe und deren Wirkungen auf die Produktivität und die Befriedigung der Arbeiter, die Probleme der Führung, das Interesse für die Dynamik des Wandels, den Wunsch nach Harmonie der Interessen zwischen Betriebsleitung und Arbeitern – also für alle jene Postulate, die weitgehend bereits den Ansätzen von *Mayo* und seiner Mitarbeiter zugrunde lagen.

[48] Siehe etwa *Argyris* [4], *Treanton* [216], *Crozier* [50], [51].
[49] Der Begriff „Human Relations" ist allerdings älter. Er wurde bereits 1923 im Buch von *Edward L. Munson*, „The Management of Man" formuliert. Siehe *Atteslander* [12, S. 292].

Die Ausrichtung bzw. Zielsetzung der betriebssoziologischen Forschung

Über den Begriff der „Human Relations" herrscht in der Literatur keine Klarheit. Verschiedenste Definitionen und Bedeutungen werden damit verbunden. So befaßt sich auch *Atteslander* [12, S. 288 ff.] mit dem Problem dieser Begriffsverwirrung. In der vorliegenden Arbeit soll unter der Bezeichnung „Human Relations" eine bestimmte Richtung, ein bestimmter Ansatz in der amerikanischen Betriebssoziologie verstanden werden. Es ist sicher zweckmäßig, dabei jene Umschreibung zu verwenden, die aus der Feder eines der Begründer dieser Richtung stammt. *Roethlisberger* [180] definiert den Forschungsbereich der „Human Relations" wie folgt:

> „1) General problems of communications and understanding between individuals and groups, and between groups under different conditions and varying relationships, 2) general problems of securing action and cooperation under different conditions and in varying formal organizations, and 3) general problems of maintaining individual and organizational equilibrium through change. Its methods both from the point of view of research and of taking action are clinical and diagnostic. Its methods of instruction are the problem case and clinical experience. It looks at its data from the point of view growing and evolving its social systems."

Natürlich geht ein solcher „diagnostischer" Ansatz von ganz bestimmten Vorstellungen über die Ziele und Aufgaben der Betriebssoziologie aus. Einen wesentlichen Schwerpunkt bildet die „klinische" Absicht, d. h. die Ausrichtung auf die Verbesserung und optimale Gestaltung der innerbetrieblichen Beziehungen. Es ist deshalb verständlich, daß gerade gegenüber den Vertretern der „Human Relations" der Vorwurf der „Managersoziologie" immer wieder laut wurde. Zentrale Ideologie hinter diesem Ansatz ist die Auffassung, ‚den Menschen zu helfen', und zwar zu helfen:

- sich selber und den möglichen Einfluß auf andere Menschen besser kennenzulernen,
- fähiger zu werden, a) auf andere zu hören, b) die eigenen Gefühle und die der andern zu erkennen, c) Fragen zu stellen, welche den Überblick über die gegebene Situation ermöglichen und d) die soziale Realität zu beobachten,
- mit dem Erlernen dieser Fähigkeiten eine Lebensphilosophie aufzubauen, in deren Zentrum die Würde und der Wert jedes Menschen steht.[50]

Roethlisberger und seine Mitarbeiter versuchen ihre Ziele auf zwei Arten zu erreichen, nämlich einerseits durch konkrete Fallstudien, bei denen die sozialen Verflechtungen in ihrer ganzen Komplexität beschrieben werden, und anderseits durch die Analyse dieser Situationen im Hinblick auf die Ableitung allgemeiner Regeln des menschlichen Verhaltens. Im Zentrum der „Harvard-

[50] Siehe auch *Argyris* [4, S. 57].

Gruppe", zu der neben *Fritz Roethlisberger* insbesondere auch Forscher wie *Harriet Ronken, Paul R. Lawrence* und *A. Zaleznik* gehören, steht damit die ‚Situationsorientierung' mit dem Ziel, Erkenntnisse zu gewinnen, welche den verantwortlichen Leuten im Betrieb helfen sollen, menschliche Mißverständnisse, Spannungen und Konflikte zu vermeiden. *Roethlisberger*[51] versteht unter dieser Situationsorientierung eine Art ‚klinischer Ratschläge' für den Praktiker, d. h. also für jene Menschen, die unter Verantwortung zu entscheiden und zu handeln haben.

„Klinische Forschung" hat zum Ziel, jene Voraussetzungen zu schaffen, jene Erkenntnisse bereitzustellen, welche es ermöglichen sollen, auf die Gestaltung der innerbetrieblichen Sozialbeziehungen einzuwirken. *Roethlisberger* distanziert sich dabei sowohl vom bloßen Versuch, die „wissenschaftliche Betriebsführung" eines *Frederic W. Taylor* zu vermenschlichen, als auch von der Reduktion seines Ansatzes der „Human Relations" auf eine reine Sozialethik im Sinne einer Humanisierung der Betriebsführung. Zudem versucht er eine Abgrenzung seines Ansatzes vom rein experimentellen Vorgehen im Laboratorium einerseits, das darauf abzielt, unter streng kontrollierten Bedingungen bestimmte Beziehungen zwischen wenigen, genau ausgewählten Variablen, zu erklären, und anderseits auch von der bloßen Anwendung von Techniken und Regeln in der konkreten, praktischen Situation, d. h. von der bloßen Sozialpolitik.[52]

Während aber etwa *Taylor* die Verwirklichung des Interessenausgleichs zwischen Arbeiter und Betriebsleitung als automatischen Prozeß annahm, sobald die vorhandenen Hindernisse (Willkür) beseitigt sind, fordert der Ansatz der „Human Relations" gezielte Maßnahmen und überlegtes Vorgehen, um dieses Ziel zu erreichen.

Die Rechtfertigung der Betriebssoziologie wird von den „Human Relations" – einer Tradition der amerikanischen Soziologie entsprechend – letztlich in ihrer praktischen Anwendbarkeit gesehen. Es geht also um die Frage: Was kann die Soziologie für die Praxis leisten? Dabei ist allerdings die direkte Beziehung zum humanitären Reform- und Verbesserungsstreben ersetzt worden durch einen ausgesprochenen oder unausgesprochenen Utilitarismus. Diese Beziehungen zur Praxis im Sinne der „Human Relations" können zweifach sein: Einerseits wird die Soziologie als Lieferant von Informationen für den Praktiker gesehen (Ratgeberfunktion). Anderseits greift der Soziologe selbst direkt in die Gestaltung der sozialen Wirklichkeit ein (im Sinne eines geplanten sozialen Wandels). Gerade dieser geplante soziale Wandel bildet das Grundmotiv für eine große Zahl von Detailuntersuchungen (Monographien).

Diese Postulate wurden von einer Reihe von Forschern übernommen und weiterentwickelt, und damit entstand gleichzeitig auch die Kritik an verschiede-

[51] Siehe in diesem Zusammenhang *Atteslander* [12, S. 293], der auf die Auseinandersetzung von *Röthlisberger* mit Autoren wie *G. Filipetti, P. E. Milward, W. Moore, N. Maier, P. Pigors* und *C. Myers* hinweist.
[52] Siehe auch *Röthlisberger* [180, S. 95].

nen Auffassungen dieses Ansatzes. Zentrales Ergebnis der „Hawthorne-Studie" war sicher der Nachweis der Existenz informeller Gruppen im Betrieb und deren Einfluß auf das Verhalten der Betriebsangehörigen. Aus dieser Erkenntnis leitete *Elton Mayo* eine Reihe von Thesen und Interpretationen ab, die durch seine Untersuchungen mehr oder weniger belegbar und damit auch mehr oder weniger zutreffend sind. Eine Anzahl dieser — oft etwas voreiligen — Verallgemeinerungen, so etwa die Thesen über die gesellschaftlichen Auswirkungen der Industrialisierung und des technischen Fortschrittes, über die Zusammenhänge zwischen der Struktur der informellen Gruppen, der Einstellung der Gruppenmitglieder und ihren Verhaltensweisen, über die Zusammenhänge zwischen Zufriedenheit, Arbeitsmoral und Leistung der Arbeiter, über die Verflechtung des Betriebes mit seiner gesellschaftlichen Umwelt, wurden zu Zielpunkten der Angriffe gegen *Mayo* und bildeten insbesondere auch Gegenstand der Weiterentwicklung des Ansatzes der „Human Relations" nach dem Zweiten Weltkrieg.

Die Charakterisierung des betrieblichen Sozialsystems

Praktisch alle Vertreter der „Human Relations" gehen von der Vorstellung des betrieblichen Sozialsystems als einem „integrierten, dynamischen Ganzen" aus, d. h. die Teile oder Elemente eines sozialen Systems (oder einer sozialen Organisation) stehen in gegenseitiger Beziehung, so daß sich daraus ein „Ganzes" ergibt. Aus dieser Sicht lassen sich eine Reihe von Grundhypothesen festhalten, wie z. B.:

- Die Summe der Teile ergibt nicht das Ganze, sondern das Ganze ergibt sich vielmehr aus der Beziehung zwischen den Teilen.
- Die Verflechtung und gegenseitige Beeinflussung der Teile ist so, daß jede soziale Organisation ein multiples Kausalitätssystem darstellt (Ablehnung der Monokausalität, wie sie etwa dem *Taylor*ismus zugrunde liegt).
- Die Art der Beziehungen zwischen den Teilen führt beim Studium sozialer Systeme zur Verwendung von Begriffen wie „Gleichgewicht" oder „Ruhestand".
- Es ist sinnvoll, zur Analyse des Verhaltens und der Vorgänge im betrieblichen Sozialsystem zwischen der formalen, der informalen und der individualen Ebene zu unterscheiden.

Durch seine Betonung der emotionalen, ungeplanten, nichtrationalen Elemente des Verhaltens stellt *Elton Mayo* die Bedeutung der informalen Organisation in den Vordergrund. Nach Auffassung der „Human Relations" hat der Arbeiter viele andere Wünsche als bloß materielle. Durch Berücksichtigung der sozialen Wünsche können sowohl Produktivität als auch Zufriedenheit gesteigert werden. *Mayo* sieht damit die Möglichkeit einer harmonischen Übereinstimmung der Interessen der verschiedenen betrieblichen Gruppen. Optimale Zufriedenheit geht parallel mit optimaler Produktivität. Seine Vorstellung vom Betrieb ist streng funktionalistisch und damit spezifisch ahistorisch. Der Betrieb ist für

Mayo ein kooperatives System, das nicht auf Gewalt oder Zwang, sondern auf dem Verständnis und dem Willen zur Zusammenarbeit beruht. Jeder einzelne und jede Gruppe hat seinen bzw. ihren Platz im System des „Ganzen". Der Zustand des Systems ist dann „normal", wenn es organisiert und integriert ist und ein gleichgewichtiges Funktionieren vorherrscht. Jede Störung dieser Harmonie, jeder Konflikt wird abgelehnt, denn Konflikte sind Zeichen von Desintegration und führen letztlich zum Zerfall der Ordnung. Die Struktur des Betriebes kann niemals Ursache von Konflikten sein, da der Betrieb ein funktionales Gebilde ist. Soziale Konflikte sind Krankheitssymptome; ihre Bewältigung ist ein Problem der Psychotherapie der Führer von Konfliktgruppen bzw. ein Problem der Vermittlung von „sozialen Fertigkeiten".[53] *Mayo* ist nach *Dahrendorf* [53, S. 115] einer der extremsten Vertreter des sog. „Konsensus-Modells",

> ... „doch darf dessen gelegentlich ans Unglaubliche grenzende Naivität nicht darüber hinwegtäuschen, daß *Mayos* Position noch heute als charakteristisch für eine erhebliche Zahl von Soziologen und die überwiegende Zahl von Praktikern in der Wirtschaft, in der Politik und in andern Bereichen gelten muß".

Diese Auffassung *Mayos* vom Betrieb als einem stabilen sozialen System wurde allerdings durch neuere Arbeiten kritisch beleuchtet und durch ein dynamischeres Modell ersetzt.[54]

In diesen neuern Arbeiten wird besonders auch auf die fehlende kulturelle Einheit in der industriellen Gesellschaft hingewiesen. Es geht nicht mehr um die ungetrübte Harmonie zwischen den verschiedenen betrieblichen Gruppen, sondern vielmehr um einen „modus vivendi", der als unbedingte Voraussetzung zum Überleben aller betrachtet wird. Damit vollzieht sich der Übergang von der Konzeption des Betriebes als relativ geschlossenem sozialem System, als „kultureller Einheit" mit eigenem autonomem Lebensstil zu einer Konzeption, welche die dynamischen Aspekte und das Charakteristikum des unstabilen Gleichgewichts zwischen den verschiedenen Interessengruppen in Betracht zieht. Diese Tendenz führt letztlich zu einem neuen Bezugsrahmen, zur Betrachtung und Erforschung des Konflikts und damit zu einer realistischeren Darstellung der sozialen Wirklichkeit.

Die Sichtweise von *Elton Mayo* und seiner Schüler war ursprünglich stark mikrosoziologisch. Im Zentrum stand die kleine Arbeitsgruppe als die unabhängige Variable, als relativ geschlossenes und theoretisch autonomes soziales Gebilde, als Handlungseinheit. Daraus ergab sich dann eine gewisse Überschätzung des Einflusses informeller Gruppen auf das Verhalten ihrer Mitglieder und damit auch eine Überbewertung der sog. informellen Organisation an sich. Im-

[53] Siehe in diesem Zusammenhang *Dahrendorf* [53, S. 116].

[54] In diesem Zusammenhang sei etwa auf das Buch von *Komarovsky* [129] hingewiesen, welches unter anderem Beiträge von *W. F. Whyte, E. D. Chapple, G. C. Homans* und *C. Arensberg* enthält.

mer mehr sah man aber die Notwendigkeit, das soziale Subsystem „Betrieb“ in den größeren gesamtgesellschaftlichen Zusammenhang einzuordnen, um dadurch die außerbetrieblichen Einflußfaktoren adäquater zu erfassen. In dieser zunehmenden Bedeutung, welche dem „äußern System“ beigemessen wird, liegt eine weitere wichtige Ausweitung des Ansatzes der „Human Relations“. Es scheint, daß die Kritik am Ansatz von *Mayo* und seiner Schule (z. B. durch *Daniel Bell, Reinhard Bendix, Herbert Blumer, Georges Friedmann, Wilbert Moore, Harald L. Sheppard*) zu fruchtbaren Überlegungen führte. So weist etwa *George C. Homans*[55] auf die sozialen, materiellen und technischen Faktoren hin, welche auf die Gruppe einwirken und ihrerseits durch die Gruppe beeinflußt werden. *Whyte* [229, S. 13] legt den Akzent auf die ökonomischen und juristischen Voraussetzungen, welche in breitem Sinne die Arbeitsbeziehungen beeinflussen.

Die Vorstellungen über das Verhalten der Menschen im Betrieb

Elton Mayo betonte die Notwendigkeit der Erforschung der (informellen) Arbeitsgruppe, um Aussagen über das Arbeitsverhalten machen zu können. So wies er insbesondere nach, daß Arbeit eine Gruppentätigkeit, d. h. ein sozialer Prozeß ist und das Verhalten des Arbeiters wesentlich von den Normen jener Gruppen abhängt, deren Mitglied er ist. Der materielle Lohn und die physischen Arbeitsbedingungen sind deshalb lange nicht die einzigen entscheidenden Faktoren für die Arbeitsleistung. Der Wunsch nach Anerkennung, Sicherheit und echter Zugehörigkeit, der Wunsch nach Prestige und Status sind ebenso wichtig.

Zunächst gehören alle jene Arbeiten zur Gruppe der „Human Relations“, welche sich mit den Problemen der Auswirkungen materieller Stimuli auseinandersetzen (wie z. B. etwa *Whyte* [228] mit seinem Buch „Money and Motivation“). Gerade in dieser Kritik an der traditionellen tayloristischen Auffassung von der Wirkung individueller Stimuli wird meist das große Verdienst der *Mayo*-Schule gesehen. Sie widerlegte die These von der Bedeutung eines dominierenden Faktors für das Arbeitsverhalten und öffnete damit den Weg zur multifaktoriellen Analyse.

Die Leistung des Arbeiters richtet sich also nicht bloß – wie bei *Taylor* – nach der physischen Leistungsfähigkeit, sondern wird insbesondere durch die sozialen Normen der Arbeitsgruppe bestimmt. Deshalb ist die soziale Belohnung oder Bestrafung durch die Gruppe für den Arbeiter ebenso wichtig wie die materielle Entschädigung. Diese Auffassung, wonach die Art und Weise der zwischenmenschlichen Beziehungen innerhalb der informellen Gruppen die Einstellungen und damit auch die Verhaltensweisen der einzelnen Gruppenmitglieder bestimmt, kommen etwa im folgenden Zitat von *Delbert C. Miller* [150, S. 15] deutlich zum Ausdruck:

[55] Siehe *A. Zaleznik* u. a. [233].

„Immer, wenn sich Menschen versammeln und aufeinander einwirken, entsteht ein Netz sozialer Beziehungen. Die einen übernehmen Führerfunktionen, andere bilden die Gefolgschaft; Freundschaften werden geschlossen und Feindschaften entstehen. Beziehungen der Über- und Unterordnung, des Widerstandes und der Sympathie, der Zusammenarbeit und des Wettbewerbes entfalten sich und wirken als soziale Kräfte auf die Mitglieder der Gruppe ... Dadurch, daß Arbeiter zueinander in Beziehung treten, entstehen gemeinsame Verhaltensweisen, die sich durch ständige Wiederholung zu sozialen Gewohnheiten entwickeln und bald eine gewisse traditionelle Sanktionierung erlangen."

Roethlisberger [181, S. 522] hält in gleichem Sinne fest:

„Informelle Beziehungen sind nicht zufällig und nebensächlich für den Ablauf des Betriebes, im Gegenteil: Keine Organisation vermag wirksam zu funktionieren, wenn sie nicht ein parallel laufendes, spontanes Netz zwischenmenschlicher Beziehungen enthält."

Ein großer Teil der amerikanischen Betriebssoziologen übernahm diesen Ansatz von *Mayo,* wobei die Auffassung vorherrscht, daß das Gruppenleben nicht nur ganz bestimmte Einstellungen, Gefühle und Normen entwickelt, sondern daß diese wiederum das Verhalten der Mitglieder kausal bestimmen.

Andere Autoren — wie z. B. *Conrad Arensberg* [56] — lehnen eine solche Interpretation der „Hawthorne-Ergebnisse" ab und versuchen die gegensätzliche Reihenfolge als richtig aufzuzeigen. *Mayo,* so wird kritisiert, habe voreilig die informelle Gruppe als hauptsächlichste Determinante für das individuelle Verhalten bezeichnet, während nach *Arensberg* vielmehr die sog. „basic relationships" entscheidend sind.[57]

Mayo stellte schließlich die bekannte Hypothese auf, wonach die informellen Gruppen auch für die Arbeitsmoral entscheidend seien. Informelle Gruppierungen würden dem Arbeiter das Gefühl von Sicherheit und Zufriedenheit geben, und zufriedene Arbeiter seien leichter für die Mitarbeit zu gewinnen. Dies bedeute, daß mit zunehmender Aktivierung informeller Beziehungen auch die Arbeitsmoral zunehme. Hohe Arbeitsmoral wird dabei gleichgesetzt mit hoher Produktionsleistung.

Die Interdependenz zwischen den Begriffen „Arbeitsmoral", „Zufriedenheit" und „Aufsicht" ist empirisch nicht so leicht überprüfbar. So wurde durch spätere Studien die etwas voreilige Korrelation von *Mayo* zwischen Arbeitsmoral und Leistung nicht bestätigt, und man erkannte, daß die Zusammenhänge offenbar viel komplexer sind. *William J. Goode* und *Irving Fowler* zum Beispiel zeigten in ihrer Studie, daß die Produktivität trotz tiefer Arbeitsmoral und trotz Dis-

[56] Siehe *Rohrer* [183], Kapitel 14: „Behavior and Organization: Industrial Studies." Ferner auch *Stirn* [202, S. 83–87].

[57] „Basic relationships": Nach *Conrad Arensberg* bestehen im Betrieb fünf Gruppen von grundlegenden zwischenmenschlichen Beziehungen.

harmonie zwischen informeller und formeller Organisation hoch sein kann, wenn entsprechende Bedingungen bestehen.[58]

Argyris [4] hat versucht, diese verschiedenen Ansätze zur Erklärung des sozialen Verhaltens systematisch zu ordnen. Nach ihm stehen zwei grundsätzliche Gesichtspunke im Vordergrund, nämlich einerseits der Gesichtspunkt des Individuums als Träger von Rollen und Inhaber von Statuspositionen (Rollen/Status-Ansatz)[59] und anderseits der Gesichtspunkt der Organisationsstruktur. Obwohl auch in diesem zweiten Fall das Individuum im Auge behalten wird, liegt die Betonung auf der Analyse der Struktur des sozialen Systems, d. h. auf jenen Vorgängen und Zusammenhängen, durch welche es gelingt, das Verhalten des einzelnen in einer bestimmten Weise festzulegen. Freier Wille und individuelle Motivationen werden bei der Analyse deshalb zunächst als Konstanten betrachtet. Man spricht von „Interaktionsmustern" (z. B. *Conrad Arensberg, Eliot D. Chapple, William F. Whyte, George C. Homans*), von „Kommunikationsstrukturen" *(Alex Bavelas, Stanley Seashore, Eugene Jacobson)* oder von „organisatorischen Prozessen" *(E. Wight Bakke, Chris Argyris)*, welche das individuelle Verhalten in einer bestimmten Richtung steuern. Mit andern Worten besteht bei einer bestimmten, gegebenen Organisationsstruktur die hohe Wahrscheinlichkeit, daß sich verschiedene Individuen in einer ganz bestimmten Art und Weise verhalten werden.

Die meisten Forscher sind sich allerdings darüber im klaren, daß es nicht möglich ist, das Verhalten von Menschen langfristig konstant zu halten, und sich somit eine Analyse von Verhaltensmustern nur auf das aktuelle Verhalten bezieht. Damit ergeben sich natürlich weitere Fragen, wie z. B. das Problem der Veränderung der Interaktionsmuster durch die Individuen.[60]

Von besonderer Bedeutung in diesem Zusammenhang ist der Ansatz der sog. „Interaktionisten", der vor allem in den letzten Jahren heftig kritisiert wurde. Das Gemeinsame an den theoretischen Ansätzen von *Conrad Arensberg, Eliot D. Chapple, William F. Whyte* und *George C. Homans* liegt in ihrer Gruppierung um die fundamentalen Konzepte von Interaktion (interaction), Aktivität (activity), Gefühl (sentiment) und Symbol (symbol).

Alle diese Autoren erklären die soziale Organisation als Netz von Interaktionen, Aktivitäten, Gefühlen und Symbolen, wobei Abweichungen in der Gewichtung der einzelnen Konzepte bestehen. Kritisiert an der sog. Interaktionstheorie

[58] Siehe *Goode* [95]. Ein ähnliches Beispiel ist auch die Studie von *Horsfall* [111].

[59] Bekannte Forschungen in diesem Zusammenhang wurden insbesondere durchgeführt durch das „Survey Research Center" der „University of Michigan" (*R. L. Mann, E. Kahn, R. Likert*), das „Urban Life Research Institute" der „Tulane University" (*J. Rohrer, R. C. Stone, R. G. Francis*) sowie das „Labor and Management Center" der „Yale University" (*E. W. Bakke*).

[60] Die Antwort auf diese Frage setzt ein bestimmtes Modell der menschlichen Persönlichkeit voraus. Nach *Argyris* [4] ist es gerade bei Autoren wie *C. Arensberg, E. D. Chapple* und auch *W. F. Whyte* schwierig, dieses Modell der Persönlichkeit zu finden, und ein Mangel ihrer Systeme liege darin, das Individuum zu ignorieren.

wird insbesondere ihre Unfähigkeit, die Ursachen eines bestimmten Verhaltens zu erklären. Die Interaktionstheorie sei nicht in der Lage, qualitative Informationen zu liefern. Dieser Mangel zeige sich vor allem dann, wenn man versuche, gewisse Verhaltensweisen zu verändern.[61]

Fruchtbare Resultate lieferte die Schule der Interaktionisten durch ihre Forschungen über den Einfluß der Technologie auf die Interaktionen und die Gefühle (sentiments).[62] Interessant dabei ist auch die Wiederentdeckung der wirtschaftlichen Rationalität, wie sie in der Gruppentypologie von *Sayles* [185] zum Ausdruck kommt.

Auch die anfänglich hohen Ambitionen der Schule von *Kurt Lewin* blieben nicht ohne Kritik, und zwar sowohl auf der theoretischen Ebene[63] als auch im Bereich der Praxis[64]. Der Aufsatz von *Rensis Likert*[65] trägt dieser Desillusionierung Rechnung.

Chris Argyris schließlich betrachtet die Mitglieder einer sozialen Organisation nicht mehr als passive Dinge, sondern als autonome Akteure. Nach ihm dürfen die Individuen nicht mehr bloß vom Standpunkt der Organisation her betrachtet werden, sondern man muß auch versuchen, die Organisation vom Standpunkt des Individuums her zu verstehen.[66] Im Gegensatz zur traditionellen Theorie ermöglicht das Modell von *Argyris* den Einbezug neuer Gesichtspunkte. So ist das psychologische Postulat der „self-actualisation" die treibende Kraft seiner Theorie. Diese dynamische Komponente versucht die Überwindung des relativ statischen Standpunktes der Interaktionisten.

Als „klinischer Ansatz" sind die „Human Relations" darauf ausgerichtet, die bestehenden sozialen Beziehungen so zu beeinflussen, daß die Integration und die Befriedigung der Mitarbeiter (und damit auch deren Leistung) optimal werden. Es stellt sich deshalb sehr rasch die Frage, mit welchen Mitteln diese Ziele erreicht werden können. Im Zentrum der Diskussion stehen zwei wichtige Ansätze, nämlich das Konzept der „Führung" einerseits und das Konzept des „Be-

[61] Siehe etwa *Argyris* [4, S. 13 ff.] und *Crozier* [50] u. [51].

[62] *W. F. Whyte* versucht im Reader von *M. Haire* [101] den Standpunkt der Interaktionisten und insbesondere den Ansatz von *Homans* [110] zu verteidigen, während die Kritiker immer wieder die Problematik dieses Ansatzes und sein Ungenügen für den Aufbau einer systematischen Theorie betonen. Das 1958 erschienene Werk von *Röthlisberger* [182] zeigt nach *Crozier* [51] sehr deutlich die Grenzen dieses Ansatzes.

[63] Es war z. B. nicht möglich, einfache Beziehungen zwischen Arbeitsmoral, System der sozialen Organisation und Produktivität herzustellen.

[64] Die Programme zur Gestaltung der menschlichen Beziehungen erwiesen sich letztlich als wenig wirksam.

[65] *R. Likert* vertritt im Reader von *Haire* [101] die Schule von *Lewin*. Er verteidigt jedoch das klassische Schema nicht mehr, sondern versucht in dieses Schema eine Theorie der individuellen Motivation zu integrieren.

[66] Siehe *Haire* [101, S. 115]. Siehe ferner auch *Argyris* [7]. In dieser Analyse einer Bank zeigt sich dieser neue Aspekt insbesondere in seinen Bemerkungen über die Personalrekrutierung, der Interpretation des psychologischen Vertrages zwischen Individuum und Organisation und der Analyse der durch die Angestellten entwickelten Subkulturen.

triebsklimas" anderseits. Die Vertreter des Führungskonzepts gehen von der Annahme aus, menschliches Verhalten könne gelenkt und integriert werden, indem man es bewußt in der gewünschten Richtung beeinflusse. Beim Konzept des Betriebsklimas dagegen wird die Möglichkeit der Lenkung und Integration des Verhaltens in der Schaffung einer Organisationsform gesehen, welche den Mitgliedern höchstmögliche Befriedigung verleiht.

Beim Konzept der Führung geht es vor allem um Fragen wie: Was ist Führung bzw. wer ist Führer; welches sind die Funktionen und Aufgaben des Führers; wie können diese Führungsfunktionen am besten ausgeführt werden bzw. welches ist der beste Führungsstil.[67] Im Zusammenhang mit der Frage des Führungsstils sind auch die klassischen Experimente von *Ronald Lippitt* und *Ralph White*[68] zu erwähnen, bei denen man von der Annahme ausging, die möglichen Führungsstile seien operational mit den Begriffen „demokratisch", „autoritär" und „laisser-faire" definierbar. *Lippitt* und *White* führten allerdings ihre Experimente mit Kindergruppen durch. Ähnliche Ergebnisse für den Arbeitsbereich ergaben sich jedoch aus den Untersuchungen des „Michigan Survey Research Center" über die Beziehungen zwischen Produktivität und Überwachung. So schien hier die „personenbezogene Führung" bessere Auswirkungen auf die Produktivität zu haben als die „produktionsbezogene Führung"[69] Schließlich kam auch *Whyte* [227] zu ähnlichen Folgerungen für die Führung von industriellen Arbeitsgruppen.

Im Gegensatz zu diesem ersten Ansatz, bei dem es um die *bewußte* Führung geht, zielt das Konzept des Betriebsklimas auf die Schaffung organisatorischer Voraussetzungen ab, unter denen sich die Mitarbeiter *automatisch* in der gewünschten Absicht verhalten, weil sie dadurch selbst höchste Befriedigung erlangen. Auch unter diese Gruppe gehören eine Reihe verschiedener Varianten, auf die hier nicht näher eingegangen werden kann.[70]

Die Schule von *Mayo* strebte eine soziale Therapie mit Hilfe des demokratischen Ideals an. Der Großteil der Vertreter der „Human Relations" übernahm diese traditionelle Forderung einer demokratischen Beteiligung der Arbeitnehmer.[71]

Trotzdem blieb auch diese These nicht ohne Kritik. So wiesen etwa die Forscher der Michigan-Gruppe nach, daß die Produktivität nicht immer parallel mit der Befriedigung bei der Arbeit verläuft.[72] Andere Autoren versuchten über-

[67] Siehe detailliertere Hinweise bei *Argyris* [4, S. 18 ff.].

[68] Siehe *R. Lippitt* und *R. White:* Leader Behavior and Member Reaction in 3 „Social Climates". In: *Cartwright* [35].

[69] Siehe etwa *Katz* [123].

[70] Siehe den Hinweis von *Argyris* [4, S. 22 f.] auf Autoren wie *E. D. Mischler, N. C. Morse, E. W. Bakke* und *C. Argyris.*

[71] Siehe etwa: *Arensberg* [2], *Argyris* [5], [6], *Bakke* [21], [22], *Likert* [135], *Knowles* [127], *Maier* [139], [140].

[72] Siehe *Katz* [123] sowie *Kahn* [121].

dies zu zeigen, daß Befriedigung nicht unbedingt das Ergebnis des „leadership permissif" sei.[73]

Die Selbstkritik von *Whyte* [229, S. 11–16] betrifft schließlich den Kern der „Human Relations" – und er spricht denn auch von einem „rude awakening", als er auf die Bedeutung von Forschungsergebnissen hinweist, welche eine Überprüfung der Wirksamkeit der „Human Relations" zum Ziele hatten.[74] Die Resultate sind klar: Die „Rezepte" (social skills), welche die von der *Mayo*-Schule inspirierten Kaderkurse dem Führungspersonal vermittelten, erreichten ihr Ziel nicht immer.[75] Teilweise suchte man den Grund in der ungenügenden Indoktrinierung gewisser Kadergruppen (vor allem obere Kader), teilweise aber erkannte man auch einen fundamentalen Mangel an Realismus in der Konzeption des sozialen Konflikts.[76] Allen diesen Autoren geht es bei ihrer Kritik nicht um eine grundsätzliche Ablehnung des Ansatzes der „Human Relations", sondern vielmehr um den Versuch, die zentralen Anliegen der *Mayo*-Schule (wie z. B. demokratische Führung oder wirksame Kommunikation) von ihrem ideologischen Gehalt zu befreien und ihnen eine geklärtere, relativiertere, objektiven Kriterien besser entsprechendere Form zu geben.

2.3 Der organisationssoziologische Ansatz

Der Hinweis auf die allmähliche „Entideologisierung" der „Human Relations" bildet gleichsam die Verbindung zu jener Gegenbewegung der *Mayo*-Schule, die hier als organisationssoziologischer Ansatz bezeichnet werden soll.

Crozier [51] spricht bei dieser Gegentendenz vom „neo-rationalistischen" Ansatz, dessen modernste Ausprägung unter dem Schlagwort des „Decision Making" bekannt ist. Nach *Crozier* gelang es den Vertretern der „Human Relations" nie, die grundlegenden Gegebenheiten der zielgerichteten und funktionellen Aktivität der Organisation in ihr Interpretationsschema zu integrieren. Auch *Etzioni* [69] spricht im Zusammenhang mit den Arbeiten von *James G. March* und *Herbert A. Simon*[77] von einem „neo-klassischen" Ansatz. Er sieht darin die Fortsetzung – insbesondere die empirische Grundlegung und kritische Reflexion – der klassischen Verwaltungstheorie (classical theorie of administration), als deren Begründung er *Taylors* „Wissenschaftliche Betriebsführung" erwähnt. Schließlich nennt auch *Touraine* [212, S. 68] den Ansatz der „science administrative" unter Hinweis auf die Arbeiten von *Chester I. Barnard* und *Philip Selznick*.[78]

[73] Siehe *McMurry* [157], *Paul* [173], *Pelz* [174].
[74] Siehe z. B. im Buch von *Kornhauser* [130]: On the interindustry propensity to strike.
[75] Z. B. *Fleishman* [73], *Maier* [139], *Zaleznik* [232].
[76] Z. B. *Goldthorpe* [94].
[77] Siehe *March* [142].
[78] Siehe etwa: *Barnard* [23], [24], [25] oder *Selznick* [197], [198].

Die Darstellung der „Human Relations“ zeigte deutlich eine stark sozialpsychologische Prägung. Der soziologische Gehalt einzelner Publikationen ist oft fraglich. Zumindest ist die Blickrichtung stark mikrosoziologisch mit einer Konzentration auf die Arbeitsgruppe und auf das Individuum als Gruppenmitglied. Gerade in dieser Beziehung unterscheiden sich die Arbeiten dieser zweiten Gruppe. Ihr Schwergewicht liegt bei der Betonung der Macht- bzw. Herrschaftsstruktur des betrieblichen Sozialsystems (und damit bei der gesamtbetrieblichen Organisation) und somit auf einer spezifisch soziologischen Ausprägung des Ansatzes.

Die Ausrichtung bzw. Zielsetzung der betriebssoziologischen Forschung

Im Zentrum der „Human Relations“ steht das „klinische“ Anliegen, d. h. Absicht der betriebssoziologischen Forschung ist die die Gewinnung von Erkenntnissen und Methoden, welche unmittelbar praktisch verwertbar sind zur Verbesserung der innerbetrieblichen Beziehungen, zur Steuerung des Verhaltens über die Pflege der informellen Gruppe. Bei dieser zweiten Gruppe von Forschungsarbeiten ist die Zielsetzung viel stärker theoretischer Art. Es geht um den Versuch, Modelle zu entwickeln, welche das Funktionieren komplexer sozialer Systeme erklären. Es geht also wesentlich um die Theorienbildung, während die praktische Verwertbarkeit, d. h. die Verwendung der Ergebnisse in der betrieblichen Praxis, nicht mehr das unmittelbare Anliegen bildet. Einer der Schwerpunkte liegt dabei auf der formellen Organisation. Als Ausgangspunkt kann für eine ganze Reihe von Publikationen die klassische Arbeit von *Max Weber*[79] über die Bürokratie betrachtet werden. Andere Autoren (z. B. *Amitai Etzioni*) sehen in dieser Forschungsrichtung der modernen Betriebssoziologie gewisse Bezugspunkte zum traditionellen *Taylor*istischen Ansatz. Auf einige Parallelen zwischen *Max Weber* und *Frederic W. Taylor* wird später noch hinzuweisen sein.

Die Charakterisierung des betrieblichen Sozialsystems

Nach dem Ansatz von *Max Weber* wird die rationale (formale) Organisation als Idealtyp gesehen, der zu maximaler Effizienz tendiert, wobei allerdings diese optimale Angleichung von Zielen und Mitteln durch die Besetzung der rational geplanten Positionen mit konkreten Menschen infolge gewisser irrationaler, spontaner, unberechenbarer Einflüsse gestört wird. *James March* und *Herbert Simon*[80] setzen sich kritisch mit diesen organisationstheoretischen Ansätzen auseinander. Dieser rationale Idealtyp wird durch neuere Studien insofern relativiert, als man das sog. „normale“ und das „disfunktionale“ Verhalten in ein einheitliches Schema integriert. Gerade damit wird aber die These von *Weber*

[79] Siehe *Weber* [223].
[80] Siehe *March* [142].

von der Identifikation zwischen bürokratischer und wirksamer Organisation in Frage gestellt. Konformität und Non-Konformität gegenüber den rationalen (formellen) Normen (Regeln) der Bürokratie werden gleichzeitig betrachtet. Die nähere Analyse komplexer sozialer Organisationen, deren Effizienz durch *Weber* mit der Beachtung der formellen bürokratischen Normen erklärt wurde, zeigte sehr rasch, daß die (informellen) zwischenmenschlichen Beziehungen durchaus nicht notwendigerweise störende Elemente sein müssen. Vielmehr stehen sie in einer logischen Beziehung zur formellen Organisation, und sie beeinträchtigen die Erreichung der Organisationsziele somit nicht unbedingt, sondern können ebenso gut positive Wirkungen haben.[81]

Die betriebliche Sozialorganisation wird weiterhin als System von Rollen und Stati gesehen, wobei die Rechte und Pflichten der einzelnen Rollenträger durch das Organigramm vorgegeben werden. Die Schule der „Human Relations" analysierte speziell die Störungen und Abweichungen, welche die Spezialisierung der Arbeitsaufgabe, die psychologischen Einflußfaktoren sowie die Konflikte und Rivalitäten des betrieblichen Alltags in bezug auf die Perzeption der Rollen mit sich bringen. Das Interesse an diesen Problemen fehlt auch bei dieser zweiten Gruppe von Arbeiten nicht, aber das Schwergewicht hat sich verlagert. Im Zentrum steht vielmehr die Analyse der Organisation vom Gesichtspunkt der Macht, der Autorität, des Einflusses her. So wird etwa die Methode der „demokratischen Führung" relativiert durch den Hinweis, daß die liberale Attitüde des Vorgesetzten (z. B. des Meisters) nur als Funktion jenes Einflusses wirksam werden kann, den der betreffende Vorgesetzte im Betrieb besitzt. Anstelle der Kooperation und Harmonie tritt der Gesichtspunkt der Über- und Unterordnung, der Hierarchie. Der Betrieb wird zum sozialen Feld, wo Interessen, Rivalitäten und Ambitionen aufeinanderprallen. Aber diese Machtbeziehungen dekken sich (im Gegensatz zu *Weber*) nicht mit der offiziellen Hierarchie. Auch die Arbeiter und Angestellten verfügen über ein Einflußpotential. Zwischen Gehorchen und Widerstand steht immer eine ganze Reihe von Möglichkeiten zur Verfügung, um auf die Entscheide der Vorgesetzten einzuwirken (z. B. Arbeitsverlangsamung, Apathie, Übereifer u. a. m.). Der Begriff der Macht deckt die ganze Skala von der legitimen Autorität bis zum verborgenen Einfluß.[82] Die neuen Analysen fragen nach dem Ausmaß des Zwanges, welcher durch die verschiedenen Formen der Macht ausgeübt wird, nach der Reaktion der Individuen und Gruppen auf diesen Zwang sowie nach der Beeinflussung der Motivationen und des Verhaltens durch die strategischen Positionen und durch den Willen, diese Positionen zu verbessern.[83]

[81] In diesem Zusammenhang sind die Arbeiten von *Blau* [29], [30], [31], von *Francis* [74] und von *Gouldner* [97] von besonderem Interesse.

[82] Siehe etwa *March* [142].

[83] Siehe in diesem Zusammenhang insbesondere die Arbeiten der Michigan-Gruppe unter R. *Tannenbaum*, welche in Form der Machtkurven ein Instrument zur Darstellung der Autoritätsverteilung entwickelte. Spätere Verfeinerungen erlauben auch die Erfassung der Machtbeziehungen auf verschiedenen Ebenen und die Aufstellung

Bereits bei der neuern Entwicklung der „Human Relations“ konnte eine vermehrte Berücksichtigung der Einwirkung außerbetrieblicher Faktoren beobachtet werden. Bei der zweiten Gruppe von Arbeiten ist der Verzicht auf die vereinfachende Vorstellung vom Betrieb und von der Arbeitsgruppe als isolierte, autonome Systeme charakteristisch für jene Forscher, welche erkannt haben, daß die Strategien der Individuen weder bloß individuell, noch bloß innerbetrieblich bedingt sind, sondern nur durch die Mitberücksichtigung des weitern, überbetrieblichen Bereichs analysiert werden können. So ist es insbesondere nötig, auch jene außerbetrieblichen Gruppierungen einzubeziehen, aus denen die Betriebsangehörigen stammen bzw. denen sie angehören. Die Gesamtgesellschaft, die kulturelle Umwelt beeinflussen in breitem Maße die Entscheidungsprozesse und die Regelung der Machtverhältnisse im Betrieb.[84]

Der in den USA verbreitete Ansatz des Funktionalismus tendiert — zumindest in seiner traditionellen Ausprägung — zur Überbewertung der Stabilität sozialer Systeme, zu einer Vernachlässigung jener Phänomene, welche nicht generalisierbar und wiederholbar sind und damit zur Ausklammerung jener Aspekte aus seiner Fragestellung, welche als Unterbrechung der Kontinuität, als Gefährdung des „status quo“ gelten. In den letzten Jahren mehren sich aber die Studien, welche den Betrieb und die Arbeitswelt insgesamt als dauernde Konfliktsituationen, als Standort von Interessenkämpfen und Machtkämpfen betrachten, die zu einer fortwährenden In-Frage-Stellung des Gleichgewichts führen. In diesem Zusammenhang sei etwa auf das Buch von *Kornhauser* [130] hingewiesen, welches nicht ganz zu Unrecht als „Wendepunkt“ in der amerikanischen Betriebssoziologie bezeichnet wird.

Mit diesem neuen Ansatz werden die Gegensätze, welche Individuen und Gruppen gegeneinander aufwiegeln, nicht mehr als vermeidbare Mißverständnisse, als psychologische Hindernisse oder als zufällige Einflüsse gesehen. Sie bestehen vielmehr in grundlegenden Interessengegensätzen, in grundlegenden Gegensätzen der sozialen Rollen, welche durch die strukturellen gesellschaftlichen Bedingungen verursacht sind. Der Konflikt wird „integriert“, d. h. als schöpferische Kraft des sozialen Wandels und nicht mehr als „Bazillus“ gesehen, den man als Krankheitssymptom bekämpfen muß.[85]

einer Typologie der Autoritätsbereiche. Diese Ansätze, welche auf den Ideen von *K. Lewin* aufbauen, ergänzen die Forschungen im Bereich der Führungsprobleme. Insbesondere revidieren sie die Auffassungen in bezug auf die Mitbestimmung und die demokratische Mitentscheidung. Es kann in demokratischen Systemen mehr allgemeinen Zwang geben (der spürbarer und unangenehmer ist für den einzelnen) als in gewissen autoritären Systemen mit schwacher Mitbeteiligung.

[84] Wenn die amerikanische Betriebssoziologie auch nicht bis zum Einbezug von Einflußfaktoren geht, wie sie etwa die marxistisch ausgerichtete Soziologie unter dem Begriff der „historischen Orientierung“ erfaßt, so hat sie doch aufgehört, gegenüber längerfristigen Entwicklungstendenzen sozialer Systeme sowie vor technischen ökonomischen, politischen, kulturellen Faktoren, welche diese Entwicklung prägen, völlig die Augen zu schließen.

[85] Siehe z. B. *Coser* [44].

Diese neue Art der Betrachtung des sozialen Konflikts erfolgt zudem in der Linie eines neuen Optimismus. Der Optimismus der „Human Relations“ war psychologischer und moralisierender Art: Im Kampf gegen die soziale Desorganisation setzt er bei der kleinen Gruppe an; die individuelle oder kollektive Therapie half den Individuen, sich in der betrieblichen Organisation zu integrieren und die Angst vor dem sozialen Wandel zu überwinden (z. B. *Ginzberg* [90], *Seashore* [194]). Der Optimismus dieser neueren Arbeiten beruht viel stärker auf soziologischen Interpretationen: Die offiziellen (formellen) Strukturen des Betriebes erscheinen nicht mehr notwendigerweise als erstickend, als entmenschlichend. Themen wie „Dezentralisation“, „Machtdelegation“, „Verteilung der Autorität“ u. a. m. sind zwar durchaus nicht neu[86], aber der Geist, mit dem in den neuen Arbeiten diese Themen angegangen werden, hat sich gewandelt. Anstelle des Kampfes zum Schutze der individuellen Freiheit vor der Macht der Bürokratie, die als unvermeidbar betrachtet wurde (als „ehernes Gesetz“ im Sinne von *Robert Michels*), tritt die Meinung, daß der These von der wachsenden Bedeutung des bürokratischen Modells nicht mehr der Wert eines Dogmas zukomme. Im Gegenteil: Der Typ der Bürokratie im Sinne von *Max Weber* wird vielmehr als „Kinderkrankheit“ der Organisation betrachtet. Damit wird nicht nur der unerbittliche Charakter der zunehmenden Bürokratisierung, sondern vor allem auch ihre Zweckmäßigkeit in Frage gestellt.[87]

Auch in den modernen Management-Studien[88] lassen sich Tendenzen zur zunehmenden Betonung machtsoziologischer Aspekte aufzeigen. So wird etwa auf die Tatsache hingewiesen, daß jeder Entscheidungsprozeß innerhalb des Rahmens des Kampfes um die Macht liegt (z. B. *Zaleznik* [232]). Der sozial Handelnde, welcher auf das Verhalten anderer einwirken will, beeinflußt gleichzeitig auch die Strategie dieser andern.[89]

Aus einer ähnlichen Perspektive können die zahlreichen Arbeiten über die „Industrial Relations“[90] interpretiert werden. Neben mehr ökonomischen und juristischen Fragen stellen sich hier zentrale soziologische Aspekte in bezug auf die Machtbeziehungen zwischen Unternehmern und Gewerkschaften. Je mehr

[86] Z. B. *Dimock* [63], *Lawrence* [131].

[87] Siehe z. B. *Mc Gregor* [146].

[88] Aus der Fülle der Management-Studien seien insbesondere erwähnt: *Argyris* [3], *Bendix* [27], *Cole* [43], *Dalton* [59], *Drucker* [64], *Ginzberg* [90], *Godfrey* [91], *Harbison* [105], *Mason* [143], *Miller* [151], *Newcomer* [170], *Selekman* [196], *Sutton* [204], *Urwick* [217], *Warner* [221], [220], *Chapple* [41], *Whyte Jr.* [230], *Barnard* [23], [25], *Gross* [98], *Mills* [152], *Sayles* [186].

[89] Im Zusammenhang mit der Diskussion der Entscheidungsrolle der leitenden Kräfte, deren wichtigste Aufgabe es sei, auf die Bedürfnisse des Marktes zu reagieren und sie langfristig zu planen, wurde der Begriff des „Decision-Making“ geprägt.

[90] Ein großer Teil dieser Publikationen fällt allerdings nur noch sehr begrenzt in den Rahmen, der im Abschnitt 1.1 zur Abgrenzung der betriebssoziologisch relevanten Arbeiten aufgestellt wurde. Immerhin sei etwa auf folgende Autoren verwiesen: *Chamberlain* [40], [37], [38], [39], *Dubin* [65], *Dunlop* [66], *Golden* [93], *Gouldner* [96], *Harbison* [102], [103], [104], *Kornhauser* [130], *Lester* [134], *Whyte* [226], *Galenson* [86], *Kerr* [125], *Ross* [184], *Slichter* [201], *Weber* [222].

man darin eine Auseinandersetzung zwischen zwei Monopolisten sieht, desto mehr besteht die Tendenz, eine ursprünglich ökonomische Theorie, nämlich die Spieltheorie, als Modell zur Erklärung dieser Auseinandersetzung zu nehmen.

Der Kampf zwischen Gewerkschaften und Unternehmern — zwischen Arbeitgebern und Arbeitnehmern — enthält natürlich wiederum das Element des Konflikts, des Interessengegensatzes. Insbesondere ergaben sich aus diesen Forschungen Versuche und Möglichkeiten zur Gruppierung und Unterscheidung verschiedener Konflikttypen. So wurde etwa aufgezeigt, daß unter den juristischen Begriff des „Streiks" eine Vielfalt verschiedener sozialer Situationen fallen.

Im Betrieb selbst unterscheidet sich die Art der Machtgegenüberstellung je nach dem juristischen Rahmen und den nationalen Traditionen. So bildet beispielsweise die Mitbestimmung der Arbeiter bei der Unternehmungsführung eher ein europäisches Phänomen (Großbritannien, Frankreich, Deutschland), während das sog. „Collective Bargaining" für die USA typisch ist. Gerade hier zeigt sich wiederum die Tatsache, daß die Gestaltung des innerbetrieblichen Sozialbereichs eng mit den gesamtgesellschaftlichen Bedingungen verknüpft ist.

Die Vorstellungen über das Verhalten der Menschen im Betrieb

Sowohl der klassische Ansatz von *Max Weber* als auch jener von *Frederic W. Taylor* enthält neben einer Organisationstheorie auch eine Motivationstheorie zur Erklärung des menschlichen Verhaltens. Für beide ist der Mensch ein völlig rational handelndes, egoistisches Wesen, das, vom Hunger getrieben, nach höchstmöglichem Erfolg strebt und nur an die Befriedigung seiner eigenen Interessen denkt. Während aber *Taylor* von der Idee einer „prästabilierten Harmonie" ausgeht, nach der das egoistische Handeln jedes einzelnen automatisch zur Wohlfahrt aller führt[91], lehnt *Weber* diesen Harmoniegedanken ab. Nach ihm beinhaltet das egoistische Interesse einen Kampf aller gegen alle. Dieser nach völlig rationalen Überlegungen geführte Kampf bleibt nur deshalb innerhalb gewisser gemeinsam anerkannter Grenzen, weil alle Parteien ein Interesse am Überleben haben. Dieses rationale Verhaltensmodell sei in der Realität nicht völlig verwirklicht, weil die Menschen noch nicht als vollständig freie Wesen handeln und noch unter dem Einfluß irrationaler Motive stehen.[92]

Im vorangehenden Abschnitt wurde bereits auf die Bedeutung des Begriffs der „Strategie" in der neuern betriebssoziologischen Literatur hingewiesen. Dieser Begriff findet vor allem zur Erfassung der dynamischen Aspekte der Entscheidungsvorgänge auf den verschiedenen betrieblichen Ebenen Verwendung. Er hat den Vorteil, den Akzent auf jene Unsicherheitsfaktoren zu legen, welche die Entscheidungs- und Handlungssituation beherrschen. Der Entscheidende (z. B. der Manager) muß oft in einer offenen, relativ unvoraussehbaren Situation

[91] Siehe in diesem Zusammenhang die Darstellung der Ideen *Taylors* bei *Atteslander* [12, S. 30 ff.], insbesondere die These von der „Philosophie der menschlichen Zusammenarbeit".

[92] Siehe in diesem Zusammenhang die Darstellungen von *Hoefnagels* [108], [109].

auf rationale Art handeln. Er ist gezwungen, diese Situation in einer bestimmten Weise zu strukturieren und einen Aktionsplan (d. h. eine Strategie des Handelns) aufzustellen. Die Informationen, welche er zur Verfügung hat, sind immer fragmentarisch und die Reaktionen der Umgebung auf eine Entscheidung oft unvorhersehbar. Die Handlung des Entscheidenden ist deshalb nur teilweise rational.[93]

Die theoretische Ausarbeitung dieses Konzepts der „begrenzten Rationalität" erfolgte wesentlich durch *James March* und *Herbert Simon.*[94] Ihr Anliegen war eine Überwindung der Mängel der traditionellen Ansätze durch die Schaffung einer fundierteren Theorie der Organisation, welche der Komplexität der sozialen Realität gerecht wird und insbesondere auch die Machtbeziehungen, die sich sowohl im formalen hierarchischen Rahmen, aber auch im informalen Bereich ausbreiten, einbezieht.

Der Kernpunkt des Ansatzes von *March* und *Simon,* den man oft als „neorationalistisch" bezeichnet, besteht einerseits in einer neuen Bejahung des rationalen Charakters des Handelns jedes Mitarbeiters (und damit in einem Gegensatz zu den „Human Relations" mit ihrem Schwergewicht auf der Irrationalität des Verhaltens) und anderseits in einer neuen Betrachtung der Rationalität, die nicht mehr von einem objektiven, d. h. absoluten Standpunkt aus erfolgt, sondern die Begrenztheit der Kenntnisse jedes Mitarbeiters miteinbezieht. In diesem Rahmen finden sowohl die psychologischen als auch die soziologischen Faktoren ihren Platz. Es handelt sich aber nicht mehr um den irrationalen „feindlichen" Einbruch des „menschlichen Faktors" im Sinne von *Max Weber.* Kein Mitglied der sozialen Organisation ist in der Lage, optimale Lösungen zu finden. Jeder sucht vielmehr nur nach einer befriedigenden Lösung als Funktion von Kriterien, die von seiner Situation innerhalb der Organisation und zum Teil von andern psychologischen und soziologischen Faktoren abhängen.[95]

2.4 Bemerkungen zum Gesellschaftsbild in der amerikanischen Betriebssoziologie

Gegenstand dieser Arbeit ist eine Analyse der Gesellschaftsbilder in der deutschen und französischen Betriebssoziologie. Die amerikanischen Publikationen wurden im Sinne einer notwendigen Abgrenzung ausgeklammert. Es kann in

[93] Die Rationalität ist deshalb begrenzt, weil völlige Rationalität völlige Informiertheit erfordert. Siehe etwa *Dalton* [59]. Man kann die „Strategie" des Entscheidenden als eine Art von „Präposition" des Unerwarteten bezeichnen, welche auf systematischer Analyse der Realität, auf stereotypen Annahmen über das Verhalten der Menschen, auf Expertenratschlägen usw. beruht.

[94] Siehe *March* [142].

[95] Besondere Beachtung schenkten *J. March* und *H. Simon* auch dem Problem der Bürokratie und zwar vor allem den Arbeiten von *Merton* [148], [149], von *Gouldner* [97] und von *Selznick* [197], die sie in eine logische Form zu übersetzen versuchten.

diesem Exkurs also nur um einige sehr allgemeine und fragmentarische Hinweise gehen[96], wiederum aus der Überlegung heraus, daß bedeutende Querverbindungen zwischen den verschiedenen Forschungsräumen bestehen – Querverbindungen, welche allerdings charakteristische Merkmale, die durch die spezifische gesellschaftliche Situation bedingt sind, nicht ausschließen. So fehlt z. B. nach *Hinkle* [107] in Amerika die kontinentaleuropäische Reichsideologie, die Vorstellung einer umfassenden sakralen gesellschaftlichen Ganzheit, die als eigentlicher Sinnträger gesehen wurde; es fehlt auch die Auseinandersetzung mit dem Marxismus, d. h. der Kampf um den Aufbau einer völlig neuen Gesellschaft unter totaler Abwertung der bestehenden; der Idealismus als philosophisch-politische Grundhaltung war ohne bedeutenden Einfluß auf Wertvorstellungen und gesellschaftliches Verhalten; ebenso fehlten in den USA typische Züge der europäischen Sozialromantik weitgehend.

Etwas grob und vereinfachend lassen sich bei der amerikanischen Betriebssoziologie (bzw. der amerikanischen Soziologie überhaupt) zwei Richtungen unterscheiden, nämlich eine konservative Hauptrichtung einerseits und eine kritische Minderheit anderseits. Es handelt sich bei diesen zwei Gruppen jedoch keineswegs um geschlossene Schulen, sondern höchstens um zwei Tendenzen, welche sich vielfach überschneiden und vermischen. So gibt es etwa Autoren wie *David Riesman,* der die konservative Fragestellung mit einem radikalen Ansatz anpackt, oder umgekehrt *Lewis Coser,* der die radikale Fragestellung im Rahmen des konservativen Gesellschaftsbildes behandelt.

Der Hauptharst der amerikanischen Betriebssoziologen gehört zu den Vertretern einer konservativen Gesellschaftsauffassung. *Leopold* und *Hilde Rosenmayr*[97] sprechen dabei allerdings von einem „dynamischen Konservatismus“, den sie als das bedeutendste Ergebnis der amerikanischen Aufklärung bezeichnen. Die Gesellschaft wird als ein System von Spielregeln gesehen, als deutlich faßbarer „sozialer Kodex“ mit festgefügten, deutlich definierten Normen und Werten. Die amerikanische Gesellschaft ist sich selbst Sinn und Zweck. So kommt es zur starken Verankerung des Systemgedankens und zur Betonung der Frage nach der sozialen Ordnung quer durch die amerikanische Soziologie. Leitbilder, welche außerhalb dieses gesellschaftlichen Systems liegen, gibt es nicht.

Der konservative Soziologe sieht vor allem die Unausweichlichkeit der sozialen Realität. Er sieht das Bestehende als vernünftig an und umgibt es mit der Glorie der wissenschaftlichen Bestätigung. Die Erkenntnisse der Soziologie sollen einen Beitrag zur Erhaltung dieser Ordnung sein. Eng verknüpft mit dieser Tendenz ist schließlich jene pragmatische Grundhaltung, welche vielfach als Charakteristikum der amerikanischen Soziologie erwähnt wird.

Ganz in dieses konservative Bild gehören natürlich die Vertreter der „Human

[96] Es gibt eine Reihe von Darstellungen über die Entwicklung der amerikanischen Soziologie. Siehe z. B. *Hinkle* [107] oder *Dahrendorf* [54]. (Das Buch von *Dahrendorf* enthält auf S. 214 ff. zahlreiche Literaturhinweise in diesem Zusammenhang.)

[97] Siehe *Hinkle* [107, S. 7 ff.].

Relations". So wird ja der Betrieb als harmonisch funktionierendes System gesehen, beruhend auf dem Zusammenwirken seiner Elemente. Störungen, welche dieses Gleichgewicht beeinflussen, können und müssen durch entsprechende Maßnahmen behoben werden. Ziel der Betriebssoziologie ist also nicht etwa Kritik oder Ablehnung der bestehenden Ordnung, sondern die gegebene Produktionsordnung und das gesellschaftliche System gelten als richtig und entwicklungsfähig.

Die Vertreter einer „kritischen" Soziologie gehören in den USA zur Minderheit. *Dahrendorf* [54] meint in diesem Zusammenhang, daß die amerikanischen Soziologen mit ihren Landsleuten die Abneigung gegen gewisse Begriffe und Vorstellungen wie Klasse, Konflikt, Gewalt, Revolution, Herrschaft, Elite teilen. Von der Entwicklung einer radikalen Soziologie – etwa im Sinne des marxistischen Ansatzes – kann in Amerika kaum gesprochen werden.

Neben den kritischen Außenseitern, wie etwa *Thorstein Veblen, Pitrim Sorokin, Hans Gerth, David Riesman, William H. Whyte, Vance Packard, William J. Goode* u. a., erwähnt *Dahrendorf* [54] eine thematische und theoretische Schule der Kritik, die in den USA in den letzten Jahren im Entstehen sei. Er nennt dabei Namen wie *Lewis Coser, Barrington Moore, Maurice Stein, Dennis Wrong, C. Wright Mills, Irving L. Horowitz,* also jene Autoren, welche ernsthaft versuchen, der Soziologie „der Beharrung" eine „Soziologie des Wandels" gegenüberzustellen.[98]

„Kritische Soziologie" bedeutet hier im Prinzip Ablehnung des Harmoniedenkens sowie Anerkennung des Konflikts und des Interessengegensatzes als Element jeder sozialen Struktur. Es bedeutet aber kaum grundlegende Ablehnung der bestehenden Ordnung, sondern lediglich den Einbezug (allenfalls die Forderung nach) ihrer Wandelbarkeit. Mit der Betonung des Wandels ist natürlich oft eine Kritik am Bestehenden und der Wunsch nach einer bessern Zukunft verbunden. Im großen und ganzen gehen die Ansätze dieser Autoren jedoch nicht über ein liberales Ordnungsdenken hinaus. Der extreme Gegensatz von Ordnungsmodell und Konfliktmodell[99] läßt sich in der amerikanischen Betriebssoziologie kaum finden.

Interessante Aspekte im Zusammenhang mit der Darstellung der konservativen Ausprägung des Gesellschaftsbildes in der amerikanischen Betriebssoziologie enthält das Buch von *Reinhard Bendix* [27] „Work and Authority". *Bendix* schreibt im Vorwort zu seinem Buch, daß es die Ideologie des Management behandle, welche die Unterwerfung der großen Masse von Menschen unter die Fabrikdisziplin zu rechtfertigen versuche. Im Mittelpunkt seiner Analyse stehen die industriellen Beziehungen. Den ideologischen Bezugsrahmen bilden die Vorstellungen über die Arbeit, über die von den Arbeitgebern ausgeübte Autorität

[98] C. W. *Mills* kommt eine besondere Bedeutung in der Reihe der kritischen Soziologen zu. Siehe etwa *Dahrendorf* [54, S. 169 ff.]. Betriebssoziologisch relevant sind etwa *Mills* [152], [153].

[99] Siehe etwa die Gegenüberstellung der beiden Modelle bei *Horton* [112].

und über die betriebliche Unterordnung. Für *Bendix* wurde das soziale Weltbild des Westens und insbesondere der USA durch die Verteidigung der Industrialisierung geprägt, d. h. durch die Behauptung, daß die wenigen, die herrschen, es zum Vorteil der vielen tun.

Es ist wohl allen Unternehmerideologien gemeinsam, daß sie versuchen, die Autoritätsbeziehung zwischen Management und Arbeiter im günstigen Licht darzustellen. Durch die Rechtfertigung der Autorität wird versucht, den Konflikt zwischen den Wenigen und den Vielen zu ignorieren. Dabei wird entweder die Autorität grundsätzlich geleugnet (indem man sagt, die Wenigen tun nur, was die Vielen wollen), oder man behauptet, die Autorität beruhe auf besonderen Eigenschaften der Wenigen. Man könnte nun die These aufstellen, daß die Betriebssoziologie – zumindest tendenziell – versucht, dem Unternehmer einen Wegweiser zu geben, was er in der immer komplexer und komplizierter werdenden Unternehmung mit seiner Autorität anfangen soll. So war es ja bereits *Frederic W. Taylors* Ziel, die Produktivität jedes einzelnen Arbeitnehmers zu steigern und damit die Einkünfte von Arbeit *und* Unternehmer zu verbessern. *Taylor* wollte zugleich materiellen Wohlstand und soziale Harmonie fördern, d. h. der Zwiespalt zwischen Arbeitgeber und Arbeitnehmer sollte ausgeschaltet werden. Nach seiner Idee sollte die persönliche, willkürliche Form der Autoritätsausübung im Betrieb vollständig entfernt und durch seine „wissenschaftliche Betriebsführung" ersetzt werden.

Von dieser allmählichen Wandlung des industriellen Menschenbildes ist nur ein kleiner Schritt zu *Elton Mayo* und seiner Schule der „Human Relations". *Mayo* versuchte das Wesen des Menschen so zu interpretieren, daß Arbeiter, Angestellte und Manager auf der Basis gleicher menschlicher Eigenschaften analysiert werden konnten. So darf die Forschungsarbeit von *Mayo* und seiner Nachfolger sicher zurecht im allgemein bestehenden ideologischen Rahmen gesehen werden. *Taylor* und *Mayo* befürworten den Einsatz wissenschaftlicher Methoden für ein erfolgreiches Management. *Mayo* übernahm zwar nicht die Technik von *Taylor,* wohl aber seine Idee von einer manageriellen Elite, die in der Industrie ein harmonisches Klima mit Produktivitätserhöhung verbinden könne. Beide wollten die Ursachen der niedrigen Produktionsleistung entdecken und beseitigen; beide glaubten, daß industrielle Konflikte schädlich seien und deshalb unbedingt vermieden werden müßten. Im Gegensatz zu *Taylor* betrachtete aber *Mayo* nicht bloß das isolierte Individuum, sondern es gelang ihm, den sozialen Charakter des Arbeitsprozesses nachzuweisen. Durch die Formulierung einer neuen Motivationstheorie betonte er die Bedeutung der Gefühlswelt für den Produktionserfolg.

Schließlich brachte *Mayo* auch eine neue Auslegung der manageriellen Autorität. Nach seiner Meinung soll eine Gesellschaft gebildet werden, in der jeder einzelne die Gewißheit habe, daß seine Arbeit gesellschaftlich wichtig sei. Autorität erschöpft sich nicht nur in den von oben kommenden Anordnungen. Damit sie wirksam wird, muß die Autorität vom einzelnen und von der Gruppe anerkannt werden – d. h. Anordnungen können nur Erfolg haben, wenn sie zu Gruppennormen geworden sind. Vor allem die Idee, daß Autorität die „spontane Zusammenarbeit" voraussetze und somit die Pflege der zwischenmenschlichen Beziehungen im Zentrum der Personalpolitik zu stehen hätten, hat die amerikanische Betriebssoziologie in besonderm Maße geprägt, liegt darin doch der Kerngedanke der ganzen „Human Relations".

Bedeutender noch als die Realisierungsbemühungen dieser Ideen der „Human Relations" in der Praxis war die Popularität dieser Vorschläge für die Ideologie. Tieferer Sinn aller Appelle war immer die Zusammenarbeit der Vielen mit den Wenigen. Durch die „Human Relations" erhielt insbesondere jene Gruppe, die zwischen oben und unten steht – d. h. die sog. „Männer der Mitte" – ihre ideologische Anerkennung. Mit zunehmender Bürokratisierung gewann dieser Mittelbau plötzlich entscheidendes Gewicht, da er Bindeglied für die Aufstiegshoffnungen wurde. Höchste Tugend ist nicht mehr der unternehmerische Wagemut, sondern die Anpassungsfähigkeit an den bürokratischen Apparat. Erfolg hat, wer geduldig warten kann und bereit ist, die von oben festgelegten Normen und Verhaltenserwartungen zu erfüllen, um so die Kontinuität der Bürokratie zu sichern.

Als stellvertretend für ein extrem konservatives Gesellschaftsbild steht schließlich auch *Mayos* Einstellung zum technischen Fortschritt und zur künftigen gesellschaftlichen Entwicklung. Nach *Mayo* [145] ist die moderne Industrie nicht mehr in der Lage, dem Menschen bei der Arbeit ein ausreichendes Maß von Befriedigung zu geben. Insbesondere führe der technische Fortschritt zur Zerstörung und Auflösung der traditionellen menschlichen Beziehungen und Bindungen. Die moderne industrielle Gesellschaft sei im Grunde keine Gemeinschaft mehr, sondern nur ein soziales Chaos. Wohl bilden sich immer wieder kleine Arbeitsgruppen; durch den technischen Wandel würden diese aber ständig wieder verändert, so daß dauerhafte Beziehungen unmöglich seien. Die moderne Gesellschaft sei in Gefahr, an der zunehmenden Auflösung zugrunde zu gehen. Daher sei heute das wichtigste Problem, die Zusammenarbeit der Menschen in der Industrie planmäßig zu gestalten. Darunter verstand *Mayo* die Schaffung eines „inneren Gleichgewichts" durch systematische Pflege der sozialen Beziehungen im Betrieb. *Mayo* behauptete, daß in der modernen Gesellschaft einerseits die Zahl der unglücklichen Menschen ständig steige und anderseits sich die einmal gebildeten Machtgruppen feindlich gegenüberständen. Er sah damit eine Entwicklungstendenz, die auf eine gesellschaftliche Umgruppierung in große, miteinander verfeindete Interessengruppen hinausläuft.

Aus diesen Äußerungen spricht klar die konservative Tendenz zur Überbetonung der Harmonie des Bestehenden und zum Widerstand gegen jede Veränderung des „status quo". Sozialer Wandel und Konflikt wird als Krankheit und Chaos gesehen. Anderseits steht diese pessimistische Einstellung in einem eigenartigen Kontrast zu jenem „Fortschrittsglauben", der der amerikanischen Gesellschaft zugeschrieben wird. *Leopold* und *Hilde Rosenmayr*[100] versuchen, diese Verbindung zwischen Fortschrittsglaube und Konservatismus wie folgt zu erklären:

> „Man hat oft den Fortschrittsglauben als das charakteristische und treibende Moment für den gesellschaftlichen und wirtschaftlichen Aufschwung Amerikas im Zeichen von Unternehmertum und Wettbewerb gesehen; aber der Fortschrittsglaube ist nur die eine Seite, ihn hat es auch im vorrevolutionären wie im nachnapoleonischen Frankreich gegeben. Die Besonderheit der amerikanischen Ideenentwicklung war, daß sich in ihr der Fortschrittsglaube mit dem Eifer verband, Bestehendes zu *verbessern* ... So ist es verständlich, daß sich das Fortschrittsstreben mit jenem Konservativismus verband, den wir oben schon beschrieben haben. Wer nämlich die konkrete Schwierigkeit bestimmter praktischer Arbeiten und Aktionen erfährt, muß das Bestehende stärker berücksichtigen als der an solche Verbesserung nicht gebundene Revolutionär."

Immerhin muß hier festgehalten werden, daß der Konservatismus im Sinne der *Mayo*-Schule durch die moderne Entwicklung in der Betriebssoziologie zunehmend ersetzt wird durch eine liberalere Interpretation der gesellschaftlichen Zusammenhänge. Der Ansatz von *Mayo* – dem hier besonderes Gewicht beigemessen wurde – ist nicht stellvertretend für die gesamte amerikanische Betriebssoziologie. Ihm kommt vielleicht aber besondere Bedeutung zu, weil sich die Kritik an der amerikanischen Betriebssoziologie sehr oft auf die „Human Relations" (und damit auf ihren Begründer) bezieht.[101]

[100] Siehe *Hinkle* [107, S. 19].
[101] Siehe z. B. *Crozier* [50], [51], *Carey* [34], *Bendix* [27], *Dahrendorf* [53], *Friedmann* [77].

3. Die Auffassungen über die bestehende betriebliche und gesellschaftliche Ordnung

In diesem ersten Hauptkapitel der Analyse ausgewählter deutscher und französischer Publikationen geht es um die Zusammenstellung der Auffassungen der betriebssoziologischen Autoren über die bestehende betriebliche und gesellschaftliche Ordnung. Diese Darstellung soll aufgrund der folgenden vier wichtigsten Problemkreise erfolgen:

(1) Die Merkmale der sozialen Schichtung.
(2) Die Einstellung zur bestehenden Herrschafts- und Machtstruktur.
(3) Die Beurteilung von Konflikt und Harmonie, von Gleichgewicht und Wandel.
(4) Arbeitsbereich und außerbetrieblicher Lebensbereich (Arbeitsteilung und Kooperation, Entfremdung und Arbeitszufriedenheit, Freizeit).

Konkrete Äußerungen zum bestehenden Produktions- und Gesellschaftssystem sind bei den untersuchten Autoren relativ selten zu finden. So wird es weitgehend eine Frage der Interpretation sein, Einstellungen zum Betrieb und zur Arbeit im Betrieb sinngemäß auf das Produktions- bzw. das Gesellschaftssystem insgesamt zu übertragen.

3.1 Die Merkmale der sozialen Schichtung

Die Betonung der Existenz verschiedener sozialer Gruppen mit eigenen Lebens- und Verhaltensweisen findet sich besonders ausgeprägt in den Publikationen über die Angestellten.

Praktisch alle diese Autoren bemühen sich um eine Abgrenzung der Angestelltenschicht gegenüber andern sozialen Schichten, insbesondere nach unten gegenüber den Arbeitern und nach oben gegenüber dem höhern Kader, den Unternehmern oder der Elite. Mittelpunkt bildet dabei die Frage, ob die traditionelle Gliederung in die Unterschicht der Arbeiter, die Mittelschicht der Angestellten und Beamten und die Oberschicht der Unternehmer und Akademiker der heutigen betrieblichen und gesellschaftlichen Realität noch entspricht, oder ob nicht völlig neue Gruppierungen und Abgrenzungskriterien von Bedeutung sind.

Grundsätzlich lassen sich drei Hauptgruppen unterscheiden, nämlich:

– Jene Autoren, welche von der traditionellen Dreiteilung der Gesellschaft in die Unter-, die Mittel- und die Oberschicht ausgehen,

– jene Autoren, welche ihre Differenzierung nach andern Schichtungsmerkmalen vornehmen,
– jene Autoren, welche anstelle der Differenzierung eine zunehmende Tendenz zur sozialen Nivellierung sehen.

3.1.1 Die traditionelle Dreiteilung der sozialen Schichtung

Die Vertreter der traditionellen Dreiteilung der Gesellschaft in die Unter-, die Mittel- und die Oberschicht gehen nicht bloß von arbeitsrechtlichen Unterschieden oder von verschiedenartigen Funktionen am Arbeitsplatz aus, sondern sie sehen vielmehr die trennenden Merkmale zwischen den einzelnen sozialen Gruppen in einer unterschiedlichen Mentalität, in einer verschiedenartigen Denk- und Wesensart, in der Verschiedenheit des Bewußtseins, der Interessen und des Zusammengehörigkeitsgefühls ihrer Mitglieder. Aus dieser spezifischen Mentalität ergeben sich natürlich charakteristische Verhaltensweisen, ein bestimmter Lebensstil, bestimmte Einstellungen und Erwartungen.

Die Mehrzahl der deutschen Autoren, welche sich mit den Problemen der Angestellten oder Arbeiter als soziale Gruppen auseinandersetzen, gehen tendenziell von dieser traditionellen Gliederung aus.[102] Das folgende Zitat von *Croner* [45, S. 19] mag – stellvertretend für die ganze Gruppe – diese Auffassung, welche hier als „traditionell" bezeichnet wird, belegen:

> „Ich weiß also nach mehr als 35jähriger täglicher Arbeit mit den theoretischen und praktischen Problemen der Angestellten, 1) daß es sie gibt, 2) daß sie auf eine charakteristische Weise denken und handeln, und 3) daß sie in vieler Hinsicht spezifische Einstellungen zu ihrer Arbeit und ihrem Leben, ihren Betrieben und der Gesellschaft haben, die an entscheidenden Punkten sich von den Einstellungen der übrigen Arbeitnehmer unterscheiden."

Jaeggi [116, S. 10] geht praktisch wörtlich von dieser Textstelle bei *Croner* aus, indem er sie als These nimmt, die er in seiner Arbeit begründen will.

Als einer der extremsten Vertreter der traditionellen Auffassungen ist – wie später noch näher belegt werden soll – *Müller* [156] mit seiner These von der biologischen Vererbung der Angestellten- bzw. Arbeitereigenschaften zu betrachten. Gerade solch extreme Auffassungen erfordern die Klarstellung, daß die Meinungen der verschiedenen Autoren durchaus nicht einheitlich, sondern in mancher Hinsicht sogar diametral entgegengesetzt sind. Sie bilden hier nur insofern eine gemeinsame Gruppe, als sie alle auf irgendeine Art an der tradi-

[102] So insbesondere: *Bahrdt* [15], [16], *Popitz* [177], *Wiedemann* [231], *v. Ferber* [70], *Thomas* [209], *Müller* [157], *Aufhäuser* [14], *Jaeggi* [116], *Croner* [45]. Bei den Franzosen kann – allerdings mit Vorbehalten – *Crozier* [49] dazugezählt werden, wenn er auf die ambivalente Stellung des Angestellten verweist, der einerseits das Gefühl hat, ausgebeutet zu werden, anderseits aber durch das Bewußtsein, Mitarbeiter der Führung zu sein, sich deutlich vom Arbeiter unterscheidet.

tionellen Gliederung der Gesellschaft in Arbeiter, Angestellte und Eliten festhalten und spezifische Verhaltensweisen, Einstellungen und Interessen als Unterscheidungskriterien dieser Gruppen annehmen. Dabei konzentrieren sich die meisten Autoren auf die Analyse einer bestimmten Gruppe (z. B. der Angestellten oder der Arbeiter) und versuchen, allenfalls die Merkmale dieser Gruppe gegenüber den übrigen betrieblichen und gesellschaftlichen Gruppen abzugrenzen. So schreibt etwa *Popitz* [177, S. 6] in bezug auf die Arbeiter:

„... die relativ eindeutigen und anschaulichen Kriterien, an denen sich die Zuordnung zur eigenen sozialen Schicht orientieren kann, verhindern in der Regel eine Unsicherheit der Grenzziehung zu den „anderen", die nicht mehr dazugehören. Der Industriearbeiter, der erfahren hat, daß die Arbeiterschaft zusammenhalten muß, wenn sie etwas erreichen will, glaubt genau zu wissen, mit wem er in einem Boot sitzt und mit wem nicht."

Aufhäuser [14, S. 82] formuliert einen ähnlichen Gedanken für die Angestellten:

„Bei aller Achtung vor den Leistungen anderer Schichten sind sich die Angestellten in zunehmendem Maße ihres eigenen Wertes bewußt geworden. Sie sind es in ihrer überwiegenden Zahl leid, gesellschaftspolitisch und ökonomisch in eine Kummerposition eingewiesen zu werden ... Die Hebung des sozialen Bewußtseins ist nur die logische Folge der Hebung der gesellschaftlichen und ökonomischen Bedeutung dieser Schicht."

Vielfach wird bei der Darstellung der spezifischen Verhaltensweisen von Arbeitern und Angestellten auf die Tendenz der Angestellten hingewiesen, sich nach „oben" anzupassen und nach „unten" bewußt zu distanzieren. Als besonderes Indiz dafür erwähnen die betreffenden Autoren die Loyalität, die unternehmerische Haltung oder die Betriebstreue der Angestellten, ein Verhalten, welches bei den Arbeitern entweder völlig fehle oder doch viel weniger ausgeprägt sei.[103] Diese Loyalität bringt man dann in Verbindung mit den Aufstiegschancen, dem Aufstiegsverhalten und dem Aufstiegsbewußtsein, Kriterien, die wiederum als typische Unterscheidungsmerkmale zwischen Angestellten und Arbeitern gesehen werden:

„Der Faktor, der die Unterscheidung zwischen Angestellten und Arbeitern soziologisch relevant macht, und zwar unabhängig vom Niveau der Arbeitsteilung, des eigenen und allgemeinen Einkommens, des Lebensstandards und der allgemeinen Demokratisierung usw., ist die Verschiedenheit der ‚Lebenschancen', der Chancen der Angestellten, auf ihrem Funktionsgebiet Karriere zu machen ... Heute haben wir die Chance des Avancements innerhalb der Angestelltenschaft, und da diese sich ja – juristisch gesehen – bis in die höchsten Höhen der Betriebsleitung, des sog. „Management" erstreckt, ist das theoretisch ein beträchtlicher Beförderungsweg. Diese Karrierechance ist eine charakteristische Eigentümlichkeit der vier Funktionsgebiete der Angestellten." [*Croner* 45, S. 147/148]

[103] Siehe etwa: *Müller* [156], *Braun* [32], *Aufhäuser* [14], *Bahrdt* [15], *Bednarik* [26], *Crozier* [49].

Neben *Aufhäuser* [14], *Popitz* [177] und *Müller* [156] vertritt auch *Crozier* [49] diese Auffassung, wenn er schreibt, daß der Angestellte tatsächlich größere Aufstiegschancen habe, weil er dem Verhalten der führenden Schichten am nächsten stehe und jene die Tendenz hätten, Leute zu fördern, die ihnen im allgemeinen Habitus gleichen:

„L'employé est au bas de l'échelle, certes, mais du moins il est déjà sur l'échelle" [*Crozier*, 49, S. 39].

Bahrdt [15], [16] sieht in diesem Karrieredenken eine übernommene Tradition des bürgerlichen Leistungsdenkens. Berufserfolg wird erwartet und ist auch möglich, da er in einer Vielzahl von Fällen tatsächlich eingetreten ist. Auch für ihn liegt darin der typische Unterschied zum Arbeiter. Er betont allerdings, daß dieses Karrierebewußtsein sehr oft eine Fiktion ist und mit der Realität nicht mehr übereinstimmt. Eine ähnliche Auffassung äußert auch *Jaeggi* [116].

Diese Tendenz zur Betonung unterschiedlicher Aufstiegschancen weist auf eine Gesellschaftsstruktur hin, in der verschiedene soziale Gruppen ungleich privilegiert sind, in der also eine Gleichheit der Chancen nicht besteht.

In Anlehnung an die sogenannte Funktionstheorie von *Fritz Croner* unterscheiden sich Unternehmer, Angestellte und Arbeiter durch genau definierbare Funktionsgebiete:

„Als ‚Angestellten-Arbeit' werden folgende vier Arbeitnehmerfunktionen betrachtet: 1) die arbeitsleitende Funktion, 2) die konstruktive (gestaltende) bzw. analysierende Funktion, 3) die verwaltende Funktion, 4) die merkantile Funktion. Mit diesen vier Funktionen ist das Gesamtgebiet der Angestelltenschaft abgegrenzt. Die Abgrenzung gegen die Unternehmerschaft erfolgt durch die Arbeitnehmereigenschaft der ‚Funktionäre'. Die Abgrenzung gegen die Arbeiterschaft erfolgt ausschließlich durch die erwähnten Funktionen, ohne jede Wertung der ‚Art', des ‚Charakters' oder der ‚Qualität' der geleisteten Arbeit." [*Croner*, 45, S. 112/113]

Dabei handelt es sich nach *Croner* bei diesen Funktionen um ehemalige Unternehmerfunktionen, die an die Angestellten delegiert wurden (Delegationstheorie). Diese Delegation bildet für ihn die Erklärung für die Entwicklung der Angestelltenberufe.[104]

Für *Jaeggi* [116] liefert die Funktionstheorie zwar eindeutige Abgrenzungs-

[104] Nach *Croner* führt auch der technische, wirtschaftliche und soziale Wandel nicht zu einer Annäherung der Arbeiter und Angestellten, da die traditionelle Funktionsabgrenzung dadurch nicht betroffen wird. Dabei hält *Croner* allerdings fest, daß diese Funktionsabgrenzung keine qualitative Bewertung der Tätigkeiten bedeutet. Die Angestellten werden jedoch zum dominierenden, zeittypischen Element der modernen Gesellschaft, d. h. es vollzieht sich eine Entwicklung von der Industrie- zur Angestelltengesellschaft.
Ähnlich wie *Croner* argumentieren auch *Aufhäuser* [14] und *Müller* [156]. Auch für sie bedeutet quantitatives Anwachsen der Angestelltenschaft keine Nivellierung. Die traditionelle Differenzierung bleibt bestehen.

kriterien, erklärt aber noch nicht, weshalb die Angestellten eine soziale Gruppe darstellen. Soziale Gruppen im traditionellen Sinn setzen immer auch die bereits erwähnten sozialen Merkmale (wie spezifisches Bewußtsein, Interessen, Mentalität, Verhalten, Einstellung u. a. m.) voraus. So unterscheiden sich etwa nach *Braun* [32] Arbeiter und Angestellte wohl durch ihre Funktionen, nicht aber durch ihre soziale Lage. Die Angestellten bilden nach ihm deshalb keine besondere Gruppe. Ihr Unterschied zu den Arbeitern ist bloß die objektive Folge verschiedener Funktionen und nicht ein echter Klassenunterschied.[105]

3.1.2 Die soziale Gliederung nach anderen Kriterien

Eine Anzahl von Autoren sieht in der traditionellen Dreiteilung lediglich noch eine Unterscheidung juristischer Art, die mit der Wirklichkeit nicht mehr übereinstimmt. Kriterien wie Lebensstil, Interessen, Bewußtsein, Funktionen rechtfertigen eine Abgrenzung in Arbeiter, Angestellte und Eliten nicht mehr, da andere Trennungslinien quer durch diese traditionelle soziale Gruppierung verlaufen. Man anerkennt zwar mit andern Worten durchaus eine Differenzierung als Merkmal der Sozialstruktur; an die Stelle der traditionellen Schichtgrenzen sind jedoch neue Merkmale getreten.

So spricht etwa *Neundörfer* [169] von drei neuen Schichten, je nach dem Umfang des Verantwortungs- und Entscheidungsbereichs, nämlich einer Unterschicht rein ausführender Tätigkeiten, einer Mittelschicht von qualifizierteren Tätigkeiten und einer Oberschicht mit dispositiven und Leitungsfunktionen. *Claessens* [42] distanziert sich vom traditionellen Verhältnis zwischen Arbeiter und Angestellten durch den Hinweis auf neue Trennlinien, welche den Kriterien „Nähe zur Leitung", „Informiertheit", „Kontrolle", „Selbständigkeit" entsprechen. *Neuloh* [166] sieht im Betrieb ein bipolares Ordnungsgefüge, aufgegliedert in die Arbeitgeber einerseits und die Arbeitnehmer anderseits, die nicht nur funktional, sondern final getrennt sind, da sie nie dasselbe werden können.[106] Sein Gliederungskriterium ist ökonomischer Art. Er nähert sich damit *Braun* [32], der sowohl Angestellte wie Arbeiter als „Lohnarbeiter" bezeichnet, die gleicherweise vom Kapital beherrscht werden.[107] *Jaeggi* [116], der zwar zu den Vertretern der traditionellen Dreiteilung gezählt wurde, weist ebenfalls auf neue Trennungslinien hin, wie etwa auf die Trennung zwischen Machthabenden und Machtlosen oder die Trennung zwischen „schöpferischer" und „nichtschöpferischer" Arbeit, welche quer durch die traditionellen Gruppen der Angestellten und Arbeiter verlaufen.[108]

[105] Siehe folgender Abschnitt 3.12
[106] Siehe *Neuloh* [166, S. 50].
[107] Siehe *Braun* [32, S. 104].
[108] Nach *Jaeggi* besteht die Unsicherheit viel weniger im Aspekt der nivellierten Massengesellschaft als im Bruch der traditionellen Grenzen infolge der Rationalisierung. Er sieht deshalb für die Angestellten die Notwendigkeit zu einem neuen Standort und zu neuer Sicherheit.

Naville [162] schließlich leitet den Status aus einer spezifischen Gruppierung von Kompetenzen ab, die sich aus der Spezialisierung in der Arbeit ergibt.[109]

3.1.3 Vererbung, Milieu und Herrschaftsstruktur als Ursachen sozialer Differenzierung

Eine interessante Ergänzung zum Problem der betrieblichen und gesellschaftlichen Schichtung ergibt sich aus der von den Autoren angeführten Begründung für die bestehende soziale Differenzierung. Um einen Überblick zu ermöglichen, müssen auch hier Autoren zusammengefaßt werden, die tendenziell einer bestimmten Richtung angehören, ohne aber im Detail völlig übereinzustimmen. In der Regel wird zwar durchaus anerkannt, daß mehrere interdependente Faktoren als Ursache der sozialen Differenzierung in Frage kommen. Trotzdem lassen sich Hinweise finden, bei welchen Faktoren einzelne Autoren besondere Schwerpunkte legen.

Der Faktor der biologischen Vererbung

Es sind grundsätzlich zwei extreme Auffassungen denkbar, nämlich einerseits die praktisch unbeeinflußbare Determinierung von Gruppeneigenschaften und anderseits die reine Zufälligkeit individueller Merkmale, so daß sich Gruppierungen im traditionellen Sinn nicht mehr unterscheiden lassen. Dem ersten Extrem kommt *Müller* [156] nahe mit seiner These von der biologischen Vererbung der Angestellteneigenschaften, die auf diese Weise ein völlig eigenständiges Leistungs- und Anlageprofil herausbilden. *Müller* spricht in diesem Zusammenhang von den Angestellten als einer sozialanthropologischen Siebungsgruppe, deren biologisch vererbte Merkmale eine spezifische Leistungsfähigkeit und Verantwortungshaltung sind, die für andere soziale Gruppen nicht typisch seien:

> „Trotz der gelegentlichen Überschneidungen im Durchschnitt der Leistungsmaße und Verhaltensgliederung bei einigen beiderseitigen Randberufen zeigt die Gruppe der Angestelltenberufe völlig klar eine wesentlich schärfere Siebung nach den für ihre Funktion maßgebenden geistig-charakterlichen Eigenschaften als die Facharbeiter und die Ungelernten. Sie bildet den Arbeiterberufen gegenüber ein völlig eigenständiges Leistungs- und Anlageprofil heraus." [Müller, 156, S. 79]

Verschärft wird nach *Müller* dieser biologische Einfluß noch durch die starke Tendenz der Angestellten, den Ehepartner aus der eigenen Siebungsgruppe zu wählen.[110]

[109] Was viele dieser Ansätze allerdings nicht mehr näher ausführen, ist die Frage, wie weit den neuen Trennungslinien echte soziale Gruppen entsprechen, die sich durch ein spezifisches Bewußtsein, Einstellung und Verhalten voneinander unterscheiden.

[110] Auf die Konsequenzen dieser These wird in anderem Zusammenhang noch einzugehen sein.

Der Faktor des sozialen Milieus

Am zahlreichsten sind jene Auffassungen, welche dem sozialen Milieu die entscheidende Funktion für die schichtspezifischen Eigenheiten zusprechen.[111] Ein Teil der Autoren legt dabei besonderes Gewicht auf den außerbetrieblichen Bereich (familiäres Milieu), während andere die Bedeutung des Arbeitsmilieus betonen.[112] Grundsätzlicher ist jedoch die Unterscheidung zwischen der Bedeutung, die den persönlichen Erfahrungen des einzelnen zukommt einerseits (z. B. *Wiedemann* [231], *Thomas* [209]) und dem Hinweis auf den Einfluß von Stereotypen, Denkklischees, historischen Wertmaßstäben oder sog. „Topoi" anderseits, die mehr oder weniger unabhängig von den konkreten persönlichen Erfahrungen sind (z. B. *Popitz* [177], *Müller* [156], *v. Ferber* [70], *Bahrdt* [15]). Die folgenden Zitate belegen diese beiden Auffassungen:

„Mit der Betonung der Bindung der Wertmaßstäbe, Denk- und Vorstellungsweisen an die persönliche Erfahrung müssen wir uns von der Auffassung absetzen, die Arbeiter würden aufgrund jener vorgeformten Denkweisen urteilen, die man als ‚Ideologien' bezeichnet." [*Wiedemann*, 231, S. 159]
„Das allgemeine Denken über allgemeine Probleme kleidet sich im allgemeinen in stereotype Klischees; es vollzieht sich, um einen philologischen Terminus zu verwenden, in Form von Topoi. Diese Topoi sind jedoch nicht beliebig in der Weise, daß jeder jeden Topos gebrauchen könnte. Vielmehr bedienen sich die verschiedenen sozialen Gruppen — zum Teil wenigstens — sehr verschiedener Topoi." [*Popitz*, 177, S. 82/83]

Der Faktor Herrschaftsstruktur und Produktionsverhältnisse

Eine dritte Gruppe von Autoren, zu denen insbesondere *Braun* [32], *Friedmann* [79] und *Touraine* [213] zu zählen sind, führt die Bildung spezifischer sozialer Gruppierungen, spezifischer Einstellungen und Verhaltensweisen auf die bestehende gesellschaftliche und betriebliche Machtstruktur bzw. die Produktionsverhältnisse zurück. Es handelt sich dabei um eine Perspektive, welche teilweise marxistische Elemente enthält, obwohl natürlich auch die Vertreter dieser Gruppe keine Einheit bilden.

Das Problem der Autoritäts- und Herrschaftsstruktur wird in einem besondern Abschnitt noch eingehender analysiert werden.

3.1.4 Schicht, Klasse oder Stand: Zum Problem der Grenzen zwischen den sozialen Gruppen

Die Trennung sozialer Gruppen kann unterschiedlich scharf gesehen werden. Sie geht von der standesmäßigen Absonderung bis zum fast konturlosen Inein-

[111] Zu dieser Gruppe können insbesondere etwa *Aufhäuser* [14], *Wiedemann* [231], *Thomas* [209], *Popitz* [177], v. *Ferber* [70], *Bahrdt* [15], *Croner* [45], *Bednarik* [26] und auch *Naville* [162] gezählt werden.

[112] Gerade *Bednarik* [26] weist jedoch darauf hin, daß der außerbetriebliche Lebensbereich zunehmend diesen prägenden Einfluß des „Werkstattmilieus" aufhebt und zur Verwischung der Schichtgrenzen tendiert. Siehe in diesem Zusammenhang auch Abschnitt 3.15.

anderfließen. Bis jetzt wurden Begriffe wie „soziale Gruppe", „Schicht", „Klasse" praktisch als Synonyme verwendet. Es ist deshalb notwendig, sie näher zu definieren, obwohl gerade hier die Schwierigkeit besteht, daß die einzelnen Autoren diese Begriffe selbst sehr unterschiedlich verwenden.

Ohne auf die Auseinandersetzung in der Literatur über den Schicht- und Klassenbegriff einzugehen, sollen — im Sinne einer Klarstellung — für die vorliegende Arbeit die folgenden Umschreibungen festgehalten werden[113]:

(1) *Soziale Gruppen:* Darunter soll ein neutraler „Oberbegriff" für alle möglichen Arten von sozialen Differenzierungen innerhalb einer gesellschaftlichen oder betrieblichen Sozialstruktur verstanden werden. Insbesondere ist damit keine Bewertung in sozial „höher" oder „tiefer" verbunden.

(2) *Soziale Schicht:* Der Begriff der „sozialen Schicht" sowie das an der Schicht orientierte Verhalten setzen eine geschichtete Gesellschaft voraus; d. h. von einer Schicht kann nur die Rede sein, wenn es auch andere Schichten gibt, die in irgendeinem Verhältnis von „oben" und „unten" zueinanderstehen. Bedingung für den Begriff der sozialen Schicht ist also die Anerkennung konstitutiver „Höhenunterschiede" der Geltung innerhalb der Gesellschaft. Dies bedeutet allerdings nicht, daß sich in jedem Fall genau entscheiden läßt, welcher von zwei Schichten die höhere Geltung zukommt. Die Kriterien der Einschätzung können sehr stark variieren, d. h. jede Schicht hat ihre eigenen Kriterien der Selbst- und Fremdeinschätzung. Dies führt zu fließenden Übergängen zwischen den Schichten und zu überschneidenden Schichtstrukturen. Zudem besteht infolge der sozialen Mobilität die Möglichkeit des Auf- und Abstieges. Die Schichtgrenzen sind keine starren Grenzen, da auch die Kriterien ihrer Fixierung nicht starr sind.

(3) *Soziale Klasse:* Die Schichtdifferenzierung kann durch typische Verhaltensweisen verschärft werden. Dies ist insbesondere bei sozialen Ständen und Klassen der Fall. Hauptmerkmal einer sozialen Klasse ist nach *Bahrdt* [15, S. 15] „die Extravertiertheit des Gruppenverhaltens, das sich an einem gesellschaftlichen Antagonismus orientiert, an einem Gegensatz zu andern Gruppen, gegen die man sich abwehrend, abschirmend oder aggressiv verhält".
Zur Klasse gehört der Klassengegensatz, die Möglichkeit des Klassenkampfes sowie das Klassenbewußtsein, das zugleich das Bewußtsein eines gesellschaftlichen Antagonismus ist.

(4) *Sozialer Stand:* Beim Stand geht es nach *Bahrdt* [15] dagegen in erster Linie um die Herstellung bzw. die Erhaltung einer innern Ordnung, die freilich ihren Sinn durchaus in Aufgaben haben kann, welche über den Bereich der eigenen Gruppe hinausgreifen (z. B. in Herrschaftsfunktionen). Merkmal der Stände ist ein größeres Maß an Exklusivität, d. h. es wird genau festgelegt, wer dazugehört und wer nicht, und störende Elemente werden ferngehalten.

[113] Siehe in diesem Zusammenhang auch *Bahrdt* [15, S. 10 ff.].

Die Schichtgrenze ist hier graduell noch fixierter als bei der Klasse. *Jaeggi* [116, S. 15] verweist in Anlehnung an die Definition von *Weber* [223] auf die Bedeutung der „Standesehre", die an irgendeine gemeinsame Eigenschaft anknüpft und eine spezifische Art der Lebensführung von jedem Mitglied erfordert. Damit verbunden ist natürlich auch ein sehr spezifisches „Standesbewußtsein".

Zwischen Schicht, Klasse und Stand läßt sich also eine zunehmende Verschärfung der Abgrenzung feststellen.

Die meisten Autoren, welche nicht ausdrücklich eine ständische oder klassenmäßige Gliederung der Gesellschaft vertreten, lassen sich zu jener Gruppe zählen, die von einer Schichtstruktur ausgeht. Die Grenzfälle liegen einerseits dort, wo von weitgehender sozialer Nivellierung gesprochen wird, die nicht bloß als ökonomische Angleichung gemeint ist[114], bzw. anderseits dort, wo mit der Existenz von Klassenstrukturen argumentiert wird.[115] Bei den Vertretern der Klassenstruktur ist zu unterscheiden zwischen dem Zweiklassenmodell und dem Mehrklassenmodell. Das sog. Zweiklassenmodell liegt insbesondere einer marxistischen Interpretation der gesellschaftlichen und betrieblichen Strukturverhältnisse nahe.[116] Arbeiter und Angestellte werden hier in die gleiche Klasse der Lohnarbeiter oder der Besitzlosen zusammengefaßt. So schreibt etwa *Braun* [32, S. 118]:

> „Die Arbeitsplätze der Angestellten sind also Arbeitsplätze von Lohnarbeitern wie die Arbeitsplätze der Produktionsarbeiter, d. h. Objekte der Macht des Kapitals über die Arbeit und den gleichen systematischen Tendenzen ausgesetzt (Funktionalisierung, berufliche Disziplinierung usw.)."

Ein Zweiklassenmodell anderer Art vertritt auch *Bahrdt* [15, S. 142], wenn er von einem Dualismus zweier Mehrheiten, nämlich dem Arbeiterproletariat einerseits und der „bürgerlichen Mehrheit" anderseits, spricht, oder *v. Ferber* [70, S. 70], der auf eine klassenmäßige Verfestigung infolge der Trennung in leitende und ausführende Arbeit hinweist. *Jaeggi* [116] distanziert sich ausdrücklich vom Zweiklassenmodell von *Braun*, da nach ihm Arbeiter und Angestellte eigene Klassen bilden, die unterschiedliche Interessen vertreten. Bei andern Autoren (wie z. B. *Friedmann* [79]) wird auf die Klassenstruktur der Gesellschaft hingewiesen, ohne jedoch die Zahl der Klassen näher zu bezeichnen.

Die Vertreter einer eigentlichen Standesgesellschaft sind unter den untersuchten Autoren relativ selten. Am deutlichsten scheinen die Auffassungen von *Müller* diesem Gesellschaftsbild zu entsprechen, so etwa seine These von der Differenzierung der Gesellschaft in Siebungsgruppen, von der biologischen Ver-

[114] Siehe z. B. *Schelsky* [190, S. 165].

[115] *Touraine* [213] z. B. scheint diese Grenze zu markieren, wenn er zwar nicht mehr von einer eigentlichen Klassengesellschaft, jedoch von Klassensituationen spricht, welche durch die Variationsbreite der Entfremdungstypen verursacht werden.

[116] Siehe etwa *Braun* [32], *Bahrdt* [16], *Symanowski* [205].

erbung der Angestellteneigenschaften, von der Partnerwahl innerhalb der eigenen Siebungsgruppe oder von der Begrenztheit der Anpassungsmöglichkeit der Arbeiter (und damit ihrer Unfähigkeit für die Besetzung bestimmter gesellschaftlicher Positionen):

„Im ganzen sehen wir wohl schon aus diesen wenigen Beispielen, daß die Siebungseigenart der Angestelltenberufe sich auch in ihre außerberufliche Bedeutung als aktive Staatsbürger hinein in gleichem Sinne auswirkt. Die Angestelltenschicht erfüllt auch hier die gesellschaftsstabilisierenden Funktionen ihrer Vorgängerschicht; sie ist gleichsam Traditionsträger des alten selbständigen Mittelstandes, aus dem sie ja vorzugsweise herstammt und von dessen sozialer Werthaltung sie auch ihre sozialethische Prägung erhielt." [*Müller*, 156, S. 109]

Bahrdt [15] erwähnt eine Abgrenzung der Angestellten nach unten durch ihr Festhalten an spezifisch moralischen Leitideen des traditionellen Bürgertums wie Ehrbarkeit, berufliche Tüchtigkeit und Bildung. Er lehnt zwar in diesem Zusammenhang die Existenz ständischen Verhaltens ab; aber die Arbeiter werden nach ihm dennoch von diesem bürgerlichen Lebensstil nicht erfaßt (keine Tendenz zur Verbürgerlichung der Arbeiter), was immerhin auf eine gewisse Exklusivität der bürgerlichen Gruppen hindeutet.

3.1.5 Die Nivellierung als Merkmal der sozialen Schichtung

Neben der Betonung der sozialen Differenzierung weist eine zunehmende Zahl von Autoren auf die Tendenz zur Nivellierung in der modernen Gesellschaft hin. Meist wird allerdings damit nicht die These verknüpft, daß die Differenzierung durch die Nivellierung generell ersetzt werde und man vor dem Tatbestand einer homogenen Gesellschaft stehe. Die soziale Nivellierung wird vielmehr partiell, d. h. in gesellschaftlichen Teilbereichen gesehen, in denen die traditionellen sozialen Unterschiede allmählich abgebaut werden. Dies bedeutet eine Verlagerung der Schwerpunkte sozialer Differenzierung, bedeutet neue Schichtgrenzen, neue gesellschaftliche Gruppierungen, neue Formen von Interessengegensätzen.

Hauptsächlich lassen sich zwei Bereiche der Nivellierung unterscheiden, nämlich die Nivellierung in bezug auf die rechtliche und ökonomische Lage einerseits und die Tendenz zur Angleichung der Einstellungen, der Interessen, des Bewußtseins, des Verhaltens und des Lebensstils anderseits.

Die Überwindung des Pauperismus in den industrialisierten Gesellschaften wird von den untersuchten Autoren kaum mehr bestritten, obwohl damit – wie etwa *Bahrdt* [16] schreibt – noch keineswegs eine ökonomische Nivellierung gemeint werden kann. Auch für *v. Friedeburg* [76] wurden die Proletarier zu Teilhabern am Wohlfahrtsstaat. Dies bedeutet für ihn die rechtliche Gleichstellung und eine gewisse Angleichung des Konsumverhaltens. Trotzdem bestehen aber immer noch beachtliche Einkommensunterschiede. Die Angleichung des Konsumverhaltens „nach oben“ beruht nach ihm auf dem Einfluß der durch die Werbung festgelegten Aufwandnormen. Infolge der immer noch großen Einkommensunterschiede entsteht dadurch eine Diskrepanz zwischen dem erstrebten Lebensstandard und den Befriedigungsmöglichkeiten.

Ganz allgemein sieht man in der Tendenz zur rechtlichen und ökonomischen Nivellierung die Verbesserung der objektiven Lage der untern Schichten, insbesondere der Arbeiter, anderseits aber auch ein Absinken gewisser Angestelltengruppen, ohne dabei allerdings die marxistische These von der Verproletarisierung der Angestellten zu übernehmen.

Für die meisten Autoren ist mit der ökonomischen Nivellierung nicht unbedingt auch eine Gleichschaltung der Interessen, der Einstellungen, des Bewußtseins, des Verhaltens verbunden. So anerkennt etwa *Crozier* [49] durchaus die wirtschaftliche Angleichung zwischen Arbeitern und Angestellten. Trotzdem besteht nach ihm jedoch ein erheblicher Unterschied in der sozialen Stellung infolge der bessern Kontaktmöglichkeiten der Angestellten mit den führenden Gruppen. Wenn langfristig auch eine Angleichung des Verhaltens und der Lebensstile erfolgt, dann vollzieht sich dies nicht durch eine Verproletarisierung der Angestellten, sondern durch eine Verbürgerlichung der Arbeiter. *Crozier* lehnt damit die marxistische These ab. Er spricht in diesem Zusammenhang von einer Tendenz zur Enthierarchisierung, zum Abbau der Klassenunterschiede und zur Entstehung einer Mittelstandsgesellschaft.

Als langfristige Tendenz erwähnt auch *Bahrdt* die Verbürgerlichung der Gesamtgesellschaft, obwohl die Arbeiter vorerst von dieser Tendenz noch nicht erfaßt werden und sich deshalb ein Dualismus ergibt. Diese Verbürgerlichung sagt aber nach *Bahrdt* [15, S. 141] immer weniger aus:

> „Je mehr sich das Bürgertum, das niemals ganz zu einer einheitlichen sozialen Schicht zusammengewachsen war, wieder erneut zu differenzieren beginnt, je weiter gleichzeitig aber die Verbürgerlichung der Gesamtgesellschaft fortschreitet und immer weitere Gruppen ergreift . . ., desto mehr beginnt die Zugehörigkeit zum Bürgertum nicht mehr zu bedeuten, als daß man ‚überhaupt dazugehört‘.“

Das Wort „Bürger“ erhält eine Bedeutung, welche sozial nicht mehr klassiert. Es bedeutet die bloße Chance, einen Platz in der Gesellschaft überhaupt zu finden. Welcher Art dieser Platz ist, bleibt offen. Nach der Maxime der dynamischen bürgerlichen Gesellschaft soll vielmehr der einzelne seinen Platz, seinen sozialen Standort, selber finden, und zwar durch seine berufliche Leistung.

Nivellierungstendenzen im Sinne einer Angleichung der Denk- und Verhaltensweisen werden insbesondere durch *Symanowski* [205], *Bednarik* [26], *Neundörfer* [169] und *Schelsky* [190] betont. Während *Schelsky* im positiven Sinne von der weitgehenden Nivellierung der Klassengegensätze und von den Mittelschichten als strukturbestimmenden Kräfte der Gesellschaft spricht, sehen *Syma-*

nowski und *Bednarik* diese Nivellierung der Lebensstile eher mit skeptischen Augen:

„Diese Erkenntnis weitgehender Allgemeinheit solchen konsumentenhaften, von eigentlich produktiv-humaner Selbstentfaltung weit entfernten Lebensstils schließt zunächst einmal jeden bürgerlichen Hochmut gegenüber ‚den Arbeitern‘ aus ... Das bedeutet nun aber ferner keineswegs, daß mit einigen Soziologen im wesentlichen von einer positiven Verbürgerlichung der ehemals proletarischen Existenzen zu sprechen wäre. Im Gegenteil ist (ganz abgesehen von der objektiv proletarischen Abhängigkeit eines immer größeren Teils der Erwerbstätigen) unter der materiellen Einkleidung eines mehr oder weniger kleinbürgerlichen Wohlstandes weithin eine Nivellierung im Sinne einer geistig-seelischen Proletarisierung zu konstatieren, d. h. ein Lebensstil der Fremdbestimmung, der Unselbständigkeit, bar jedes lebendigen, über Quiz-Wissen hinausgehenden Kontaktes zur ästhetischen, geistigen und geistlichen Kultur des ‚christlichen Abendlandes‘.“ [*Symanowski,* 205, S. 95/96]

Die *Gründe* für die zunehmende ökonomische Nivellierung werden neben dem allgemeinen wirtschaftlichen und technischen Fortschritt vor allem auch in der Zunahme und im Wandel der Angestelltenpositionen gesehen.[117] Die wachsende Zahl von Angestelltenposten werden insbesondere durch weibliche Arbeitskräfte belegt, deren Gehalt sich kaum von jenem vieler Arbeitergruppen unterscheidet. Dies führt somit einerseits zu einer Angleichung der Löhne „nach unten“. Anderseits besteht aber durch den zunehmenden Einfluß der Gewerkschaften auch die Tendenz zur Angleichung „nach oben“.

Die Massenproduktion und der dadurch ermöglichte Massenkonsum bilden die Basis für die Nivellierung des Lebensstils.[118]

Bei *Bednarik* [26] sind es die Massenmedien, welche den Arbeiter seinem traditionellen Milieu entfremden und sein Verhalten nivellieren. Die Auflösung der traditionellen Hierarchie durch die Massenkultur erwähnt auch *Crozier* [49], der ebenfalls auf die Manipulation des modernen Menschen durch anonyme Kräfte hinweist.

Popitz [177] sieht die Nivellierungstendenz in der Übernahme von Begriffen und Denkweisen aus andern sozialen Sphären und damit in der Auflösung eines gruppenspezifischen sprachlichen Raumes. *Popitz* [176] stellt zudem eine Tendenz zur Nivellierung jener Fähigkeiten fest, die zur Bewältigung der Arbeitsaufgaben für alle Arbeitenden notwendig werden (z. B. die Fähigkeit der technischen Intelligenz). Ursache für die Angleichung in diesem Bereich bildet die technische Entwicklung schlechthin.

[117] So weist z. B. etwa *Crozier* [49] auf diesen Umstand hin.

[118] Was die Probleme dieser Nivellierung durch den Massenkonsum bzw. die Massenproduktion anbetrifft, siehe etwa *v. Friedeburg* [76, S. 54] oder *Symanowski* [205, S. 95 f.].

3.2 Die Einstellung zur bestehenden Herrschafts- und Machtstruktur

3.2.1 Herrschaftsstruktur: Notwendigkeit oder Anachronismus?

Grundsätzlich lassen sich zwei extreme Haltungen feststellen, nämlich einerseits die Auffassung, daß die Existenz einer betrieblichen und gesellschaftlichen Herrschaftsstruktur eine unumgängliche Notwendigkeit sei und anderseits die Meinung, daß Herrschaft kein konstitutives Element der modernen Gesellschaft darstelle.

Die erste Auffassung wird insbesondere von Autoren wie *Dahrendorf* [52], *Fürstenberg* [84], *Schelsky* [190], *Crozier* [48] und auch *v. Friedeburg* [76] vertreten. So schreibt etwa *Dahrendorf* [52, S. 22]:

> „Insoweit wir den Betrieb als Sozialsystem verstehen, bildet die Autoritätsstruktur das Skelett seiner Stabilität."

Dahrendorf [52] macht zwar deutlich, daß die Über- und Unterordnung zwischen Menschen kein natürliches Verhältnis sei, daß aber die Herrschaft eine notwendige Bedingung der Integration sozialer Systeme darstelle. Auch *v. Friedeburg* [76] schließt sich dieser Argumentation weitgehend an.

Nach *Crozier* [49] ist eine hierarchische Ordnung erforderlich, da ein Machtkampf ohne Kontrolle zu lähmenden Konflikten führen würde. Aufgabe der hierarchischen Ordnung ist es, die Forderungen jeder Gruppe zu disziplinieren und zu koordinieren. Diese Disziplinierung kann aber nicht absolut sein. Es sind Kräfte am Werk, die ein Minimum von Konsensus bewirken und verunmöglichen, daß eine Gruppe zu viele Vorteile besitzt bzw. zu stark ausgebeutet wird. *Crozier* ist aber kritisch gegenüber den Forderungen nach „kooperativeren" Formen und nach Abbau der Machtstrukturen. Nach ihm haben diese neuen Formen (vor allem die Mitbestimmung) bis jetzt versagt. Der Wunsch nach Mitbestimmung der Arbeitenden ist nicht absolut, da die Attitüden zwiespältig sind. Einerseits besteht wohl der Wunsch nach mehr Mitbestimmung, anderseits aber auch die Angst vor dem Verlust der Unabhängigkeit infolge dieser vermehrten Mitbeteiligung (Gefahr der Beschränkung der Autonomie durch die Kontrollmöglichkeit der anderen Mitbeteiligten). *Crozier* meint, daß es viel leichter sei, die eigene Unabhängigkeit zu bewahren, wenn man außerhalb des Bereichs der Mitentscheidung sei, da man so viel weniger der Gefahr eines Drucks ausgesetzt sei. Bei der Mitbeteiligung sei man durch die Kooperation gebunden und dadurch viel anfälliger in bezug auf den Druck der Vorgesetzten und Kollegen. Der Verzicht auf bzw. der Rückzug von der Mitbestimmung könne somit durchaus „rationalem" Verhalten entsprechen, vor allem wenn die Gefahr von Manipulationen bestehe.[119]

[119] Auch in [48] postuliert *Crozier* die Notwendigkeit der Hierarchie, da ihr Wegfall zu Spannungen führe. Die Annahme, wonach jedes Individuum an der Führung teilhaben wolle, ist nach ihm falsch.

Eine ganze Reihe von Autoren[120] lehnt hingegen diese These von der Notwendigkeit und Unumgänglichkeit autoritärer Strukturen in der bestehenden betrieblichen und gesellschaftlichen Ordnung ab.

So sind für *Croner* Über- und Unterordnungsrelationen keine konstitutiven Merkmale der modernen Gesellschaft mehr; sie widersprechen dem Vorgang der Demokratisierung:

> „Mit andern Worten: es ist nicht mehr möglich, die Gesellschaft unserer Zeit als ein System von sozialen Über- und Unterordnungsrelationen begreiflich zu machen, d. h. für solche angeblichen über- oder untergeordnete Horizontalschichten konstitutive soziologische Elemente zu finden, die das ‚Höher'- oder ‚Tiefer-Stehen' erklären können." [*Croner,* 45, S. 75]

Jaeggi [116] lehnt die weitere Aufrechterhaltung der autoritären Ordnung ab, da er darin die Gefahr der Erstarrung bürokratischer Strukturen sieht. Er stellt einen zunehmenden Widerspruch zur gesellschaftlichen Realität fest. Man kann nicht von „Partnern" sprechen, wenn man das Individuum nicht respektiert. Ganz ähnlich bezeichnet auch *Bahrdt* [16] die autoritäre Herrschaftsordnung als einen Fremdkörper der demokratischen Gesellschaft. Die Tendenz zur Konformität erhöht die Gefahr einer weiteren Ausbreitung des großbetrieblichen Feudalismus.

Symanowski meint das gleiche, wenn auch seine Formulierungen oft schärfer sind. So spricht er von der knechtischen Behandlung als einem unerträglichen Übelstand:

> „Wir sind der Meinung, daß die knechtische, unbrüderliche Behandlung, die der Mensch in den Fabrikbetrieben erfährt, ein unerträglicher Übelstand in einer sich christlich nennenden Gesellschaft ist . . .
> Hier stellen wir zunächst einmal fest, daß in unseren Betrieben ein herrschaftliches Denken weit verbreitet ist; man wagt nicht, das Risiko der Menschlichkeit einzugehen. Man findet es bequemer, zu kontrollieren und zu normieren, statt zu vertrauen, Hierarchien statt Solidarität im Betrieb zu schaffen, Befehlsempfänger statt möglichst selbständige Mitarbeiter aus den Menschen zu machen." [*Symanowski,* 205, S. 55 und 56]

Die Mehrheit der Arbeitenden ist nach *Symanowski* zu bloßen Befehlsempfängern degradiert, und diese Entmündigung bei der Arbeit kommt einer Dehumanisierung gleich.

Thomas [209] sieht die Gefahr in der Taktik des Verbergens, welche die Folge der Fragwürdigkeit der traditionellen Hierarchie als reiner Befehlshierarchie ist, die keinen Spielraum für die Diskussion läßt. Das Kernproblem der „Unrealität" der hierarchischen Struktur liegt in ihrer Verankerung in der Ideologie von der Überlegenheit der Vorgesetzten.

[120] Dazu gehören insbesondere etwa: *Croner* [45], *Jaeggi* [116], *Bahrdt* [16], *Symanowski* [205], *Thomas* [209], *Neuloh* [166], *Pirker* [175], *Naville* [162], *Friedmann* [78].

Neuloh [166] geht von der Kritik am Herrschaftsbegriff von *Max Weber* aus. Das Recht auf Gehorsam ist nach ihm nicht unabhängig von allen Interessen der Beherrschten. Seine in diesem Zusammenhang geforderte Neuordnung der Gesellschaft nach dem sog. „Humanprinzip" wird später dargestellt.

Eine andere Gruppe von Autoren begründet ihre Ablehnung der bestehenden autoritären Strukturen in Betrieb und Gesellschaft mit dem durch die technische Entwicklung bedingten Zwang zu neuen Formen betrieblicher und gesellschaftlicher Strukturen.

So zwingt nach *Bahrdt* [15] die Funktion der Maschine zu neuen Kooperationsformen. Die Zusammenarbeit muß sich neu konstituieren, wobei die Ansprüche der Maschine beachtet werden müssen. Nach *Bahrdt* [16] führt der technische Fortschritt zur Beseitigung der offenen brutalen Herrschaft der Minderheit über die Mehrheit. Die echte strukturelle Anpassung an den technischen Fortschritt wird aber heute noch behindert durch erstarrte und überalterte Strukturen und insbesondere durch den Widerstand der Machtgruppen. Es zeigen sich immer deutlichere Symptome einer verborgenen Herrschaft (z. B. Ausnützung wissenschaftlicher und technischer Erkenntnisse durch Interessengruppen).

Auch *Symanowski* [205] erwähnt die Lähmung, Anpassung und Resignation vieler sozialreformatorischer Kräfte infolge des gewaltigen Drucks der Gegenkräfte. So kann der gegenwärtige Status der Arbeitnehmer nicht als automatisches Ergebnis der technologischen Entwicklung bezeichnet werden.

Naville [162] sieht im Wesen der Befehlshierarchie eine wesentliche Ursache für die Krise der heutigen Unternehmungsführung. Einerseits dient die technische Arbeitsteilung oft als Stütze der hierarchischen Struktur, anderseits sind es wiederum technische Faktoren, welche zur Auflösung und Durchlöcherung dieser Strukturen führen und die erwähnten Krisen auslösen. Die technische Entwicklung zwingt nach *Naville* zu einem grundlegenden Wandel der betrieblichen Sozialstruktur: Neue Formen der Arbeit, der Kooperation, der Führung sind erforderlich.

Nach *Touraine* [213] führt das technische Milieu zur Entpersönlichung der Autoritätsbeziehungen. Es erfolgt nicht mehr eine Manipulation von Menschen, sondern nur von Produktionsrollen. In dem Moment, wo der Mensch im Milieu schöpferischer Arbeit lebt, d. h. in einem technischen Milieu, anerkennt er die traditionelle Herrschaft nicht mehr:

> „A l'inverse, nous le verrons, à partir du moment où l'homme vit et travaille dans un environnement dense de création humaine, dans un milieu technique, sa conscience constituante disparaît et il ne reconnaît plus la domination des maîtres, ou du moins des classes supérieures, c'est-à-dire une domination transmise et personnelle." [*Touraine,* 213, S. 132]

Eng verknüpft mit der Frage der Notwendigkeit sind die Auffassungen über die *Veränderlichkeit* der Herrschaftsverhältnisse. So gilt für *Dahrendorf* [52] die Tatsache einer betrieblichen Herrschaftsstruktur als unveränderlich; Möglichkeiten einer Veränderung sieht er lediglich in den *Formen* der Herrschaftsausübung, wie insbesondere im Übergang zur rationalen Herrschaft. *Fürstenberg* [84] ist in seiner Äußerung insofern vorsichtiger, als er sagt, daß sich die Herrschaftsstruktur „für die nächste Zukunft" nicht beseitigen lasse. *Bahrdt* [15], *Braun* [32], *Crozier* [48] und *Touraine* [213] sprechen von einer „*Relativierung* des hierarchischen Prinzips". Bei *Touraine* besteht diese Relativierung darin, daß die Autoritätsausübung immer weniger auf Personen, sondern nur noch auf beschränkte Rollen erfolgt. Das technische Milieu bewirkt nach ihm also eine zunehmende Entpersönlichung der Autoritätsbeziehungen. Auch für *Naville* [162] erfolgt eine zwangsweise Veränderung der Autoritäts- und Herrschaftsverhältnisse unter der Einwirkung der technischen Entwicklung.

Die Idee einer eigentlichen *Überwindung* der Dichotomie der betrieblichen Herrschaft läßt sich den Ansätzen einer ganzen Reihe von Autoren entnehmen. Nach *Aufhäuser* [14] geht es nicht bloß um eine neue Befehlsgewalteneinteilung, sondern um eine neue Gewaltenteilung in Form von Mitbestimmung. In ähnlicher Absicht spricht *Symanowski* [205] von der Überwindung der bestehenden Autoritätsstruktur durch verantwortliche Mitarbeit. *Jaeggi* [116] erwähnt die Tendenz zu einer neuen Ordnung, in der jeder Beschäftigte in seiner sachlichen Aufgabe als Träger von Funktionen gesehen wird. Sachfragen werden rational diskutiert, und bessere Argumente erhalten den Vorzug. Notwendig dazu sind freiere, nicht „gefügigere" Mitarbeiter. Auch für *Pirker* [175] enthält die Mitbestimmung Möglichkeiten zur Behebung von Störungen, welche die traditionelle Praxis des Managements nicht kannte.

Der „neue Betriebsstil" nach *Neuloh* [166] schließlich ist nicht mehr gekennzeichnet durch Gegensätzlichkeit, sondern vielmehr durch Gegenseitigkeit. Die Interessenverflechtung, relativiert durch die Mitbestimmung, bedeutet die Aufhebung der traditionellen hierarchischen Strukturen. *Neuloh* lehnt ausdrücklich die These von *Dahrendorf* über die Unausweichlichkeit der Herrschaftsstruktur ab. Der neue Betriebsstil widerlegt nach ihm den Herrschaftsbegriff von *Max Weber*.[121] Der Wandel von der einseitigen zur zweiseitigen Machtstruktur bedeutet nach *Neuloh* den Übergang von der autoritären zur kooperativen Unternehmungsführung. Dies heißt: Verzicht der Unternehmer auf Alleinbestimmung, verbunden mit einer Neulegitimierung der unternehmerischen Aufgaben. Die Gegensätzlichkeit der Sozialgebilde wird ersetzt durch die Gegenseitigkeit der Interessen. Notwendig dazu ist ein Wandel der Lebensanschauung. Anstelle der „Disziplin" kommt der „Geist"; das dichotomische Bewußtsein wird überwunden. Beste Ausdrucksform ist die Mitbestimmung, die auf einem System der Gleichberechtigung und Gleichachtung der Sozialpartner beruht. Aus diesen Überlegungen leitet *Neuloh* [166, S. 53] die Definition seines „neuen Betriebsstils" ab:

[121] Siehe *Weber* [223].

„Als neuen Betriebsstil bezeichnen wir eine nach dem Humanprinzip gestaltete und durch zweiseitige Willensbildung beeinflußte Ausdruckseinheit sozialen Denkens und Handelns in der Betriebsordnung und dem Betriebsklima."

Der Wandel des Autoritätsbegriffs von der funktionalen zur personalen Autorität ist nach *Neuloh* das Ergebnis einer neuen Vertrauensstruktur und eines stärkeren Sicherheitsgefühls der Belegschaft. Die Verschiebung von der autoritären auf die subsidiäre Betriebsordnung liegt auf der Entwicklungslinie zu einer neuen Gestaltidee, dem sog. „Humanprinzip".

3.2.2 Voraussetzungen, Ursachen und Auswirkungen der bestehenden Herrschaftsverhältnisse

Mayntz [144], *Dahrendorf* [52] und *Fürstenberg* [84] betrachten den Konsensus aller Betriebsangehörigen als Basis für die betriebliche Herrschaftsstruktur. Machtausübung kann nur im Rahmen der von allen gebilligten Ordnung erfolgen; Quelle jeder Befehlsgewalt ist jedoch letztlich die Betriebsleitung.[122] *Dahrendorf* [52, S. 25] sieht in diesem Konsensus eine neue Legitimitätsgrundlage der Autoritätsausübung, welche den Übergang zur rationalen Herrschaft ermöglicht:

„Der ernannte Manager hat keineswegs nur auf den Aufsichtsrat, sondern immer auch auf seine Untergebenen Rücksicht zu nehmen. Seine Autorität hat sich vom Eigentum abgelöst; sie ist damit im juristischen Sinne ... ‚illegitime Herrschaft' geworden; doch findet sie faktisch bereits heute ihre Rechtfertigung im Consensus der Beherrschten."

Neben diesen eher mikrosoziologischen Argumentationen verwenden eine Reihe von Autoren mehr makrosoziologische Begründungen, indem sie die Beziehungen der betrieblichen zur *gesellschaftlichen* Herrschaftsstruktur herstellen. Zu dieser zweiten Gruppe gehören einerseits die marxistisch beeinflußten Interpretationen, wie etwa *Braun* [32] und *Symanowski* [205], welche von der Herrschaft des Kapitals über die Arbeit ausgehen. Anderseits sind aber auch Autoren wie *Schelsky* [190] oder *Pirker* [175] zu dieser Gruppe zu zählen, indem sie die Bindung des Betriebes an die gesellschaftlichen Ordnungsprinzipien betonen:

„Und schließlich ist der Betrieb, in einer dritten Schicht, unmittelbar an die Ordnungsprinzipien der Gesellschaft gebunden, in der er arbeitet: er muß in seinem betrieblichen Leben die menschlichen, sozialen und politischen Grundnormen und -erwartungen der Bürger seiner Gesellschaft erfüllen und in seiner Existenz zum Bestand und zum geordneten Leben der Gesamtgesellschaft beitragen. In dieser letzten Verantwortung wurzelt auch die tiefste Legitimität aller betrieblichen Autorität." [*Schelsky*, 190, S. 189]

Ein besonderer Gesichtspunkt liegt schließlich dem Ansatz von *Crozier* [49]

[122] Siehe *Mayntz* [144, S. 20].

zugrunde. Sofern die These des „one best way" von *Taylor* [207] zuträfe, wären Machtbeziehungen überflüssig, da keine Verhaltensalternativen mehr bestünden:

> „Si personne ne peut changer le comportement de personne et n'y a intérêt, les relations de pouvoir effectivement n'ont plus de sens." [*Crozier,* 43, S. 212]

In Anlehnung an *James March* und *Herbert Simon*[123] lehnt *Crozier* diese Auffassung des „one best way" ab und postuliert die These von der begrenzten Rationalität, die an den nicht-eliminierbaren Bereich der sog. Unsicherheitszonen gebunden ist. Dadurch ergibt sich nach *Crozier* [39, S. 213] eine neue Definition der Macht, welche die Grundlage der betrieblichen Macht- und Herrschaftsbeziehungen bildet:

> „Dans un tel cadre, le pouvoir de A sur B dépend de la prévisibilité du comportement de B pour A et de l'incertitude où B se trouve du comportement de A."

Die *Auswirkungen* der Herrschaftsbeziehungen zeigen sich vor allem in der Freiheit der Gestaltung der sozialen Kontakte bzw. in der Freiheit des Verhaltens. *Pirker* [175] drückt diesen Tatbestand durch den Hinweis auf die Existenz zweier Gruppen aus, nämlich einer privilegierten, die Zwang ausübt, und einer unterprivilegierten, die gehorcht.

Einen bekannten Diskussionspunkt in der deutschen Betriebssoziologie bildet das *Konzept der „formalen und informalen Organisation"*. So stellt etwa bei *Atteslander* [12] oder *Mayntz* [144] die Trennung in die formale und die informale Organisation das zentrale Element ihres Ansatzes dar. Die formale Organisation ist charakterisiert durch eine genaue Fixierung und Planung der sozialen Kontakte und des Verhaltens, im Gegensatz zur informalen Organisation, deren Merkmal die Freiheit der Kontakte, die Möglichkeit freier Assoziation ist. Die informale Organisation bildet den sozialen Spielraum für die freie menschliche Betätigung; informale Kontakte entstehen spontan aus den persönlichen Neigungen der Mitglieder eines sozialen Systems:

> „Diese informalen Gruppierungen von Menschen in einem Betriebe beruhen weitgehend auf Akten der freien Assoziation. Es ist lediglich durch die wirtschaftlichen und technischen Gegebenheiten der allgemeine Rahmen dafür gesetzt. Im einzelnen steht es den Menschen frei, mit wem sie in näheren Kontakt treten wollen. Die Freiheit der Assoziation ist, wie unsere Beispiele belegen werden, größer, als auf den ersten Blick vermutet werden könnte." [*Atteslander,* 12, S. 51]
>
> „Die informelle Organisation ist der soziale Spielraum, innerhalb dessen die Angehörigen des Betriebes sich als freie Menschen, im Gegensatz zu ihrem Funktionsträgertum in der formellen Organisation, bestätigen können. Indem sie die Möglichkeit zur Befriedigung gewisser menschlich-sozialer Wün-

[123] Siehe z. B. *March* [142].

> sche bietet, trägt die informelle Organisation wesentlich dazu bei, die Angehörigen eines Betriebes zur Kooperation bereit zu machen." [*Mayntz,* 144, S. 78/79]

Ähnlich äußert sich auch *Dahrendorf* [56 und 52], der die Unterwerfung unter die Autorität im Rahmen der formalen Organisation als Voraussetzung für die Integration betrachtet, anderseits aber den Betrieb nicht nur als Zwangsverband sieht und auf die Spontaneität der informalen Kontakte hinweist.

Dieses Konzept der formalen und informalen Organisation wurde in Deutschland insbesondere durch *Irle* [115] kritisch analysiert.[124] Kritische Stimmen sind jedoch auch in den hier berücksichtigten betriebssoziologischen Publikationen zu finden. So warnt *Fürstenberg* [84] vor einer übertriebenen Trennung von formaler und informaler Organisation, da informale Vorgänge bloß Abweichungen innerhalb festgelegter Toleranzen seien. Auch *v. Friedeburg* [76, S. 13] bestreitet die Unabhängigkeit der informalen von der formalen Organisation. Er lehnt die Idee des Betriebes als „Konvivium" im Sinne von *Neuloh* [164] ab, da dies den Zwang verschleiere, dem die Individuen sich fügen müssen. Er bestreitet zwar nicht die Existenz privater Kontakte; diese sind nach ihm Produkt und Vermittlungsinstanz gesamtgesellschaftlicher Antagonismen. In ähnlichem Sinne betont auch *Thomas* [209] das Primat der formalen Organisation als reiner Befehlshierarchie; informale Kontakte stehen unter schwerem Druck; es besteht kein Spielraum für freie Diskussion, keine Großzügigkeit:

> „Denn es ist kein Spielraum vorgesehen, in dem Schwierigkeiten wirklich durchdiskutiert werden könnten, ohne daß beteiligte Personen Schaden nähmen. Es ist keine Großzügigkeit vorhanden, die das Muß des Funktionierens eine Weile außer Kraft setzen könnte." [*Thomas,* 209, S. 87]

Das Konzept der informalen Organisation beruht somit nach *Thomas* auf falschen Annahmen, da es einen freien Spielraum voraussetzt, der immer weniger gegeben ist.

Bei den untersuchten französischen Arbeiten ist dieses Konzept der formalen und informalen Organisation kaum vorhanden. So geht etwa *Touraine* [213] von der bereits erwähnten Verlagerung der Autoritätsausübung von der Person auf jene beschränkter Rollen aus. Die Begrenzung der Initiative des einzelnen wird dadurch wohl zahlreicher, jedoch auch schwächer. Anderseits betont *Touraine* die zunehmende Abhängigkeit des Menschen von andern Menschen, von der technischen und sozialen Organisation der gemeinsamen Arbeit. Ein Widerspruch, der zu Spannungen führt, besteht in der Forderung nach größerer Freiheit einerseits und der Teilhabe am gemeinsamen Werk anderseits.

Crozier [49] verwendet den ebenfalls erwähnten Ansatz der begrenzten Ra-

[124] Die Arbeit von *Irle* wurde allerdings aus verschiedenen Gründen in die vorliegende Analyse nicht einbezogen, und ich möchte deshalb nicht näher auf seine Einwände eingehen.

tionalität. Er lehnt sowohl die klassische Organisationstheorie, die den Menschen als Maschinenteil betrachtete, als auch die Gegenthese der „Human Relations", welche zu stark den Menschen als „Gefühlswesen" betonte, als zu einseitig ab. Nach *Crozier* hat der Mensch neben Herz und Hand auch einen Kopf, d. h. er verfügt über Ziele und über eine Freiheit. Der Freiheitsgrad ist dabei nicht auf allen Ebenen der Hierarchie gleich groß, d. h. das Verhalten ist auf der ausführenden Ebene relativ stark determiniert. Trotzdem besteht auch hier Freiheit und Rationalität des Verhaltens. Das erforderliche Konformitätsmaß wird dabei teils durch Zwang, teils durch Appelle an den guten Willen erreicht. Der Konformitätszwang wirkt zudem nicht einseitig von oben nach unten, sondern ebenso von unten nach oben und bildet einen Schutz vor willkürlicher Macht der leitenden Kräfte. Er stellt einen Aspekt des Machtkampfes dar. Die Bereitschaft zur Konformität besteht so lange, als dies den eigenen Interessen nützt. Der Übergang vom Kleinunternehmen zur großen komplexen Organisation ist nach *Crozier* verbunden mit dem Abbau der völligen Unterordnung der ausführenden Kräfte und der Einräumung größerer Autonomie in bezug auf die verfolgten Ziele.

Auf weitere Formen der Auswirkungen der bestehenden Produktions- und Herrschaftsverhältnisse wird in Abschnitt 3.4 sowie in Kapitel 4 näher eingegangen.

3.3 Konflikt und Harmonie – Gleichgewicht und Wandel

Um die Begriffe Konflikt und Harmonie haben sich eigentliche Modellvorstellungen entwickelt, welche unter den Bezeichnungen der „Ordnungs-Perspektive" bzw. der „Konflikt-Perspektive" bekannt sind.[125] Je nach der zugrundeliegenden Perspektive erhalten Konflikt und Harmonie einen andern Stellenwert; sie schließen sich im Extremfall gegenseitig aus. So kann auf der einen Seite die Gesellschaft als ein natürliches, grenzenerhaltendes Handlungssystem gesehen werden, beherrscht durch die positive Einstellung gegenüber der Erhaltung von sozialen Institutionen und damit der Betonung sozialer Harmonie. Das Gegenextrem sieht die Gesellschaft auf der andern Seite als einen umstrittenen Kampf zwischen Gruppen mit entgegengesetzten Zielen und Interessen. Hier erhält der Konflikt eine völlig andere Funktion, vor allem verbunden mit der positiven Einstellung gegenüber dem sozialen Wandel. Zwischen den Einstellungen zu Konflikt und Harmonie einerseits und den Auffassungen über Gleichgewicht und Wandel sozialer Systeme anderseits bestehen wohl enge Beziehungen; trotzdem liegen nicht alle diese Aspekte auf der gleichen Ebene.

So wird etwa bei den Gleichgewichtsvorstellungen nicht unbedingt Harmonie

[125] Siehe in diesem Zusammenhang etwa den Artikel von *Horton* [112].

vorausgesetzt, sondern der Konflikt kann – wie etwa bei *Dahrendorf* – als funktionales Element in dieses gleichgewichtige System eingebaut werden. Ebenso braucht der Konflikt nicht unbedingt als der maßgebende Motor der sozialen Evolution betrachtet zu werden. Im Gegensatz zur Trennung in Konsensus- und Konfliktmodell liegen die Schwerpunkte bei den Begriffen Gleichgewicht und Wandel in der Betonung einer funktionalistisch-mechanistischen Betrachtungsweise einerseits und einer historisch-evolutionistischen Perspektive anderseits.

3.3.1 Soziale Konflikte: Vermeidbares, wünschbares oder überwindbares Element sozialer Systeme?

Die Ursachen betrieblicher Konflikte

In bezug auf die Ursachen betrieblicher Konflikte ergeben sich aus dem analysierten Material drei Gruppen von Interpretationen, welche mehr oder weniger klar unterscheidbar sind.

Eine *erste* Gruppe vertritt einen eher sozialpsychologischen Gesichtspunkt, indem sie die *Unzufriedenheit* als Ursache betrieblicher Konflikte bezeichnet. Als Beispiel für diese Auffassung mag etwa das folgende Zitat von *Atteslander* [12, S. 201] gelten[126]:

> „Arbeitskämpfe beruhen auf Unzufriedenheit. Es ist für den Soziologen erst in zweiter Linie wichtig, ob die Unzufriedenheit aus tatsächlichen Mißständen entsteht oder aus vermeintlichen. Ausschlaggebend ist, daß die Unzufriedenheit als solche von Individuen und Gruppen als real empfunden wird und sich somit zum Anreiz für gemeinsame Handlungen entwickelt, also sozial wirksam wird."

Eine *zweite* Gruppe von Interpretationen setzt bei den Eigenheiten der *betrieblichen Sozialstruktur* an.[127] So ist der betriebliche Konflikt nach *Dahrendorf* [52] relativ unabhängig von den Eigentumsverhältnissen, sondern bildet einen unabänderlichen Faktor der betrieblichen Sozialstruktur:

> „Wir wissen heute, daß die Existenz betrieblicher Konflikte von den Eigentumsverhältnissen im Unternehmen prinzipiell unabhängig ist; es sind die unabänderlichen Faktoren der sozialen Organisation, nicht die wandelbaren Elemente des rechtlichen Status des Betriebes, die in letzter Instanz das Entstehen von Konflikten erklären." [*Dahrendorf*, 52, S. 47]

Dahrendorf erwähnt als besondere Ursache: die formelle Organisation, die technische Entwicklung, die Arbeitsbedingungen, die Lohnverhältnisse, die

126 Siehe auch S. 94 f. die Auffassungen zur betrieblichen Harmonie.

127 Unter sozialen Konflikten werden dabei nur solche Gegensätze verstanden, „die von überindividuellem Gewicht sind und sich in der Regel aus verfestigten Mustern der Betriebsstruktur, nicht bloß aus den Charakteren einzelner ihrer Träger, erklären lassen". [*Dahrendorf*, 52, S. 54].

Herrschaftsverhältnisse, also alles Faktoren, welche auf die Gestaltung der betrieblichen Sozialstruktur einwirken.

Ganz ähnlich sieht auch *Fürstenberg* die strukturelle Bedingtheit der Konflikte, wobei er dann diese objektiven Bedingungen mit der subjektiven Haltung in Beziehung setzt:

> „Es stellte sich heraus, daß die sozialen Spannungen im Betrieb nicht allein von der persönlichen inneren Einstellung abhängen. Sie sind strukturell bedingt und werden durch die Wechselbeziehungen zwischen objektiver Situation und subjektiver Haltung ausgelöst." [*Fürstenberg*, 84, S. 23]

Für *Thomas* [209] liegt die Unmöglichkeit eines reibungslosen Ablaufs des Betriebsgeschehens in der Einseitigkeit der Befehlshierarchie.

Schließlich läßt sich auch *Crozier* – mindestens teilweise – dieser Gruppe zuordnen. Nach ihm ist der Konflikt das Ergebnis der Machtbeziehungen. Er spricht dabei von vier Kräften, welche ein Minimum an Konsensus, Beteiligung oder Engagement bewirken und extreme Privilegierung oder Ausbeutung verhindern, nämlich:

> „... le fait que les différents groupes soient condamnés à vivre ensemble, le fait que le maintien des privilèges d'un groupe dépende dans une large mesure de l'existence des privilèges des autres groupes, la reconnaissance par tous les groupes qu'un minimum d'efficacité est indispensable, et enfin la stabilité même des relations entre groupes." [*Crozier*, 49, S. 224]

Im Gegensatz etwa zur marxistischen Position ist der Interessengegensatz hier nicht total, sondern begrenzt. Zudem wird der Kampf zwischen den Gruppen gestört durch die Unsicherheit der Gruppenmitglieder über ihre individuellen langfristigen Ziele.

Für *Touraine* [213] liegt die Ursache betrieblicher Konflikte in der doppelten Dialektik der Organisation mit den Elementen der „création" und der „contrôle". Er sieht den Konflikt als Widerspruch zwischen der Forderung nach Autonomie bzw. Freiheit einerseits und nach vermehrter Teilnahme am gemeinsamen Werk anderseits.

Eine *dritte* Gruppe von Autoren schließlich führt den betrieblichen Konflikt auf *gesellschaftliche Interessengegensätze* bzw. Machtkämpfe zurück. Diese dritte Betrachtungsweise ist natürlich nicht unabhängig von der vorangehenden Gruppe. Trotzdem besteht keine Identität, da man hier von gesamtgesellschaftlichen Antagonismen ausgeht und sich nicht mehr auf den betrieblichen Rahmen begrenzt. So meint etwa *v. Friedeburg* [76, S. 54]:

> „Innerbetriebliche Spannungen entstehen aber nicht nur aus den Problemen der industriellen Arbeit in der Fabrik selbst. Gegen die Antagonismen der Gesellschaft, zu deren Reproduktion er beiträgt und von der er abhängt, kann der Betrieb sich nicht abdichten."

Zu dieser Gruppe gehören vor allem auch die Vertreter marxistischer Interpretationen betrieblicher Konflikte. Ursache betrieblicher Spannungen bilden für diese Autoren die bestehenden Produktionsverhältnisse, die Herrschaft des Kapitals über die Arbeit, die Ausbeutung der Arbeitenden durch die Kapitalbesitzer.[128]

Das Problem der Lösbarkeit oder Vermeidbarkeit von Konflikten läßt sich nicht getrennt von der Interpretation sozialer Harmonie betrachten. Wenn man den konfliktlosen Betrieb bzw. die konfliktlose Gesellschaft als „harmonisch" bezeichnen will, dann lassen sich zwei Hauptgruppen von Autoren unterscheiden, nämlich erstens jene, die von der grundsätzlichen Lösbarkeit bzw. Vermeidbarkeit der Konfliktursachen ausgehen, und zweitens jene, welche die Unabänderlichkeit des Konflikts als Bestandteile jedes sozialen Systems betrachten. Die Autoren der ersten Gruppe können als Vertreter eines sog. „Harmoniemodells", jene der andern Gruppe als Befürworter eines sog. „Konfliktmodells" bezeichnet werden.

Zufriedenheit und Konsensus als Eckpfeiler sozialer Harmonie

Bei der Interpretation betrieblicher Harmonie stehen zwei Gesichtspunkte im Vordergrund, nämlich:

(1) Harmonie als Ausdruck weitgehender Abwesenheit von Unzufriedenheit,
(2) Harmonie als Ausdruck des Konsensus aller Betriebsangehörigen, als Ausdruck der „Betriebsfamilie", als Ausdruck der Interessengemeinschaft.

Die Vorstellung betrieblicher Harmonie als Ausdruck weitgehender *Abwesenheit von Unzufriedenheit* lehnt sich stark an den sozial-psychologischen Ansatz von *George C. Homans* an. Bezugnehmend auf diesen Ansatz definiert *Atteslander* [12, S. 201] betriebliche Harmonie

> „als Ausdruck einer weitgehenden Abwesenheit von Unzufriedenheit oder als Zustand, in dem latente Konflikte stets zu integrierenden Kompromissen führen, die ein dynamisches Gleichgewicht der betrieblichen Sozialorganisation gewährleisten."

Mayntz [144] argumentiert in ähnlicher Richtung. Nach ihr setzt harmonische Kooperation Kooperationswilligkeit voraus. Motiv zu dieser Kooperationsbereitschaft ist die Möglichkeit zur Befriedigung individueller Wünsche und Bedürfnisse.

Auch *Fürstenberg* [84] sieht die Lösung vorhandener Unzufriedenheit durch strategische Disposition über den institutionellen Bezugsrahmen, da dadurch ein Ausgleich zwischen objektiven Anforderungen und subjektiven Ansprüchen erreicht werden kann. *Götte* [92] knüpft ebenfalls an diese „strategische Disposi-

[128] Ansätze in dieser Richtung finden sich etwa bei: *Braun* [32], *Symanowski* [205] oder *Bahrdt* [16].

tion" an, indem er die Erreichung des harmonischen Betriebslebens über die Schaffung von sog. Spielräumen (Zeit-, Probier-, Geschicklichkeitsspielraum) sieht.

Zur Idee der Harmonie als Ausdruck des *Konsensus aller Betriebsangehörigen*, als Ausdruck der „Betriebsfamilie" oder der Interessengemeinschaft äußern sich ebenfalls eine Reihe von Autoren. So meint etwa *Mayntz* [144, S. 52]:

> „Die immanente Ordnung jedes sozialen Systems basiert auf Einstellungen, die den Angehörigen des sozialen Systems gemeinsam sind."

Die betriebliche Integration bedeutet für *Mayntz* zudem einen teilweisen Ersatz für den Verlust an gesellschaftlicher Einbettung und wirkt dadurch sozial stabilisierend. Damit nähert sie sich stark an gewisse Thesen von *Mayo* über die Funktion der informellen Organisation im Betrieb.[129]

Götte [92, S. 26] sieht als Ziel des Betriebsklimas die Ausregulierung von Störungen, d. h. die Überwindung von Konflikten:

> „Als betrieblicher Nutzen einer Förderung des Betriebsklimas und einer Ordnung der menschlichen Beziehungen wird zum Teil sehr vordergründig nur die Produktionssteigerung gesehen. Die einsichtigere Auffassung versteht den betrieblichen Nutzen von einer verbesserten Regulation her, die sich zunächst auf ein besseres Ausregulieren innerbetrieblicher Störungen bezieht. Gemeint sind Störungen des Einvernehmens, der Zusammenarbeit, der Lohnzufriedenheit, des Arbeitsablaufs, der Arbeitsdisziplin. Von einem bessern Ausregulieren kann man unter anderem sprechen, wenn Kollegen unter sich Störungen einrenken, ohne Vorgesetzte bemühen zu müssen, wenn Konflikte schon im Ansatz durch eine prinzipielle Kommunikationsbereitschaft überwunden werden."

Notwendig ist für *Götte* das innere Engagement des Arbeiters, die Identifikation mit der betrieblichen Umwelt und die Förderung der Interessengemeinschaft. Als Lösungsmöglichkeit langfristiger Harmonie nennt er das Subsidiaritätsprinzip. *Götte* lehnt sich hier an den Begriff *Neulohs* [166] vom „Sozioklima" an. *Neuloh* geht dabei von einem Wandel der Lebensanschauung, von der Überwindung des dichotomischen Bewußtseins aus. An die Stelle der Gegensätzlichkeit ist die Gegenseitigkeit, d. h. die Interessenverflechtung aller Betriebsangehörigen, getreten.

Auch *Wiedemann* [231] glaubt im „Gefühl der Betriebsfamilie", das durch die bewußte „Human Relations"-Pflege erreicht wird, eine Möglichkeit zur Konfliktlösung und zur betrieblichen Harmonie zu sehen. In ähnlichem Sinne ist für *Thomas* [209] die „Betriebsfamilie" Kennzeichen jener Maßnahmen, durch welche die Besonderheit des Betriebes betont wird, so daß er zum prägenden Merkmal für die Beschäftigten wird.

[129] Siehe *Mayo* [145].

Etwas vorsichtiger ist *Fürstenberg* [84], wenn er die Frage, wie der Mensch harmonisch eingeordnet werden kann, ergänzt durch die Frage, bis zu welchem Grad eine solche Integration möglich ist. Als wesentlich betrachtet er die Anerkennung der betrieblichen Machtstruktur durch die Beteiligten. Infolge der Vielfalt der Gruppen und der Vielfalt der äußern Einwirkungen wird der Zustand des sozialen Gleichgewichts nach ihm nur selten erreicht. Er fordert die Schaffung gemeinsamer betriebsinterner Werte, d. h. die Schaffung eines gemeinsamen Bewußtseins, das aber immer nur begrenzt möglich ist.

Noch bescheidener ist *Crozier* [49], der trotz Machtkonflikten Kräfte sieht, die ein Minimum von Konsensus bewirken und extreme Privilegierung und Ausbeutung verhindern.

„Konsensus-Theorie" contra „Zwangs-Theorie"

Dahrendorf [53, S. 209] unterscheidet zwischen der „Konsensus-Theorie" und der „Zwangs-Theorie" der gesellschaftlichen Integration. Die Konsensus-Theorie beruht auf den vier Annahmen: Stabilität, Gleichgewicht, Funktionalität und Konsensus. Die Zwangs-Theorie beruht auf den Annahmen: Geschichtlichkeit bzw. Wandel, Explosivität bzw. Widersprüchlichkeit, Disfunktionalität bzw. Produktivität und Zwang. Nach *Dahrendorf* muß für eine befriedigende Theorie des sozialen Konflikts der Ansatz der Zwangstheorie verwendet werden. Aufgrund dieser theoretischen Annahmen gelangt *Dahrendorf* zur These von der *Notwendigkeit und der grundsätzlichen Unlösbarkeit sozialer Konflikte.* Das Herrschaftsverhältnis, welches immer auch ein Zwangsverhältnis ist, stellt eine notwendige Bedingung der Integration sozialer Systeme dar und ruft unvermeidbar Gegensätze und Konflikte hervor.[130] Das Vorhandensein von Konflikten wird deshalb als berechtigt, unvermeidlich und sogar sinnvoll anerkannt. Ihre Lösung kann stets nur in der Regelung ihrer Formen, nicht aber in der Beseitigung ihrer Ursachen gesucht werden.

> „Der Sinn betrieblicher Strukturwandlungen wird jedoch problematisch, wo diese bewußt oder unbewußt auf eine Beseitigung der Ursachen aller Konflikte abzielen. Das heißt insbesondere, daß Eingriffe in die Betriebsstruktur dort keinen Beitrag zur Regelung von Konflikten leisten, wo sie die Herrschaftsstruktur des Betriebes anzutasten oder gar zu beseitigen versuchen." [*Dahrendorf*, 52, S. 67]

Touraine [213, S. 227] scheint dieser Auffassung nahezustehen, wenn er schreibt:

> „Une entreprise est à la fois le siège de conflits entre exécutants et techniciens, administrés et administrateurs, dirigés et dirigeants et une réalité concrète dont les trois dimensions, organisation, système social et situation personnelle

[130] Siehe *Dahrendorf* [52, S. 45].

de chacun de ses membres, entrent en conflit dans la mesure simplement où elles sont autonomes les unes par rapport aux autres."

Auch *Symanowski* [205, S. 125] vertritt die These von der grundsätzlichen Unvermeidbarkeit sozialer Konflikte. So fordert er zwar entschieden das Mitbestimmungs- und Mitspracherecht der Arbeitnehmer, sieht aber darin keineswegs die Möglichkeit zur vollkommenen Harmonie:

„Es wäre ein Irrtum zu meinen, daß damit der soziale Konfliktstoff im Betrieb beseitigt würde. Er wird nicht beseitigt, Unternehmungsleitung und Arbeitnehmer argumentieren teilweise sogar aus entgegengesetzter Interessenlage. Im betrieblichen Alltag werden daher immer mit unterschiedlichen Interessen und Anordnungsbefugnissen ausgestattete Mitarbeiter sich gegenüberstehen."

Zu unterscheiden von der *Dahrendorf*schen These der grundsätzlichen Unvermeidbarkeit eines Herrschaftsverhältnisses (und damit auch eines Zwangsverhältnisses) in Betrieb und Gesellschaft ist die Annahme von der Unlösbarkeit und Unvermeidbarkeit von Konflikten in einer bestimmten historischen Situation bzw. unter bestimmten gegebenen Herrschafts- und Eigentumsverhältnissen. Diese zweite Position trifft insbesondere für die Vertreter marxistischer Interpretationen zu. Die Unvermeidbarkeit und Unlösbarkeit ist hier relativiert, d. h. bezogen auf die bestehende Gesellschaftsordnung; man glaubt aber an die grundsätzliche Vermeidbarkeit der bestehenden Interessengegensätze in einer zukünftigen klassenlosen Gesellschaft.[131] Ohne *v. Friedeburg* als Vertreter einer marxistischen Soziologie klassieren zu wollen, weist doch seine Interpretation des betrieblichen Konflikts in diese zweite Richtung, wenn er die Fragwürdigkeit des Ansatzes von *Schelsky* kritisiert:

„Produktivität und seelische Befriedigung der Produzierenden befinden sich nicht gleichsam von Natur aus im Widerstreit, so wenig wie soziale Maßnahmen der Leitung grundsätzlich im Gegensatz zu den wirtschaftlich-technischen Erfordernissen des Betriebes stehen müssen. Die gesellschaftlichen Produktions- und Herrschaftsverhältnisse begründen die Spannung zwischen Produktivität und sozialen Ansprüchen, die nicht, wie *Schelsky* meint, den Klassengegensatz übergreift, sondern erst durch den Interessenkonflikt um den Ertrag und die Herrschaftsorganisation der industriellen Arbeit entsteht und mit dessen historischer Veränderung sich wandelt." [*v. Friedeburg*, 76, S. 14]

Die Frage nach der Wünschbarkeit bzw. Notwendigkeit sozialer Konflikte wird durch die bisherigen Stellungnahmen bereits weitgehend beantwortet. So

[131] Der Hinweis auf diese beiden „Konfliktmodelle" zeigt die Problematik der sog. „konflikttheoretischen Ansätze". *Horton* [112] spricht nur im zweiten (marxistischen) Sinn von einem Konfliktmodell, während er den Ansatz von *Dahrendorf* (oder auch von *L. Coser*) als „liberale Ordnungsperspektive" bezeichnet, die den Konflikt als unausweichlichen Bestandteil jeder Sozialstruktur in das Ordnungsmodell integriert.

betrachtet die Konflikttheorie den Konflikt als wünschbare Notwendigkeit, sei es im Sinne von *Dahrendorf*, um die Lebensfähigkeit und den ständigen Wandel sozialer Systeme aufrechtzuerhalten, sei es im Sinne marxistischer Denkweisen, um die bestehende Gesellschaftsordnung zu überwinden und in eine konfliktlose Zukunftsgesellschaft umzuwandeln. Im Gegensatz dazu sieht die Konsensus-Theorie, welche von einem harmonischen Betriebs- und Gesellschaftsmodell ausgeht, im Konflikt einen Störungsherd, eine Gefahr der Stabilität, die es zu überwinden gilt. Auf diesem Grundgedanken basiert insbesondere die „Human Relations"-Bewegung, zu der *E. Mayo* als einer ihrer extremsten Vertreter zählt.[132]

> „Trotzdem muß darauf hingewiesen werden, daß *Mayos* Position noch heute als charakteristisch für eine erhebliche Zahl von Soziologen und die überwiegende Zahl von Praktikern in der Wirtschaft, in der Politik und in andern Bereichen gelten muß." [*Dahrendorf*, 57, S. 265]

Für *Mayo* ist der „normale" Zustand des Betriebes oder der Gesellschaft einer der Integration, der Organisation, der Kooperation, des gleichgewichtigen Funktionierens des Systems. Jedes Element hat seinen Platz und seine Funktion im System des Ganzen. Konflikte zwischen Individuen und Gruppen kommen zwar vor, sie haben aber negative Folgen und bedeuten Desintegration. Konflikte wachsen nicht aus der sozialen Struktur der Gesellschaft oder des Betriebes heraus; sie sind Projektionen psychologischer Störungen auf gesellschaftliche Verhältnisse. Konfliktlösung ist damit ein therapeutisches Problem, d. h. eine Vermittlung von „sozialen Fertigkeiten". Die Beherrschung dieser Fertigkeiten führt zu friedlicher Kooperation, zu Harmonie.

3.3.2 Sozialer Wandel: Dynamisches Gleichgewicht oder historische Evolution

Dynamisches Gleichgewicht als System kooperativer Beziehungen

Da der Tatbestand des sozialen Wandels von den meisten modernen Betriebssoziologen nicht mehr übersehen und auch die Wechselwirkung innerer und äußerer Faktoren mehr oder weniger beachtet wird, kann auf die Unterscheidung zwischen den Vertretern eines stabilen und solchen eines dynamischen Gleichgewichts verzichtet werden.[133]

Die Idee dieses dynamischen Gleichgewichts formuliert *Atteslander* [12, S. 14] wie folgt:

> „Wir können sagen, daß der Betrieb ein Ganzes ausmacht, das mehr ist als seine Teile, die Individuen, Instrumente und Maschinen. Es herrscht ein dynamisches Gleichgewicht aufgrund fortwährender Wechselwirkungen zwi-

[132] Siehe auch den Exkurs über die amerikanische Betriebssoziologie.
[133] Im Gegensatz etwa zu gewissen amerikanischen Vertretern der „Human-Relations", wie z. B. *F. Roethlisberger*.

schen Anforderungen und Gegebenheiten dreier betrieblicher Bereiche: Wir erkennen das technische, wirtschaftliche und soziale Ordnungsprinzip, die das Betriebsgeschehen unablässig formen."

Verbunden mit dieser Gleichgewichtsidee ist die Definition des Betriebes als System kooperativer Beziehungen. *Atteslander* lehnt sich dabei an die Definition von *Talcott Parsons* an.

Nach *Fürstenberg* [85] entsteht dieses Gleichgewicht aus dem Bestreben des Systems, durch ständige Anpassungen an endogene und exogene Veränderungen den Zusammenhang zu bewahren, der die Erfüllung des Systemzwecks bewirkt. Dieser Systemzweck ist nach *Atteslander* primär auf ein Überleben des Betriebes ausgerichtet. Damit wird zumindest auf dieser abstrakten Ebene eine Konformität der Interessen angenommen.

Auch *Mayntz* [144] geht vom Betrieb als gleichgewichtigem Kooperationssystem aus. Gleichgewicht herrscht bei ihr dann, wenn die Funktion der Erreichung des Betriebsziels durch Kooperation und die Funktion der Erfüllung individueller Bedürfnisse zur Schaffung von Kooperationswilligkeit aufeinander abgestimmt sind.

Die Idee vom Betrieb als einem reibungslos funktionierenden Gefüge von Elementen läßt sich ebenfalls bei *Dahrendorf* [52, S. 16] finden:

> „Als Sozialsystem ist der Betrieb ein reibungslos funktionierendes Gefüge von Elementen. Unter diesem Gesichtspunkt gilt unsere Aufmerksamkeit Zügen der betrieblichen Sozialstruktur, die (1) den Betrieb in seiner einmal gegebenen Organisationsform erhalten, indem sie (2) seine Strukturelemente zu einem integrierten Ganzen kombinieren, (3) jedem dieser Elemente eine Funktion im ganzen zuschreiben und (4) eine Übereinstimmung in den Richtungen des Interesses und Verhaltens aller Betriebsmitglieder herbeiführen."

Diese Auffassung steht nicht im Widerspruch zu seiner These von der Unausweichlichkeit der Konflikte, da er den Konflikt als funktionales Element in dieses System integriert. *Dahrendorf* unterscheidet sich ja von jenen Harmonievorstellungen, die den Konflikt als disfunktional ansehen. Der Konflikt steht hier also nicht in diametralem Gegensatz zum Wunsch nach Erhaltung des „status quo", sondern er wird als Bestandteil dieses „status quo" betrachtet. Konsensus-Theorie und Gleichgewichtsidee können, brauchen aber nicht identisch zu sein. „Reibungslosigkeit" muß nicht Harmonie bedeuten, sondern kann unter Zwang erreicht werden.

Auch *Fürstenberg* [84] geht in dieser Richtung, wenn er einerseits den Betrieb als soziales System betrachtet, anderseits aber vor der Gefahr einer Überbewertung der integrierenden Elemente warnt. Der Zustand des Gleichgewichts wird nach ihm nur selten erreicht. Voraussetzung dazu ist die Schaffung gemeinsamer betriebsinterner Werte.

Schelsky lehnt zwar den Begriff der „Betriebsgemeinschaft" ab, vertritt aber ebenfalls den Systemgedanken (und zwar im Sinne des Zwangssystems), wenn er schreibt:

„Die hohe Arbeitsteilung und Funktionsspezialisierung erfordert zu ihrer Koordination oder Arbeitsvereinigung und zur Ausrichtung auf den Wirtschafts- und Produktionszweck ein System von Anordnungs- und Dispositionsleistungen, denen sich jeder in dieser Betriebsart Tätige mit seinem Eintritt in diese Arbeit unterwerfen muß." [*Schelsky*, 190, S. 184]

Pirker steht den Ideologien des „Betriebsfriedens" oder der „Spannungslosigkeit" kritisch gegenüber, und er betrachtet die Idee des „reibungslosen Ablaufs" des Betriebsgeschehens als Analogie der Mechanik und somit als technizistische Betrachtungsweise.[134] Trotzdem sieht er im Begriff des sozialen Gleichgewichts die Möglichkeit zur Entideologisierung. Gleichgewicht besteht bei ihm dann, wenn alle oder die wichtigsten Faktoren und Funktionen kongruent sind.[135] *Pirker* bekennt sich in diesem Sinne ebenfalls zur Vorstellung des dynamischen Gleichgewichts. Es hängt vom technischen, ökonomischen und sozialen Sektor ab und wird vom Verhältnis dieser Sektoren und ihrem innern Zustand bestimmt. Gleichgewicht besteht dann, wenn ein Optimum an technischer Effizienz, ökonomischer Rentabilität und sozialer Kooperation erreicht ist.[136]

Schließlich erwähnt auch *Crozier* [49] das dynamische Gleichgewicht als Charakteristikum des modernen Betriebes. Systeme mit dynamischem Gleichgewicht sind nach ihm stärker dem Wandel ausgesetzt, da der Druck zur Eliminierung der Unsicherheitsquellen nicht mehr durch den Widerstand von Gruppen, die ihre Macht verteidigen, ausgeglichen wird. *Crozier* bezieht sich hier wiederum auf seine These der begrenzten Rationalität. Moderne Organisationen sind gekennzeichnet durch unstabile Gruppen und Unsicherheitsquellen innerhalb der gleichen sozialen Organisation. Jede Organisation verlangt jedoch einen variablen, aber immer beachtlichen Teil von Konformität, da nur so eine koordinierte, gemeinsame Aktion möglich ist. Diese Konformität wird mindestens teilweise durch Zwang (und teilweise durch Appelle an den guten Willen) erreicht.

Auch *Touraine* befaßt sich eingehend mit dem Problem des Gleichgewichts:

„Un système social n'est pas en équilibre parce qu'il possède un attribut particulier, mais parce qu'il est un système: son équilibre n'est pas autre chose que l'interdépendance de ses éléments, qui ne se définissent eux-mêmes pas autrement que par référence à cet équilibre-intégration. En revanche, il faut recourir à une définition externe et non interne de l'équilibre pour analyser un système collectif d'action. Cet équilibre se définit comme un rapport non pas entre un milieu environnant et un système social, mais entre celui-ci et des orientations d'action." [*Touraine*, 213, S. 64]

[134] Siehe *Pirker* [175, S. 31].
[135] Siehe *Pirker* [175, S. 349].
[136] Siehe *Pirker* [175, S. 352].

Touraine macht damit die Unterscheidung zwischen der Verwendung des Gleichgewichtskonzepts in der funktionalistischen System-Analyse und in der „aktionalistischen Analyse“. Das Wesen einer Organisation wird nach ihm durch vier Grundelemente oder Dimensionen bestimmt (participation, initiative, intégration, revendication), die nur in Ausnahmefällen auf der gleichen Ebene liegen und sich direkt entsprechen. Dieser Gleichgewichtszustand entsteht weniger spontan, sondern wird durch die Mechanismen geschaffen, welche gegen die Ungleichgewichtssituation kämpfen. Somit gilt sein Interesse vor allem den drei Arten von Ungleichgewicht:

> „déséquilibre entre implication et direction, c'est-à-dire entre l'orientation des membres et celle des dirigeants; déséquilibre soit entre participation et revendication, si l'on considère les membres, soit entre initiative et intégration, si l'on considère les dirigeants; enfin déséquilibres nés de la juxtaposition de plusieurs niveaux de participation, de revendication, d'initiative ou d'intégration.“ [*Touraine,* 213, S. 207/208]

Gleichgewicht bedeutet auch bei *Touraine* nicht Harmonie, sondern schließt die Existenz von Konflikten ein.

Von der a-historischen Betrachtung des Systemgleichgewichts zur historischen Perspektive der sozialen Evolution

Die evolutionistische Betrachtungsweise kann als Gegenposition zur Interpretation des Betriebes und der Gesellschaft als Gleichgewichtssysteme betrachtet werden. Sie entspricht ebenfalls einem spezifischen Gesellschaftsbild. Diese Sichtweise ist vor allem ein Charakteristikum der französischen Betriebssoziologie, kann man doch *Friedmann* [78], *Touraine* [213] und auch *Naville* [162] zu dieser Gruppe zählen. Es gibt in der Geschichte der Soziologie eine ganze Vielfalt verschiedener Evolutionstheorien, die hier aber nicht näher dargestellt werden sollen. Die französische Betriebssoziologie scheint insbesondere vom *Durkheim*schen Ansatz über die Arbeitsteilung einerseits und vom marxistischen Denken anderseits beeinflußt worden zu sein.

Im Zentrum des Buches von *Friedmann* [78] über die Zukunft der Arbeit steht die Gegenüberstellung des „milieu technique“ und des „milieu naturel“. Im „milieu naturel“ reagiert der Mensch vor allem auf natürliche Stimuli (z. B. Wasser, Wind, Tier), während das „milieu technique“ eine Folge der industriellen Revolution ist. Auch die nicht-industrialisierten Zivilisationen kennen Maschinen, und die Natur wird auch aus der industriellen Gesellschaft nicht ausgeschaltet. Aber seit der industriellen Revolution hat sich der Evolutionsrhythmus und die Diffusion der Technik derart beschleunigt, daß er das menschliche Leben entscheidend beeinflußt. Das menschliche Milieu ist „technisch“ geworden, da die technischen Errungenschaften alle Sparten des Lebens und des Alltags beherrschen. Die Quantität der Auswirkungen der Technik hat zu einer neuen sozialen Qualität geführt:

„Il est permis de dire que par rapport au milieu naturel, relativement technique, le milieu des sociétés industrielles comprend un nombre d'éléments techniques de toutes sortes si immensément accru que la *quantité* de leurs effets se transforme en une *qualité* nouvelle, que je vous propose d'appeler le nouveau genre de conditionnement psycho-sociologique de l'homme par son milieu." [*Friedmann,* 81, S. 195]

Die Ablösung der „natürlichen" Welt durch die „technische" erfolgte nicht mit einem Schlag, also nicht durch Revolution im marxistischen Sinne, sondern allmählich. Daher stehen heute die beiden Welten nebeneinander, und der Mensch befindet sich mitten in ihrem Spannungsfeld. Daraus ergeben sich eine Reihe von Problemen und Anpassungsschwierigkeiten[137]:

„Alles dieses zusammen, die Maschinenwelt und die absurde Gesellschaftsordnung, schafft jenen Zustand, den *Navel* die ‚Todestraurigkeit der Großindustrie' nennt. Eine der wesentlichsten Aufgaben unseres Jahrhunderts, in der zweifellos alle anderen Aufgaben mitenthalten sind, besteht darin, gleichzeitig durch die Umgestaltung der Gesellschaft und die Entwicklung der Sozial- und Arbeitswissenschaften dieses Verhängnis schrittweise zu beseitigen." [*Friedmann,* 78, S. 49]

Das gegenwärtige Entwicklungsstadium der Maschinenwelt sieht *Friedmann* pessimistisch, da sie eine durch und durch künstliche Welt darstelle, die der Mensch sich geschaffen hat und in der er der letzte natürliche Überrest ist:

„Solange es in dieser Welt noch Menschen, noch ‚Genossen' gibt, besteht auch die Aussicht, sie zu überwinden und sie den Zielen der Kultur und der Menschenwürde dienstbar zu machen. Warten wir nicht, bis die letzten Reste der Natur völlig aus ihr verjagt sind und bis nur mehr von Atomturbinen ferngelenkte Automaten herrschen werden. Nicht die sich selbst überlassene Maschine wird unserer Welt Menschlichkeit und Sinn geben." [*Friedmann,* 78, S. 55]

Damit weist *Friedmann* auf eine weitere Entwicklungsphase zu positiveren gesellschaftlichen Formen hin, auf die später noch zurückgekommen werden soll.

Touraine [213] formuliert die These der drei Evolutionsphasen der Produktionstechniken, wobei sich seine Entwicklungsstufen zumindest der Tendenz nach mit *Friedmann* decken. Die Phase A ist charakterisiert durch das „système professionnel de travail", das durch die berufliche Autonomie des Fabrikationsarbeiters definiert wird. Solange die wirtschaftlichen Bedingungen keine Produktionsplanung erlauben, welche die Fabrikationsmethoden genau determiniert, beruht der Produktionsablauf auf dem qualifizierten Arbeiter, der fähig ist, sich verschiedenen Aufgaben anzupassen und mit verschiedenen Maschinen zu arbeiten. Der einzelne Arbeiter bildet eine Art „Produktionseinheit"; er besitzt eine

[137] *Friedmann* schildert diese Probleme aufgrund des Buches von *Navel* [159].

breite Entscheidungssphäre und leitet die Fabrikation, welche er selber plant und ausführt.[138]

Den Gegenpol bildet die Phase C, das sog. „système technique de travail". *Touraine* versteht darunter eine Situation, deren Elemente streng interdependent sind und durch einen Organisationsplan genau definiert werden. Die technische Arbeitsteilung in einfache Operationen ermöglicht eine Neugliederung der Arbeitsphasen und die Schaffung von Maschinen, die sowohl komplex als auch spezialisiert sind. Phase C ist die Phase der Automation, der Regruppierung dank komplexer Maschinen und Apparate. Der Mensch wirkt nur noch indirekt auf den Produktionsvorgang ein. Der Arbeiter wird zum Vermittler und Empfänger von Informationen. Seine Qualifikation erschöpft sich in der Fähigkeit, seine Rolle als Informationsträger in einem Kommunikationsnetz zu spielen. Zentrales Kriterium wird die Verantwortung; sie wächst mit dem Ausmaß der Verfügung über Informationen. Produktionseinheit ist nicht mehr der einzelne Arbeiter, sondern die komplexe technische Anlage.

Der Übergang von A zu C bildet die Phase B; sie ist die Phase der Arbeitsaufsplitterung; sie ist charakterisiert durch die aufkommende Massenproduktion, d. h. die Arbeit in großen Serien und an Fließbändern. Der Arbeiter ist zwar noch direkt an der Produktion beteiligt, aber bloß mit repetitiven Teilarbeiten. Gleichzeitig wird die individuelle Arbeitsausführung bereits durch die kollektive Arbeitsorganisation beherrscht. Die Phase B definiert sich somit durch den doppelten Gesichtspunkt des beruflichen Systems (Phase A), das sich auflöst, und vom technischen System (Phase C), das sich organisiert. Zentrales Kriterium bildet die Leistung; der Arbeiter wird zum „Rädchen" degradiert. Jeder dieser drei Phasen entsprechen spezifische soziale Beziehungen und Verhaltensweisen.

Naville [162] sieht ebenfalls eine Verknüpfung zwischen der Entwicklung der Produktionstechniken (insbesondere der Automation) und der gesellschaftlichen Evolution — ohne allerdings konkrete Entwicklungsetappen oder Phasen im Sinne von *Friedmann* und *Touraine* zu formulieren. Die Technik ist nach *Naville* nicht autonom in bezug auf die soziale Umwelt. Das betriebliche Geschehen muß somit im Rahmen der Dynamik der industriellen Gesellschaft betrachtet werden. In der Perspektive der großen soziologischen Systeme des 19. Jahrhunderts greift er ebenfalls auf den klassischen Versuch zurück, die Arbeitsbeziehungen in ihrem Verhältnis zur Gesamtgesellschaft zu begreifen. So versucht er etwa in „Automation et travail humain"[139] den Tatbestand der Automation im Rahmen eines allgemeinen Erklärungsprinzips darzustellen. Dieses Prinzip wird auf die verschiedenen Ebenen der sozialen Realität angewandt; von der neuen Betriebsstruktur bis zu den Bedingungen des Zusammenhangs der Gesellschaft von mor-

[138] Phase A charakterisiert sich also durch das Vorherrschen der Berufsarbeit, wobei sich die Arbeit bereits in einer industriellen Situation (also kollektive Organisation der Arbeit) vollzieht und nicht mehr dem traditionellen Handwerk entspricht. Hier besteht also keine Identität mit dem „milieu naturel" von *Friedmann*.

[139] Siehe *Naville* [161].

gen. Wichtig ist für ihn nicht der Umstand, daß die Industrie eine wichtige Form der Produktion und der sozialen Organisation ist, sondern vielmehr, daß sich unsere Gesellschaft in einem Rhythmus wandelt, der nie zuvor da war. Dieser Wandel ist an einen historischen Prozeß gebunden, dessen Antriebskraft die Automation ist. Bereits heute verläßt die Automation den engern Sektor der Produktion und breitet sich auf andere Formen menschlicher Aktivität und sozialer Beziehungen aus.

In gewissem Sinne kommt auch der Darstellung von *Popitz* [176] über die Entwicklung der Kooperationsformen als Folge der Technisierung der Produktion eine evolutionistische Betrachtungsweise zu. Kooperation ist nicht irgendeine Form von Zusammenarbeit, sondern entwickelt sich vielmehr aus dem Gegensatz zu den vorkapitalistischen Arbeitsformen. In Anlehnung an *Karl Marx* ist Kooperation eine dem kapitalistischen Produktionsprozeß eigentümliche Form der Zusammenarbeit und damit eine spezifisch historische Erscheinung. *Popitz* unterscheidet zwei verschiedene Kooperationstypen, nämlich die „teamartige" und die „gefügeartige" Kooperation, die in anderm Zusammenhang noch näher dargestellt werden sollen. Die Entwicklung der Produktionstechniken, insbesondere der Automation, führt nach *Popitz* zur Ausscheidung der teamartigen Momente und zur immer stärkern Ausprägung der gefügeartigen Kooperation. Diese neuen Kooperationsformen haben ihre spezifischen Auswirkungen auf die Entwicklung und Gestaltung der sozialen Zusammenhänge. Auch *Popitz* weist dabei auf weitere Entwicklungstendenzen hin.

3.4 Arbeitsbereich und außerbetrieblicher Lebensbereich

3.4.1 Arbeitsteilung und Kooperation im Betrieb

Die Probleme der Arbeitsteilung sind nicht zu trennen von jenen der Kooperation und umgekehrt. Eine direkte Beziehung scheint sogar insofern zu bestehen, als mit zunehmender Arbeitsteilung auch das Kooperationsproblem zunehmend größer und komplexer wird. Unter der Arbeitsteilung wird hier nicht in erster Linie die Erscheinung der sog. gesellschaftlichen Arbeitsteilung (d. h. die Aufsplitterung in Berufsgruppen) verstanden, sondern die sog. *technische Arbeitsteilung*, d. h. also das Problem der Aufsplitterung der Arbeitsaufgaben in Teilaufgaben in der industriellen Produktionsweise. Die Meinungen der untersuchten Autoren richten sich einerseits auf die Beurteilung der *Auswirkungen* der Arbeitsteilung und anderseits auf das Problem der *Notwendigkeit* der Arbeitsteilung.

Arbeitsteilung: Degradierung zum Roboter oder Chance zur Entfaltung neuer Fähigkeiten?

Die Äußerungen zu den Auswirkungen der Arbeitsteilung sind vielfältig, da sich bei den einzelnen Autoren recht unterschiedliche Blickrichtungen und

Schwerpunkte zeigen. So werden etwa Auswirkungen auf die gesellschaftliche Stellung des Arbeitenden und seiner Familie, auf die Qualität der Arbeit, auf die Persönlichkeit des Arbeitenden (Entwicklung der Persönlichkeit, Fähigkeiten, Befriedigung, Leistungsverhalten), auf die Beziehungen zwischen betrieblichen Gruppen und zwischen den einzelnen Arbeitenden, auf das Verhältnis zwischen Arbeitsteilung, Kooperation und Produktionsmethoden erwähnt.

Einfacher als die Gruppierung nach den Auswirkungsbereichen ist jene nach der Art der Bewertung dieser Auswirkungen durch die verschiedenen Autoren. Diese direkt wertenden Einstellungen lassen sich grob in negative und positive Urteile untergliedern.

Die *negativen* Urteile über die Folgen der Arbeitsteilung überwiegen bei den untersuchten Autoren. Einen ersten Aspekt bilden dabei die Auffassungen über die Auswirkungen auf die *Qualität der Arbeit.* So zerstört die extreme Arbeitsteilung nach *Symanowski* [205] die Möglichkeit schöpferisch befriedigender Arbeit. Auch *Jaeggi* [116] sieht eine zunehmende Verschärfung der Trennung zwischen schöpferischer und nichtschöpferischer Arbeit, die nicht mehr mit der Trennung in manuelle und nichtmanuelle Arbeit identisch ist. In der gleichen Richtung äußert sich *v. Ferber* [70, S. 76]:

> „In dem Maße nämlich, in dem der Großbetrieb gegenüber den kleinen Produzenten an Bedeutung zunimmt und die gesellschaftliche Arbeitsteilung der Betriebe die der Berufe überlagert und ersetzt, wird die Arbeitsaufgabe des einzelnen problematisch. Nicht der Inhalt der Arbeit innerhalb der Arbeitsteilung, sondern das Gefühl der Anstrengung beginnt auch rein definitorisch Arbeit und Nichtarbeit voneinander zu scheiden."

Die Arbeit im Betrieb erfordert damit weder persönlichen Einsatz noch Erfahrung im Sinne des Berufes. Verlangt wird lediglich ein Opfer an Zeit und Anstrengung. In ähnlichem Sinne lehnt auch *Thomas* die These vom Anstieg der beruflichen Qualifikationen ab:

> „Wir müssen aus diesen verschiedenen Gründen die These der ‚höheren Fertigkeiten' generell ablehnen. Der allgemeine Entwicklungsstand der industriellen Arbeit auf der einen, die rationell-arbeitsteilige Tendenz auf der anderen Seite dämpfen den Optimismus, mit dem ohne hinreichende Grundlagen vom ständigen Anstieg der beruflichen Qualifikation gesprochen wird." [*Thomas,* 209, S. 115]

Besonders besorgt äußert sich *Friedmann* [79] über die negativen Auswirkungen der Arbeitsteilung auf die Qualität der Arbeit, und er fordert eine intellektuelle und soziale Revalorisierung der Arbeit. Er verweist auf die zunehmende Entwertung der Facharbeit und der Berufsausbildung. Dadurch werden zwangsweise auch die Chancen des innerbetrieblichen Aufstiegs verringert.

Friedmann, dessen ganzes Buch sich mit den Problemen der Arbeitsteilung befaßt, beschäftigt sich insbesondere mit den Auswirkungen auf die *Persönlich-*

keit des Arbeitenden. Sein Ansatz ist in diesem Sinne stark sozialpsychologischer Art.[140] Ausgangspunkt ist bei ihm die Kritik an den Technizisten (vor allem die Kritik am Taylorismus) und am mystischen Glauben von der Notwendigkeit und der Unausweichlichkeit der Arbeitsaufsplitterung im Zuge der Rationalisierung. Als besonderes Problem empfindet *Friedmann* die „Gewöhnung" an die Verhältnisse einer belastenden Arbeit und die dadurch entstehende Gefahr schwerwiegender Verarmungs- und Verkümmerungserscheinungen der Persönlichkeit. Nach ihm ist die Befriedigung bei der Arbeit entscheidend für das Leistungsverhalten, und deshalb ergibt sich automatisch eine Grenze für eine vertretbare Arbeitsteilung und Spezialisierung.

Ähnlich pessimistisch äußert sich *Thomas* [209, S. 114]:

„Überall dort, wo auch heute noch Arbeitszerlegung stattfindet, tritt selbstverständlich ein Fähigkeitsschwund ein, soweit man von den handwerklichgelernten Fähigkeiten ausgeht. Der Umfang der Fähigkeiten wird verringert. Dafür werden nur einzelne Fähigkeiten routinemäßig hochentwickelt."

Schließlich kann hier auch *v. Ferber* [70] erwähnt werden, für den nur wenige Menschen im modernen Betrieb eine gesteigerte Schaffensfreude erleben.

Einen weitern Problemkreis von Auswirkungen der Arbeitsteilung bilden die *sozialen Beziehungen* zwischen betrieblichen Gruppen und zwischen Individuen. *v. Ferber* [70] spricht von einer klassenmäßigen Verfestigung in der täglichen Arbeit und einem Widerspruch zum Gleichheitspostulat infolge der Trennung von leitender und ausführender Arbeit. *Friedmann* [79] setzt sich in diesem Zusammenhang mit der bekannten klassischen These von *Durkheim* [67] auseinander, nach der die Arbeitsteilung die Grundlage der Solidarität sei, d. h. die sozialen Beziehungen aktiviere. Alle Formen der Arbeitsteilung, die nicht Solidarität erzeugen, sind nach *Durkheim* pathologisch, d. h. anormal. *Friedmann* [79, S. 88] meint zu dieser These:

„Wer also die Arbeitsteilung, wie sie sich im Alltag der Fabriken, Bergwerke, Baustellen und Büros darbietet, ohne doktrinäre Vorurteile beobachtet, muß erkennen, daß sie keineswegs die Merkmale – und Verdienste – aufweist, die *Durkheim* ihr zuschreibt."

Man kann nach *Friedmann* nicht behaupten, die Arbeitsteilung sei *an sich* etwas Gutes und dann einfach die Mehrheit der modernen Erscheinungsformen der Arbeitsteilung als „anormal" bezeichnen:

„Die Beobachtung der augenblicklichen industriellen Entwicklung in den uns allein zugänglichen Betrieben des kapitalistischen Typus zeigt, daß das Phä-

[140] Das Problem der Entfremdung, die nach *Friedmann* durch die Arbeitsteilung verursacht wird, bildet Gegensatz des folgenden Abschnittes 3.4.2.

nomen der Solidarität sich dort in Formen manifestiert, die den *Durkheim*schen Kategorien fremd sind." [*Friedmann*, 79, S. 90]

Die wechselseitige Abhängigkeit der Arbeiter wird durch die Maschine erzwungen, d. h. es entsteht keine echte Solidarität aus der mechanischen Interdependenz. *Friedmann* weist auf die Unterscheidung zwischen der betrieblichen Solidarität aller Betriebsangehörigen einerseits und der Solidarität der Arbeiterschaft als überbetriebliche gesellschaftliche Gruppe hin. Nach ihm ist die betriebliche Solidarität oft sehr gering, vor allem wenn der Betrieb autoritär strukturiert ist. Auf jeden Fall führt die Arbeitsteilung keinesfalls zu einer solchen Solidarität.

Mit dem Hinweis *Friedmanns* auf die durch die Maschine erzwungene Solidarität wird ein weiterer Kreis von Auswirkungen der Arbeitsteilung angetönt, nämlich die Beziehungen zwischen den *Produktionsmethoden* bzw. der technischen Anlage und der Arbeitsteilung. So bestimmt etwa nach *Pirker* [175] der Grad der Mechanisierung den Grad der Versachlichung des Zwangscharakters beim Arbeitsprozeß. Der höchste Versachlichungsgrad besteht bei der höchsten Arbeitsaufsplitterung, d. h. also bei der Fließbandarbeit, wo praktisch keine persönliche Fremdbestimmung des Arbeiters mehr erforderlich ist, um diesen zu einer angemessenen Leistung zu zwingen.

Naville [162] schließlich ist der Auffassung, daß die traditionellen Formen der Arbeitsteilung die Anforderungen der neuen, autonomen Produktionssysteme nicht mehr erfüllen und deshalb neue Kooperationsformen nötig sind:

> „La division cesse d'être le nec plus ultra de l'organisation. C'est l'intégration, et ce que nous avons appelé la distribution mobile, qui tendent à le remplacer, avec tout ce que cela comporte comme conséquence dans le domaine des salaires (mensualisation, garantie), des critères d'efficacité (responsabilité partagée), des relations hiérarchiques (équipes à niveaux multiples, formation, participation et ‚auto-gestion')." [*Naville*, 162, S. 119]

Die kritischen Stimmen überwiegen vor allem deshalb, weil sich tendenziell jene Autoren zu den Problemen der Arbeitsteilung explizit äußern, welche diese Erscheinungen als besonders problematisch empfinden. Andere Autoren nehmen die Tatsache der weitgehenden Arbeitsteilung einfach zur Kenntnis, ohne sich näher damit auseinanderzusetzen.

Zu jenen Autoren, welche die *positiven* Aspekte der Arbeitsteilung hervorheben, gehören *Popitz* [176], *Neuloh* [166], *Naville* [162] und auch *Crozier* [49], wobei allerdings ihre befürwortenden Argumente nicht zuletzt auf der Betonung der Notwendigkeit der Arbeitsaufgliederung beruhen. *Naville* [162] weist auf die zentrale Bedeutung der Arbeitsteilung in der modernen Gesellschaft hin, da sie das strukturelle Schema jeder sozialen Beziehung bestimme. Aus der Spezialisierung in der Arbeit ergibt sich die fachliche Kompetenz und aus der Gruppierung der Kompetenzen ein bestimmter Status. Damit tönt *Naville* die qualitativen Aspekte arbeitsteiliger Verrichtungen an.

Popitz [176] bezeichnet die These vom Menschen als „Maschinensklaven" als ein Zerrbild. Er lehnt die Behauptung von der Eigengesetzlichkeit der Technik ab und weist auf die Bedeutung der Interdependenz von Mensch und Maschine hin. Dabei muß sich das Verhalten an den Umgang mit Maschinen anpassen. Mit dem Begriff des Menschen als „Roboter" oder als „Marionette" wird nach *Popitz* seit Beginn der Industrialisierung operiert, ohne aber seinen Realitätsgehalt nachweisen zu können. Zum Begriff der „mechanisierten Arbeit" meint er:

> „Wenn mit diesem Begriff überhaupt etwas gemeint werden soll, so kann er nur die Hypothese ausdrücken, daß der Umgang mit technischen Gegenständen, mit Maschinen und Apparaten, spezifische Verhaltensformen erfordert. Welcher Art diese Verhaltensformen sind und in welcher Weise diese Erfordernisse des Umgangs mit technischen Gegenständen wirksam werden —, darüber sagen dieser und alle ähnlichen Begriffe nichts." [*Popitz,* 176, S. 25]

Der Mensch hat mit der neuen Arbeit auch neue Fähigkeiten entwickelt. Dazu gehört nach *Popitz* insbesondere die Fähigkeit der „technischen Sensibilität". Sie ermöglicht den notwendigen Ausgleich der Spannung zwischen Habitualisierung und Konzentration. Die arbeitsteilige Verrichtung an der modernen technischen Anlage führt zum Zwang zur „minimalen Reaktion", da ständige Konzentration infolge der Gleichförmigkeit der Arbeit nicht möglich ist. Trotzdem ist ein gleichmäßiges, wiederholtes Aufmerken nötig. Dieser „maximale Zwang zur minimalen Reaktion" ist typisch für das gegenwärtige Entwicklungsstadium. Der Mensch ergänzt hier durch die Ausbildung dieser spezifischen Fähigkeit die Unvollkommenheit des technischen Prozesses. Den Zusammenhang zwischen Arbeitsteilung, Kooperation und Technik klärt *Popitz* durch seine Definition des Kooperationsbegriffs. Kooperation ist nach ihm nicht Zusammenarbeit schlechthin; sie beruht also nicht nur auf der Arbeitsteilung, sondern auch auf der Technisierung der Produktion, d. h. auf der Verwendung technischer Anlagen. Er knüpft dabei an *Karl Marx* an, wenn er schreibt, daß:

> „. . . die Kooperation der ‚kapitalistischen Produktionsweise' zugeordnet und als eine geschichtliche Erscheinung erkannt wird, die mit der ‚großen Industrie' in ihr eigentliches Element kommt." [*Popitz,* 176, S. 70]

Kooperation steht damit im Gegensatz zu vorkapitalistischen Arbeitsformen.

Crozier [49] gehört insofern zu dieser Gruppe, als er sich kritisch zur Forderung vieler Autoren nach ‚kooperativeren Formen' äußert, die besser für die Entwicklung des Individuums seien als die gegenwärtigen, welche durch die bestehende Machtstruktur gelähmt würden.

Zunehmende Arbeitsteilung: Unumgängliche Notwendigkeit industrieller Produktion?

Erwartungsgemäß besteht bei der Beurteilung der Notwendigkeit der zunehmenden Arbeitsteilung ein enger Zusammenhang zu den Auffassungen über die

Auswirkungen. Mit andern Worten: Die Skeptiker in bezug auf die negativen Folgen der Arbeitsteilung äußern sich im großen und ganzen auch skeptisch in bezug auf die Notwendigkeit der Arbeitsaufsplitterung, soweit diese Frage nach der Notwendigkeit nicht fatalistisch als unausweichliche Konsequenz der technischen Entwicklung, die nicht aufzuhalten ist und deren Folgen wir zu tragen haben, beantwortet wird.

Sehr deutlich lehnt *Friedmann* [79, S. 54] die klassischen Thesen von der Notwendigkeit zunehmender Arbeitsteilung ab:

> „Diese verschiedenen Experimente und Erfahrungen, über die wir soeben berichtet haben, legen die These nahe, daß die von der klassischen Arbeitsorganisation geforderte Aufsplitterung der Arbeitsverrichtungen viele Arbeiter daran hindert, vorhandene Fähigkeiten zu solidarischer Zusammenarbeit praktisch nutzbar zu machen, die, weil sie nicht freigemacht und eingesetzt werden können, zu Unzufriedenheit, zu Spannungen und zu mehr oder weniger bewußten Ressentiments führen, deren Symptome von Individuum zu Individuum verschieden sind.

Unter dem Hinweis auf amerikanische Versuche postuliert er die Notwendigkeit und die Möglichkeit des sog. „Job-Enlargement", da extreme Arbeitsteilung dem psychologischen Bedürfnis vieler Menschen nicht entspreche:

> „In der Bewegung des ‚job enlargement' werden die Konsequenzen aus einer Reihe von teils ausschließlich technischen, teils psychologischen und sozialen Erfahrungen mit der Massenproduktion gezogen, und zwar von eben jenen Männern, die diese Produktion organisierten, leiten oder beobachten; der Arbeit, so wie sie Tag für Tag und Monat für Monat vom Arbeiter in der Fabrik oder vom Angestellten im Büro erlebt wird, soll wieder ein Inhalt gegeben werden — eine Bedeutung, die das ‚scientific management' ihr verweigert oder die es jedenfalls übersehen hat." [*Friedmann,* 79, S. 66]

Thomas [209] lehnt sich ausdrücklich an *Friedmann* an. Die objektive Notwendigkeit der Industrie wird von ihm bestritten und, infolge der negativen Auswirkungen, die Anpassung der Maschine (bzw. der ganzen Industrie) an den Menschen gefordert. Gewöhnung und Anpassung sind nach ihm etwas von außen Erzwungenes, und was von außen her (positiv) wie Anpassung aussieht, kann innerlich äußerst negative Folgen haben, die nicht nur das Individuum, sondern die Gesellschaft schlechthin betreffen.

Immerhin anerkennt auch *Friedmann* [79, S. 96] gewisse Vorteile der Arbeitsteilung:

> „Die Spezialisierung, die wir zunächst einmal in ihrer Gesamtheit betrachten wollen, hat unbestreitbare Vorteile und ist Ausdruck einer Entwicklung, die nur ein Narr oder ein weltfremder Theoretiker leugnen oder umzukehren beabsichtigen kann."

Mit diesem Zitat ist die Verbindung zu den Vertretern positiver Interpretationen gefunden. *Neuloh* [166] postuliert in seinem neuen Betriebsstil das Prinzip der Zweiseitigkeit. Dieses Prinzip setzt nach ihm die Anerkennung der Notwendigkeit der Arbeitsteilung zwischen exekutiven und dispositiven Kräften voraus.

Popitz [176] schließlich weist auf den Zusammenhang zwischen sozialen und technischen Anforderungen hin, d. h. die Kooperation der Arbeitskräfte schließt sich eng an die Bedingungen der technischen Anlage an. Diese Abhängigkeit ist aber nicht einseitig, sondern es besteht Interdependenz. Dies heißt anderseits, daß auch die Art der Kooperation einen Einfluß hat auf die Bedeutung, welche der technischen Anlage im Arbeitsvollzug zukommt. Die Technik bzw. die technische Anlage wird nach *Popitz* bei den menschlichen Arbeitskontakten zum „Dritten im Bunde", indem sie die Arbeitsstrukturen nicht bloß modifiziert, sondern konstituiert:

> „Dieser Dritte schiebt sich in die sozialen Strukturen hinein, modifiziert sie nicht nur, sondern konstituiert sie, ist Bedingung der Möglichkeit, daß diese und nicht andere Kooperationsformen entstehen." [*Popitz,* 176, S. 92]

Damit wird die Notwendigkeit der Arbeitsteilung und der ihr entsprechenden Kooperation klar festgehalten. *Popitz* spricht sogar von einer „Quasiaktivität" der Maschine, die nicht bloß totes Ding sei, sondern soziales Verhalten grundsätzlich mitbestimmt.

3.4.2 Entfremdung und Arbeitszufriedenheit

Die Zusammenfassung der beiden Problemkreise „Entfremdung" und „Arbeitszufriedenheit" unter den gleichen Abschnitt bedeutet nicht, daß die beiden Begriffe identisch sind. Sie werden aber von den einzelnen Autoren sehr unterschiedlich verwendet, so daß sich schon aus diesem Grunde Überschneidungen ergeben.

Touraine [212] versucht diese Begriffsverwirrung zu klären. Er geht von drei analytischen Grundtypen aus, die sich bei den Forschungsarbeiten, welche die Erforschung der Attitüden der Arbeitenden zum Gegenstand haben, unterscheiden lassen. Diese drei Grundtypen lassen sich nach *Touraine* mit den Stichworten „Befriedigung", „Anpassung" und „Entfremdung" charakterisieren. Alle drei Typen sind Prinzipien soziologischer Analyse; es sind konzeptuelle Ausgangspunkte, auf denen ein analytisches System mit einer inneren Logik aufgebaut wird. Beim Studium der „Befriedigung" ist das verwendete Prinzip sozialpsychologischer Art und besteht in der Beziehung zwischen „Beitrag" (contribution) und „Entschädigung" (rétribution) des Individuums. Beim Prinzip der „Anpassung" geht es um die Beziehung zwischen den sozialen Normen und ihrem Erlernen im betrachteten sozialen System. Beim Studium der „Entfremdung" besteht das Prinzip in der Beziehung des Handelnden zu seinen Werken. *Touraine* verweist in diesem Zusammenhang auch auf den Artikel von *Seeman* [195], der sich mit der Verwirrung um den Entfremdungsbegriff auseinandersetzt und zu fünf verschiedenen Verwendungsarten in der soziologischen Literatur kommt, nämlich der Entfremdung als Machtlosigkeit, als Meinungslosigkeit, als Normlosigkeit, als Isolation und als Selbstentfremdung. Am bekanntesten und populärsten sind wohl die Umschreibungen der Entfremdung als Machtlosigkeit und als Selbstentfremdung.

Die *Machtlosigkeit* als Entfremdungsbegriff geht auf die *Marx*sche Sicht von der Lage der Arbeiter in der kapitalistischen Gesellschaft zurück. Der Begriff wurde insbesondere durch *Max Weber* ausgeweitet und durch andere Autoren, wie z. B. *Hans Gerth* und C. *Wright Mills* sowie *Alvin Gouldner,* übernommen. Machtlosigkeit bedeutet allgemein den Tatbestand oder die Erwartung des Individuums, daß das eigene Verhalten keinen Einfluß auf den Ablauf der Ereignisse oder Ziele hat, die man anstrebt.

Bei der *Meinungslosigkeit* geht es um den Grad des individuellen Verständnisses in die Zusammenhänge, in welche der einzelne verwickelt ist. Nach *Mannheim* [141] organisiert die Gesellschaft in wachsendem Ausmaß ihre Mitglieder in bezug auf höchste Effizienz in der Realisierung von Zielen (Anwachsen der „funktionalen" Rationalität). Parallel dazu läuft eine Abnahme der Fähigkeit in einer gegebenen Situation, aufgrund der eigenen Einsicht in die Zusammenhänge, intelligent zu handeln (These von der abnehmenden „substantiellen" Rationalität). Hohe Meinungslosigkeit (und damit Entfremdung) besteht dann, wenn minimale individuelle Standards für Klarheit bei Entscheidungsvorgängen nicht bestehen.

Die sog. *Normlosigkeit* ist vom *Durkheim*schen Begriff der Anomie abgeleitet. Bekannt in diesem Zusammenhang ist insbesondere auch die Typologie der Anpassung von *Merton* [148].

Isolation als Entfremdung drückt den Tatbestand der Distanzierung oder Ablehnung der allgemein anerkannten gesellschaftlichen Ziele und Leitideen aus. Sie kommt vor allem bei Beschreibungen der Rolle der Intellektuellen zum Ausdruck, d. h. bei der Charakterisierung der Situation jener Intellektuellen, die den vorherrschenden Zielen und Leitideen wenig Wert oder Achtung beimessen.[141]

Unter der Variante der sog. *Selbstentfremdung* schließlich sieht *Fromm* [82] eine Art von Erfahrung, in welcher sich ein Individuum selbst als entfremdet empfindet. Nach *Mills* [153] werden die Menschen voneinander entfremdet, indem jeder versucht, den andern zum eigenen Instrument zu machen. Dabei entsteht ein Zirkel, weil der einzelne sich selbst zum Instrument macht und auf diese Weise von sich selbst entfremdet wird.[142]

Ursachen und Auswirkungen der Entfremdung

Grundsätzlich lassen sich bei den untersuchten Publikationen drei verschiedene Interpretationen der Entfremdung unterscheiden, die allerdings eng mit-

[141] Siehe z. B. *Nettler* [155].
[142] Siehe auch: *Fromm* [79], *Riesman* [169].

einander verknüpft sind. Eine erste Auffassung bezieht sich auf die *Ausbeutung der Arbeitenden* infolge des Lohnarbeitsverhältnisses bzw. der kapitalistischen Produktionsstruktur, welche dem Arbeiter verunmöglicht, über sein Arbeitsprodukt zu verfügen. Eine zweite Begründung weist auf die *fehlende Selbstbestimmung* bei der Arbeit infolge immer strafferer Kontrollsysteme und autoritärer Herrschaftsstruktur hin. Schließlich wird Entfremdung als die *Entpersönlichung der Arbeit* infolge der Arbeitsteilung und der Mechanisierung und damit der völligen Unterordnung des Arbeiters unter die Erfordernisse der Produktion gesehen.

Sehr deutlich zu allen diesen drei Ausprägungen äußert sich *Braun* [32]. In Anlehnung an *Karl Marx* zeigt sich der antagonistische Charakter des kapitalistischen Produktionsprozesses auf dreifache Weise, nämlich:

(1) Permanente Arbeitsteilung infolge der technischen Entwicklung, permanente soziale Konkurrenz um berufliche Positionen, permanente Steigerung des Zwanges in der Arbeitssituation infolge der legalen Herrschaft des Kapitals.

(2) Permanente Kontrolle der Arbeitsplätze, permanente Tendenz zur Beseitigung aller Elemente der Muße und der Selbstbestimmung aus der Arbeit, antagonistischer Gegensatz zwischen der Mehrheit und der aktiven Minderheit.

(3) Permanenter Interessengegensatz im Rahmen des „Verwertungsprozesses" der Arbeit, permanente Tendenz zur Konzentration des Kapitals auf der einen Seite und Differenzierung und Zersplitterung der Arbeit auf der andern Seite, Tendenz zur Errichtung gesetzlicher Schranken für die Ausbeutung der Arbeit durch das Kapital.

Für *Schelsky* [190] trifft diese Situation wohl für die liberal-kapitalistische Phase der industriellen Entwicklung zu, ist aber heute in vieler Hinsicht entschärft.

Auch *Symanowski* [205] und *Bahrdt* [16] interpretieren die Situation ähnlich wie *Braun*. So gibt es nach *Symanowski* im Betrieb keine „ontischen" Entfremdungsschicksale, sondern die Arbeiter werden vielmehr nur durch die Vorurteile des traditionellen Herrschaftsdenkens in ihrer Unmündigkeit erhalten.

Nach *Friedmann* [79] – der sich an die Auffassungen von *Friedrich Hegel* und *Karl Marx* anlehnt – läßt sich der Begriff der Entfremdung auf nichts besser anwenden als auf die Arbeit des modernen Menschen:

> „In der Tat läßt sich der Begriff der ‚Entfremdung', der für *Hegel* einer der Schlüssel seines Systems war und den *Marx* vor ihm übernommen hat, auf nichts besser anwenden als auf die Arbeit des modernen Menschen." [*Friedmann*, 79, S. 159]

Friedmann führt einen ganzen Katalog von Entfremdungssymptomen an, wobei bei ihm das Schwergewicht auf der Entpersönlichung der Arbeit durch die Arbeitszersplitterung liegt.

Touraine [213] schließlich sieht in der Abhängigkeit des Arbeiters von der Arbeitsorganisation neue Formen der Entfremdung in der modernen Industriegesellschaft. Einerseits besteht die Ausbeutung der Ausführenden durch die Organisatoren (Form der technizistischen Entfremdung), anderseits die Unmöglichkeit, die individuelle Arbeit im gemeinsamen Produkt zu erkennen (Form der bürokratischen Entfremdung). Obwohl diese beiden Entfremdungsformen nicht mehr auf die Entfremdung einer Klasse reduzierbar sind, liegt auch hier eine Art von „Machtlosigkeit" als Entfremdungstyp vor. Die Entfremdung der Klasse war nach *Touraine* bestimmt durch die Unterordnung der Arbeit unter die Nichtarbeit. Sie bestand in den Beziehungen zwischen den Menschen, nicht in der Beziehung zwischen Mensch und Arbeit. Diese neue Machtlosigkeit zeigt sich insbesondere durch den dritten Entfremdungstyp, den *Touraine* anführt, nämlich der sog. politischen Entfremdung auf der Ebene der Macht und der Entscheidung. Auch sie beruht zwar nicht auf dem Werk einer Klasse, da die Führenden sich nach *Touraine* mit der Kollektivität identifizieren. Je industrialisierter eine Gesellschaft ist, desto mehr besteht die Tendenz zu einer Vereinigung der drei Entfremdungstypen und damit zur Entstehung einer totalitären Gesellschaft:

> „Ces trois grandes types d'aliénation — techniciste, bureaucratique et politique — peuvent se développer séparément; ils peuvent aussi se combiner. Plus l'organisation du travail porte sur des ensembles et non plus sur des postes — évolution que symbolise commodément le passage de *Taylor* à *Ford* — plus a de chances de se développer une aliénation techno-bureaucratique. Plus l'économie dans son ensemble est orientée par un plan de développement, plus les détenteurs du pouvoir deviennent les dirigeants d'un appareil bureaucratico-politique. Une société où se combinent et s'unifient les trois grands types d'aliénation sociale doit être nommée totalitaire." [*Touraine,* 213, S. 146]

Die Lösungsmöglichkeiten der Entfremdung

Bei der Beurteilung der Lösungsmöglichkeiten der Entfremdung durch die verschiedenen betriebssoziologischen Autoren lassen sich tendenziell optimistische und tendenziell pessimistische Auffassungen unterscheiden, wobei Extrempositionen kaum vorkommen.

Dahrendorf und *Schelsky* betonen die Notwendigkeit und Möglichkeit der Angewöhnung an die Industriearbeit. So schreibt etwa *Schelsky* [190, S. 164], daß man sich heute fragen muß,

> „wie weit nicht Änderungen und Anpassungen in den Tiefenschichten der menschlichen Antriebsstrukturen und -bedürfnissen längst ein viel weniger belastendes Verhältnis der Menschen zur arbeitsteiligen mechanisierten Produktion und ihren erforderlichen Organisationsformen geschaffen haben, ganz abgesehen von den zahlreichen Versuchen einer ‚Wiedervermenschlichung' der industriellen Arbeitssituation durch bewußte organisatorische Maßnahmen (‚Human Relations' usw.)".

Dahrendorf [52] lehnt ebenfalls extreme Auffassungen in bezug auf die Gefahr der Entfremdung ab und distanziert sich von den Thesen *Friedmanns,* der wesentliche Befriedigungsmöglichkeiten unterschätze. Auch für *Popitz* [176] ist Monotonie nicht die notwendige Folge der Mechanisierung, sofern sich das Bewußtsein entsprechend einstellt. So kann das Bewußtsein neue Objekte suchen, die sich zu einer eigenen zeitlichen Ordnung zusammenfügen und damit das – durch die repetitive Arbeit verursachte – zerfließende Situationsgefüge wiederherstellen. Nach *Popitz* bestehen dazu zwei Möglichkeiten: Das Subjekt kann seinen Gegenstand in einen weniger monotonen umstilisieren, oder es fügt den gegenständlichen Gegebenheiten neue Merkmale hinzu, wodurch sie sich in größere zeitliche Einheiten gliedern. Die zweite Möglichkeit besteht darin, sich vom Arbeitsablauf abzuwenden und sich in eine Phantasiewelt hineinzuträumen (z. B. an das denken, was man in der Freizeit tut). Es läuft eine Art „zweiter Film" neben dem realen Tun ab.

Naville [162] verweist auf den technischen Wandel, insbesondere auf die Automation, durch welche die traditionellen Formen der Entfremdung beeinflußt werden. Er sieht hier mindestens partielle Ansätze zu einer Befreiung des Menschen vom Diktat der Maschine.

Auf die Möglichkeit, das Entfremdungsproblem mit partiellen Reformen zu mildern, weisen *Schelsky* [190] und *Crozier* [48] hin. So erwähnt *Schelsky* den Aufbau zahlreicher sozialpolitischer Sicherungen des Arbeitsschutzes sowie das wachsende Verantwortungsgefühl der Betriebe. *Crozier* anerkennt die Existenz des Entfremdungsproblems in der industriellen und nachindustriellen Gesellschaft, aber es breitet sich infolge des wachsenden Fortschrittes der Beteiligung der Arbeitnehmer nicht weiter aus.

Dahrendorf, Friedmann und auch *Touraine* erwähnen gewisse positive Ausgleichsmöglichkeiten im außerbetrieblichen Bereich. So führt etwa nach *Dahrendorf* [52] die Industriearbeit zu einem abgewogeneren Verhältnis von Arbeit und Freizeit. Die Arbeit verliert ihren alleinbeherrschenden Charakter, und die effektiven Gefahren der Entfremdung werden dadurch erträglicher. Nach *Touraine* [213] trennt die Entfremdung den Menschen von der Kontrolle seiner Arbeit. In der Massengesellschaft bedeutet diese Trennung in der Regel aber nicht mehr den Ausschluß vom sozialen Leben, nicht mehr die Isolierung von der Massenkultur. Sie verhindert die Aneignung der Güter dieser Massenkultur nicht. Die Entfremdung führt jedoch nach *Touraine* zu einer doppelten Wirkung, nämlich einerseits zu einem kulturellen Rückzug (retrait culturel) und anderseits zur reinen Massenkonsumation. Nur im Extremfall bedeutet dieser kulturelle Rückzug der entfremdeten Arbeiter eine völlige kulturelle Isolierung. Vielmehr bewirkt er eine künstliche Beteiligung an der Massenkultur, eine extreme Unterordnung unter die Massenmedien, die Entwicklung einer audio-visuellen Konsumation, welche keinerlei Zugehörigkeit zu realen Gruppen oder organisierten Aktivitäten beinhaltet. *Touraine* weist in diesem Zusammenhang auf die Gefahr des verkommerzialisierten Vergnügens hin:

„C'est l'éclatement de ces groupes et de ces quartiers ‚en particulier dans les grandes villes et surtout dans les grands ensembles d'habitation où se brisent les systèmes traditionnels de relations sociales, qui ouvre la voie à la ‚participation anomique', à ce qu'on pourrait nommer, par rapprochement avec les grèves sauvages, la ‚culture sauvage'." [*Touraine,* 213, S. 444]

Mit dem Hinweis auf diese „wilde Kultur", die sich vor allem unter der Jugend am stärksten bemerkbar macht, relativiert *Touraine* natürlich die Möglichkeiten eines echten Ausgleichs im außerbetrieblichen Bereich. Die „wilde Kultur" entsteht überall dort, wo sich die Massenkultur auf Individuen auswirkt, welche sowohl unbefriedigt an ihrem Arbeitsplatz als auch losgelöst von traditionellen Bindungen sind.

Pessimistisch in ähnlichem Sinne äußern sich auch *Bahrdt* [16], *Symanowski* [205] und *Götte* [92]. So läßt sich nach *Bahrdt* der Mensch nicht aufspalten in eine produzierende und eine konsumierende Hälfte. Entfremdung im Arbeitsbereich kann deshalb nicht kompensiert werden durch vermehrte Freizeit und Konsummöglichkeiten:

„Ist seine Arbeitswelt sinnentleert, so wird auch seine Freizeit innerlich leer sein; treibt er in seiner Freizeit leeres Zeug, dann wird er weder Ideen noch Energien für die Bewältigung seiner Arbeitswelt aufbringen ... Solange nicht beide Aspekte des Daseins im Menschen verarbeitet und vereinigt sind, ist seine Selbstentfremdung nicht überwunden." [*Bahrdt,* 16, S. 93]

Auch *Symanowski* betont die Entfremdung im Sinne einer Fremdbestimmung des Lebensstils, einer geistig-seelischen Proletarisierung, einer hinnehmenden Konsumentenhaltung:

„Man kann den Menschen nicht auf Freizeit, Familienleben und politische Betätigung abdrängen und erklären, dort habe er Gelegenheit genug, Mensch zu sein. Denn nach wie vor wird der Mensch entscheidend durch seine Berufsarbeit geprägt und gebildet. Wird der Mensch als ‚instrumentale Arbeitskraft' in seinem Berufsleben entmündigt, so wird er dehumanisiert." [*Symanowski,* 205, S. 121/122]

Bei *Götte* überwiegt ebenfalls die pessimistische Interpretation, indem der einzelne die Alternative der Wahl hat zwischen der Selbstentfremdung (sofern er in der Arbeit aufgeht) oder der Entfremdung von der Arbeitswelt (sofern er sich von der Arbeit innerlich zurückzieht):

„Problematisch wurde die Beheimatung des Menschen im Arbeitsleben durch die moderne Technik und großbetriebliche Organisation. Sie stellte immer mehr Schaffende vor die Alternative, entweder in der Arbeit aufzugehen und sich selbst fremd zu werden – das heißt, am eigenen Leben vorbeizuleben – oder zur Vermeidung der Selbstentfremdung, sich umgekehrt, durch inneren Rückzug von der Arbeit, der eigenen Arbeitswelt zu entfremden." [*Götte,* 92, S. 13]

Götte verweist dabei auf *Briefs* [33], der eine Reihe von Entfremdungssymptomen anführt, welche diese Alternative verschärfen, so etwa die Eigentumsentfremdung als Folge der großbetrieblichen Organisation, die Entfremdung vom schöpferischen Gehalt der Arbeit, die Entfremdung vom Arbeitsraum als Lebensraum, die Entfremdung zwischen den Betriebsangehörigen infolge der Flüchtigkeit der menschlichen Beziehungen, die Entfremdung vom Arbeitsziel durch die Komplexität der Fertigung, die Entfremdung vom Betrieb als Aufstiegskanal sowie die Entfremdung vom Betrieb infolge des fehlenden Einblicksvermögens des Arbeiters in die wirtschaftlichen, technischen und organisatorischen Notwendigkeiten des Betriebes.

Eine letzte Gruppe bilden jene Autoren, welche in der *bestehenden* Gesellschaft keine Lösungsmöglichkeiten des Entfremdungsproblems sehen und deshalb eine grundlegende gesellschaftliche Umgestaltung postulieren. So betrachtet etwa *v. Ferber* [70] die offene Klassengesellschaft als Lösungsmöglichkeit. Für ihn liegt im *Marx*schen Ansatz der freiwilligen Unterordnung des einzelnen unter den gesellschaftlichen Produktionsplan ein Versuch, das Problem der Entfremdung zu lösen (soweit Entfremdung im *Marx*schen Sinne eine Verletzung der Gleichheitsidee bzw. die Benachteiligung einer Klasse bedeutet). *Friedmann* [79] sieht die Lage ebenfalls nicht völlig hoffnungslos. Für ihn genügt jedoch der technische Fortschritt allein nicht, sondern erforderlich ist eine grundlegende gesellschaftliche Erneuerung. Neben dem Hinweis auf die zunehmende Bedeutung der Freizeit skizziert er insbesondere das Bild einer kooperativen Gesellschaft, eine Idee, welche in anderm Zusammenhang noch näher dargestellt werden soll. Wesentlich bei *Friedmann* ist, daß eine befriedigende Lösung eine grundlegende soziale Umgestaltung erfordert (so z. B. besonders im Bereich des Bildungswesens).

Arbeitszufriedenheit — Heilmittel der Entfremdung?

Auf die enge Verknüpfung zwischen Arbeitszufriedenheit und Entfremdung wurde bereits hingewiesen — obwohl diese Begriffe nach *Touraine* [212] verschiedenen analytischen Ebenen entsprechen.

Zunächst sind es die Vertreter des Harmoniegedankens, welche den Problemen der Arbeitszufriedenheit eine wichtige Bedeutung beimessen. Dazu gehört etwa *Atteslander,* der Harmonie direkt als die weitgehende Abwesenheit von Unzufriedenheit definiert. Er hält dabei fest:

> „daß die Unzufriedenheit in vermehrtem Maße den sozialen Normen entspringt und heute nur noch in wenigen Fällen in der materiellen Not einer Schicht oder einer Klasse direkt begründet ist.“ [*Atteslander,* 12, S. 201]

Mayntz [144] und *Fürstenberg* [84] sehen die Befriedigung — ähnlich wie *Atteslander* — als wesentliche Voraussetzung des betrieblichen Kooperationssystems. Sie wird bei ihnen erreicht durch den Ausgleich zwischen den objektiven Anforderungen (Betriebsziel) und den individuellen Ansprüchen. Bei *Fürstenberg* besteht dabei eine direkte Manipulierbarkeit durch die strategische Disposition über den institutionellen Bezugsrahmen.

Nach *Pirker* ist ein Minimum von Befriedigung für das Verweilen an einem Arbeitsplatz oder in einem Betrieb erforderlich. Dabei ist nicht bloß das emotionale Gleichgewicht des Arbeiters, sondern ebenso das soziale Gleichgewicht des Betriebes entscheidend. Damit ist für ihn das Problem der Zufriedenheit nicht nur psychologisch erklärbar, sondern stellt ein sehr komplexes Phänomen dar. Einerseits bestehen die objektiven Arbeitsverhältnisse, die aber anderseits auf grundsätzlich verschiedene Einstellungen und Erwartungen treffen. *Pirker* [175, S. 375/376] folgert daraus:

> „Akute Arbeitsunzufriedenheit ist daher keine pathologische Erscheinung in einer Institution, die so dynamischen Charakter hat. Arbeitsunzufriedenheit im Rahmen unserer Untersuchungen ist der extreme und bewußte Ausdruck der Selbstentwicklung der Arbeiterschaft. Sie ist keine private Einstellung, sondern eine kollektive Reaktion auf bestimmte objektive Verhältnisse ... Es zeigt sich also, daß die soziologische Arbeitszufriedenheit aus den konkreten sachlichen und sozialen Verhältnissen am Arbeitsplatz hervorgeht, die Objektivationen der gesamtgesellschaftlichen Entwicklung sind."

Pirker versucht diese These am unterschiedlichen Verhalten des Typs des „alten Arbeiters" und des „jungen Arbeiters" zu belegen. Diese beiden Typen haben aufgrund ihrer spezifischen Attitüden, Werthaltungen und Einstellungen ein ganz spezifisches Verhältnis zur Arbeit. Mit dieser Interpretation beabsichtigt *Pirker* auch eine Widerlegung der These der „Human Relations", nach der die Probleme der Industrie nur Probleme der persönlichen Beziehungen seien, die sich durch psychologische Beeinflussung lösen lassen. Zudem scheint ihm eine Unterscheidung zwischen der Arbeits- und der Betriebszufriedenheit relevant. Die Mehrheit der Arbeiter sei wohl mit der Arbeit zufrieden (Identifikation mit der Arbeit), aber nicht mit dem Betrieb.

Die Auffassungen *v. Ferbers* [70] decken sich insofern mit *Pirker,* als er die Arbeitszufriedenheit als schichtgebunden bezeichnet. Dabei unterscheidet er allerdings nicht zwischen dem alten und dem jungen Arbeitertyp, sondern zwischen der Unter- und der Oberschicht. So strebt nach *v. Ferber* die Unterschicht nach materiellen Erfolgen, während die Oberschicht die Befriedigung ihrer Neigungen und Fähigkeiten betont. Auch hier handelt es sich beim Begriff der „Arbeitsfreude" um gruppenmäßig fixierte Definitionen der Arbeit gegenüber einer relativ allgemein verstandenen (objektiven) Arbeitssituation.

Eine dritte Gruppe von Autoren verknüpft die Diskussion der Arbeitszufriedenheit direkt mit dem Problem der Entfremdung bzw. den Produktions- und Herrschaftsverhältnissen. So schreibt *v. Friedeburg* [76, S. 18]:

> „Die sogenannten Grundbedürfnisse der Arbeiter und Angestellten, deren Befriedigung sie um den Preis abhängiger Lohnarbeit im Industriebetrieb an-

streben, und die ihre Erwartungen bestimmen, sind weder individuelle Konstanten noch einer abstrakten Natur des Menschen immanent, sondern inhaltlich und in ihrer charakteristischen Ausprägung gesellschaftlich vermittelt, das heißt vom objektiven Zusammenhang der Produktions- und Herrschaftsverhältnisse in einer Gesellschaft abhängig."

Symanowski und *Thomas* bezweifeln den Aussagegehalt der sog. „Arbeitszufriedenheit". So sagen nach *Symanowski* demonstrative Zufriedenheitsbekundungen der Arbeiter wenig aus, da das Gefühl der Unbefriedigtheit sehr oft bloß verdrängt wird und sich in andern Symptomen äußert:

„Nichts jedoch ist trügerischer als die demonstrativen Zufriedenheitsbekundungen dieser Art: Die psychoanalytische Erfahrung lehrt deutlich, daß das Gefühl des Unglücklich- und Unbefriedigtseins sehr tief verdrängt werden kann. Ein Mensch kann sich bewußt durchaus zufrieden fühlen, und nur seine Träume, psychosomatische Erkrankungen, Schlaflosigkeit und viele andere Symptome mögen seiner tieferliegenden unglücklichen Grundstimmung Ausdruck geben." [*Symanowski,* 205, S. 35]

Für *Thomas* [209] drückt die Arbeitsfreude Gefühle aus; sie ist kein adäquater Schlüssel zum Verständnis der betrieblichen Gegebenheiten. Die betriebliche Situation ist nach ihm eine verborgene Situation. Das Bewußtsein wird verdrängt, damit man es im Betrieb aushalten kann. Die geforderte Anpassung erfolgt unter Druck.

Auch *Friedmann* [78] warnt vor der Gefahr einer scheinbaren Befriedigung infolge der „Gewöhnung". Aus der Notwendigkeit der Arbeitszufriedenheit für das Leistungsverhalten ergibt sich für ihn automatisch eine Grenze für die Arbeitsteilung.[143]

Naville schließlich versucht das Problem von der Beziehung zwischen Mensch und Maschine her zu lösen, nämlich durch die Trennung der Operationen der Menschen von jenen der Maschine. Diese Trennung soll den Menschen die Disponibilität gegenüber dem technischen Produktionsapparat wieder ermöglichen. Damit lehnt er die These ab, wonach die Lösung des Problems der Arbeitsfreude in der befriedigenden technischen Anpassung an die Arbeit liege. Viel sinnvoller scheint ihm eine Befreiung von einigen fundamentalen Zwängen zu sein:

„... l'idée que l'individu doit être nécessairement le siège d'une sorte de propriété juridique de ‚son travail', doit se représenter lui-même comme une personne juridique propriétaire de ‚son' instrument de travail, avec le droit d'être soumis à certains impératifs techniques de travail, ne me paraît nullement l'objectif final du développement de la personne ou de l'individu humain." [*Naville,* 162, S. 220/221]

Gerade dieses Zitat weist wiederum auf die enge Verknüpfung zwischen der Problematik der Entfremdung und der Arbeitszufriedenheit hin.

[143] Siehe in diesem Zusammenhang auch *Friedmann* [79].

Der Zusammenhang zwischen dem Arbeitsbereich und der Bedeutung des außerbetrieblichen Lebensbereichs

Es ist naheliegend, mit der Beurteilung der Arbeit und des Betriebes auch eine Beurteilung der Bedeutung der Freizeit bzw. des außerbetrieblichen Lebensbereichs zu verbinden. Dies wird vor allem bei jenen Autoren deutlich, welche die Arbeitssituation pessimistisch betrachten und von einem Zerfall der individuellen Persönlichkeit sowie von geistiger Degradierung durch die Arbeit im modernen Betrieb sprechen.[144]

Dabei stellt sich nun die Frage, wie weit einerseits ein entsprechender Ausgleich im außerbetrieblichen Bereich möglich und wie weit anderseits der Arbeitsbereich mit dem außerbetrieblichen Bereich verknüpft ist. Gerade dieser zweite Aspekt wird etwa deutlich bei *Friedmann* [79], wenn er die Einheit der menschlichen Person und damit auch die Interdependenz der verschiedenen Lebensbereiche betont. Im Gegensatz dazu steht z. B. die Auffassung von *Touraine* [213], der den bestimmenden Einfluß der beruflichen Situation auf Milieu, Lebensstil und kulturelles Verhalten mit zunehmender Industrialisierung immer weniger als gegeben sieht. Die Gestaltung der sozialen Beziehungen und die Erfahrung der menschlichen Existenz erhalten nach *Touraine* eine immer größere Unabhängigkeit in bezug auf die Arbeitserfahrung. Die relative Einheit wird abgelöst von einer extremen Differenziertheit, wobei der Arbeitsbereich nur noch einen Teilaspekt des Lebensbereichs darstellt. Dies äußert sich insbesondere auch im neuen Bewußtsein des Arbeiters, das immer weniger einer spezifischen Klasse, erfaßbar als reale soziale Gruppe, entspricht:

> „On voit maintenant qu'elle tend à se rompre plus profondément encore et que les revendications dans le travail ne sont plus toujours des revendications de travail, mais prennent leurs racines dans d'autres types d'exigences humaines." [*Touraine,* 213, S. 293]

Detaillierte Darstellungen dieser Beziehungen zwischen dem betrieblichen und dem außerbetrieblichen Bereich sind in den hier verarbeiteten Publikationen kaum zu finden. Dies liegt teilweise in der getroffenen Auswahl der Arbeiten. Anderseits aber setzt eine solche Diskussion eine spezifisch makrosoziologische Betrachtungsweise voraus, welche bei vielen Betriebssoziologen nicht besonders ausgeprägt ist. Deshalb sind auch Urteile über die Ausgleichsfunktion des außerbetrieblichen Bereichs in bezug auf die Mängel der Arbeitssituation selten explizit vorhanden. Etwas verallgemeinernd lassen sich zwei Meinungen unterscheiden: einerseits die pessimistische Auffassung, welche im außerbetrieblichen Lebensbereich nur die Vergnügungswelt, die Konsumwelt sieht; anderseits die optimistischen Auffassungen, welche die Möglichkeit verantwortungsvoller Tätigkeit in der Freizeit als Ausgleich zur unbefriedigenden Arbeitssituation betonen.

[144] Z. B. *Friedmann* [78] oder *Thomas* [209].

Bei der *pessimistischen* Beurteilung sind es Erscheinungen wie Desintegration, Desorientierung, moralischer Zerfall, mangelnde Transparenz, welche durch die verschiedenen Autoren angeführt werden. So bezeichnet *Mayntz* die fehlende Integration in eine festgefügte menschliche Gemeinschaft als Merkmal des Menschen in der industrialisierten Gesellschaft und insbesondere des Städters:

„Der Verlust der sozialen Integration des einzelnen in eine festgefügte menschliche Gemeinschaft, wo er sich mit einem anerkannten Normensystem identifiziert und durch die Ausübung seiner Tätigkeit zur eigenen Befriedigung eingefügt ist, ist heute fast ein soziologischer Gemeinplatz bei der Deutung der gegenwärtigen sozialen Situation. Jenseits aller Tendenzen, diese Entwicklung ethisch oder moralisch zu bewerten, ist die Tatsache einer gewissen Desintegration früherer sozialer Bindungen unbestritten, während es noch unbestimmt ist, wie weit neu entstehende stark rationale Formen sozialer Organisation einen Ersatz dafür bieten können." [*Mayntz,* 144, S. 83/84]

Bednarik [26] spricht von einem moralischen Zerfall durch die technische Entwicklung und den gehobenen Lebensstandard. Die Technik führt zu einem allgemeinen Moralzerfall, denn die Maschine hat keine Moral; ihr Gesetz ist allein der funktionelle Effekt. Der junge Arbeiter stellt sich nur auf Zeit, auf seine eigene Zeit ein, weil die Situation der Lebens- und Geistbedingungen (also die innere und äußere Situation) dies erfordern. So besteht eine deutliche Tendenz zur Absetzung von den gesellschaftlich immanenten Moralformen. Die junge Generation weicht aus, wenn etwas von ihr verlangt wird.

Die Arbeitswelt stellt die bloße Basis der Vergnügungswelt dar. Der Arbeiter akzeptiert bereitwillig erhöhte funktionelle Leistungserfordernisse, sofern sie einen höheren Verdienst ermöglichen, den er dann allerdings bloß für ein steriles Vergnügungsleben verwendet:

„Die günstige wirtschaftliche Situation wird im allgemeinen bloß für ein steriles Vergnügungsleben ausgenützt ... Der junge Arbeiter kennt heute alle Getränke, deren Namen er früher höchstens aus schlechten Romanen wußte ... Fast auf allen zivilisatorischen Gebieten stellt der Arbeiter heute dieselben Ansprüche wie der wohlhabendere Bürger ... Verständlich ist, daß bei solcher Einstellung für wirklich echte kulturelle Zwecke geradezu verschwindend geringe Summen ausgegeben werden ... Man kann also mit Sicherheit sagen, daß der durch die künstliche Lebensfülle unserer Epoche gehobene Lebensstandard der Massen vom Arbeiter geistig nicht bewältigt wird." [*Bednarik,* 26, S. 101–103]

Auch für *v. Ferber* [70] strebt die Unterschicht vor allem nach materiellen Erfolgen, welche die Basis für neue Konsummöglichkeiten bieten.

Bahrdt [16, S. 50/51] sieht die Desintegration in einer neuen Form der Proletarisierung:

„Anstelle dieser sozusagen klassischen tritt heute eine neue Form der Proletarität, die sich nicht eigentlich in der Verweigerung des Lebensnotwendigen, aber im Ausschluß von den – materiellen, psychischen oder sozialen – ‚Gütern' äußert, die von der technischen Zivilisation für alle bereitgestellt werden könnten – von jener technischen Zivilisation, zu deren namenlosen Erbauern ja gerade die Industriearbeiter gehören."

Die Folge dieser Desintegration ist Resignation und Konformismus, Flucht in das Privatleben und in den Genuß der negativen Freiheit. Auch *Symanowski* [205] spricht von einer neuen Form der Proletarisierung auf der geistig-seelischen Ebene. Der konsumentenhafte Lebensstil desintegriert den Menschen, da er weit entfernt von produktiv-humaner Selbstentfaltung ist.

Echte menschliche Solidarität ist nach *Friedmann* [79] unmittelbar von der gesellschaftlichen Ordnung und den Produktionsverhältnissen abhängig. Das kapitalistische Produktionssystem ist für die Integration der Arbeitnehmer ungeeignet. Es hat einen ständigen schädlichen Einfluß auf die Arbeitenden, da es die Bedürfnisse nach Teilnahme und nach dem Einsatz aller Fähigkeiten mißachtet. Bei *Friedmann* [78] sind sowohl die „natürliche Welt" (milieu naturel) als auch die „technische Welt" (milieu technique), welche heute nebeneinander bestehen, für den Arbeiter durch eine widersinnige Gesellschaftsordnung gekennzeichnet. Aber die „natürliche Welt" hatte den Menschen noch integriert, während die Maschinenwelt durch und durch künstlich ist. Aufgabe des Menschen ist es, sie zu überwinden. Prototyp dieses „milieu technique" sind nach *Friedmann* die USA.

In bezug auf die Möglichkeiten der Freizeit vertritt *Friedmann* eine optimistischere Auffassung. So befaßt er sich mit der Frage, wie die Freizeit gestaltet werden soll, um den von der Industrie verursachten Zerfall der Persönlichkeit auszugleichen:

> „Unter den technischen und sozialen Verhältnissen der Großindustrie kann das wirkliche Leben vieler Arbeiter nur in der Freizeit gelebt werden." [*Friedmann,* 78, S. 218]

Popitz [177] schließlich legt das Schwergewicht auf die Komplexität der modernen Gesellschaft, welche zu mangelnder Transparenz für den einzelnen führt. Dadurch wird subjektiv die Rationalität des Ganzen partieller. Dies heißt nicht, daß der Erlebnisbereich kleiner geworden ist; er ist nur eng im Vergleich mit dem Erfahrbaren überhaupt. Deshalb besteht ein Zwang zur Ausbildung von Meinungen und Gefühlen gegenüber Realitäten, welche die intellektuelle und affektive Sphäre des einzelnen weit überschreiten.

Ein zweiter Kreis kritischer Stimmen, die sich auf den Zusammenhang zwischen dem betrieblichen und dem außerbetrieblichen Lebensbereich beziehen, betreffen das politische System als Ganzes. Als Beispiele seien hier insbesondere *Touraine, Bahrdt* und *Friedmann* angeführt. So muß in diesem Zusammenhang zunächst einmal die Gefahr des Totalitarismus erwähnt werden, eine These, welche *Touraine* vertritt:

„La forme la plus grave du premier type de dégénérescence de l'action historique est le totalitarisme, l'identification du mouvement revendicatif, de l'appareil politique et d'une société particulière." [*Touraine*, 213, S. 466]

Touraine geht von der Entfremdungssituation in der modernen Gesellschaft aus, die er in den drei bereits früher erwähnten Formen der technizistischen, der bürokratischen und der politischen Entfremdung sieht. Totalitär ist eine Gesellschaft dann, wenn sich diese drei Formen vereinigen. Die Tendenz zum Totalitarismus ist um so stärker, je industrialisierter eine Gesellschaft ist und je zielbewußter sie ihre ökonomische Entwicklung anstrebt.

Ausgangspunkt bei *Bahrdt* bildet die Vorstellung von der demokratischen Struktur unserer Gesellschaftsordnung, und er bezweifelt die Existenz einer echten Demokratisierung. Die Hindernisse liegen nach ihm in einer überalterten Gesellschaftsstruktur und ihrer Anpassungsunfähigkeit an die neue Situation. Dadurch ergibt sich eine zunehmende Diskrepanz zwischen dem, was erreicht wurde und dem, was möglich wäre. Demokratie wird für *Bahrdt* aus dieser Sicht zur Farce:

„Technischer, wirtschaftlicher und sozialer Fortschritt haben die Grundlagen der traditionellen, offenen und brutalen Herrschaft einer Minderheit über eine Mehrheit beseitigt. Statt dessen werden heute immer deutlichere Symptome einer verborgenen Herrschaft der geheimen Verführer sichtbar. Wissenschaftliche Erkenntnisse und technische Mittel, die in der Wirtschaftswerbung bereits ihre Wirksamkeit bewiesen haben, dienen politischen und wirtschaftlichen Herrschaftsgruppen dazu, ihre Macht im Bewußtsein und im konkreten Verhalten breiter Bevölkerungsschichten zu verankern, deren Apathie und Desinteresse einem solchen Versuch nur geringen Widerstand entgegensetzen. Wer über die bürokratischen Apparate und die technischen Instrumente der Information und der Meinungsbildung verfügt, besitzt eine zwar unsichtbare, aber vielleicht nur um so gewissere Macht, welche die Demokratie zur Farce machen kann." [*Bahrdt*, 16, S. 54]

Auch nach *Touraine* [214] wird die Verwirklichung einer sozialen Demokratie durch das Verhalten der Unternehmer verhindert, welche die Vorteile des technischen Fortschrittes für ihre eigenen Interessen abzweigen.

Friedmann [78, S. 223] geht schließlich einen Schritt weiter mit der Behauptung, daß das bestehende Gesellschafts- und Produktionssystem unfähig sei, die selbstgeschaffenen technischen Mittel zu bewältigen, und es sich deshalb selber vernichten wird:

„Das gegenwärtige industrielle System übt ohne Zweifel eine zersetzende psychologische und menschliche Wirkung auf den Arbeiter aus. Dies ist einer der Aspekte der Selbstvernichtung eines ökonomischen und sozialen Systems, das unfähig ist, die selbstgeschaffenen technischen Mittel zu bewältigen."

4. Die Beurteilung der sozialen Auswirkungen des technischen Fortschrittes

Nach *Wiedemann* [231] sieht der Arbeiter die Probleme der Rationalisierung bzw. des technischen Fortschrittes auf zwei Ebenen, nämlich als innerbetriebliches Phänomen einerseits und als umfassende gesamtgesellschaftliche Erscheinung anderseits. Dieser doppelte Gesichtspunkt läßt sich auch bei den Auffassungen der betriebssoziologischen Autoren feststellen; er bildet somit das Kriterium für die Untergliederung in die beiden Hauptabschnitte dieses Kapitels.

Wiedemann unterscheidet ferner zwischen der Rationalisierung und der Technik. So erlebt nach ihm der Arbeiter die Technik als Mittel der Rationalisierung. Die innerbetrieblichen Auswirkungen der technischen Neuerungen werden durch die Rationalisierungsmaßnahmen entscheidend bestimmt, und zwar so entscheidend,

> „daß für den Arbeiter nicht die Technik, sondern die Rationalisierung im Mittelpunkt steht und das eigentliche Faktum ist, mit dem er sich auseinanderzusetzen hat." [*Wiedemann,* 231, S. 3]

Diese Trennung soll hier nicht gemacht werden, da die meisten Autoren eine solche Unterscheidung nicht vornehmen. Technischer Fortschritt und Rationalisierung sind zudem so eng miteinander verknüpft, daß sie als untrennbarer Entwicklungstrend zu betrachten sind.

4.1 Die Auswirkungen des technischen Fortschrittes auf die Arbeit und auf den Menschen im Betrieb

4.1.1 Verschärfung oder Lockerung sozialer Abhängigkeit?

Eine erste Gruppe von Autoren erwähnt eine *Verschärfung* der Abhängigkeits- und Zwangssituation als Folge des technischen Fortschrittes. So ermöglicht nach *Braun* [32] die technische Entwicklung die Herrschaft des Kapitals über die Arbeit und damit einen zunehmenden Zwang in der Arbeitssituation. *Schelsky* [190] spricht von erhöhter Arbeitsdisziplin als Folge der Mechanisierung. Nach *Naville* [162] verlangt die technische Entwicklung vom Betrieb neue Normen des Funktionierens. Einerseits wird der Mensch durch die Automation vom Diktat der

Maschine befreit, anderseits besteht ein erhöhter Zwang zur Eingliederung in stark strukturierte Arbeitsgruppen. Infolge des Zusammenhangs der Produktionszyklen ist eine viel stärkere gegenseitige Abhängigkeit erforderlich. Schließlich warnt auch *Crozier* [48] vor einer Idealisierung des Kooperationssystems infolge der Automation. Lockerungen der Hierarchie und Dezentralisation der Aufgaben brauchen durchaus nicht Erscheinungen des technischen Fortschrittes zu sein, sondern sind nach ihm viel eher von ökonomischen, kulturellen und historischen (und nicht von technischen) Bedingungen abhängig.

Bahrdt [15], *Popitz* [177] und *Touraine* [213] weisen demgegenüber auf *Lokkerungen* der traditionellen Autoritätsbeziehungen durch den technischen Fortschritt hin. Nach *Bahrdt* führt Mechanisierung und Automatisierung zu neuen Kooperationsformen und zur Relativierung des hierarchischen Prinzips. *Popitz* spricht von neuen Formen der Unabhängigkeit, vom Funktionsverlust für die Vorgesetzten sowie vom Abbau der Aufsichtsfunktionen als Folge des technischen Wandels:

> „In der bis ins einzelne technisch bedingten Form der Zusammenarbeit, die wir ‚gefügeartige Kooperation' genannt haben — und die durch fortschreitende Automatisierung immer weiter ausgebildet wird —, ist ein Funktionsverlust der Arbeitsvorgesetzten feststellbar, der einen erheblichen Teil der traditionellen Aufsichts- und Anweisungsfunktionen der Vorgesetzten hinfällig werden läßt." [*Popitz,* 177, S. 98]

Die bereits früher erwähnte These *Tourains* von der Entpersönlichung der Autoritätsbeziehungen durch das technische Milieu kann in diesem Zusammenhang ebenfalls wiederholt werden. Anstelle der Manipulation von Menschen tritt die Manipulation von Produktionsrollen. Einerseits wird die Beschränkung der Initiative des einzelnen zahlreicher, anderseits aber in ihrer Intensität schwächer. Gleichzeitig sieht *Touraine* eine Sicherung der sozialen Demokratie im Betrieb durch die Möglichkeit von Verhandlungen zwischen den Partnern.

Es ist allerdings schwierig, hier zwischen einer eindeutig pessimistischen und einer eindeutig optimistischen Gruppe zu unterscheiden, vor allem was die Prognosen für die künftige Entwicklungstendenz anbetrifft. So spricht etwa *Braun* [32] von der Lockerung der einseitigen Abhängigkeit durch die zunehmende Macht der Gewerkschaften oder *Schelsky* [190] von der Hoffnung auf eine „Humanisierung" der Industriearbeit durch die künftige Entwicklung der Automation. *Crozier* ist der Meinung, daß die Furcht vor einer überragenden Machtstellung der Technokraten im Zuge der Rationalisierung auf einer falschen Einschätzung der Lage beruhe. Der Prozeß der Rationalisierung gibt zwar den Experten Macht, aber die Ergebnisse der Rationalisierung begrenzen diese Macht wiederum:

> „Sitôt qu'un domaine est sérieusement analysé et connu, sitôt que les premières intuitions et innovations ont pu être traduites en règles et en programmes, le pouvoir de l'expert tend à disparaître." [*Crozier,* 49, S. 221]

Die neuen Techniken der Prognose erlauben eine Einschränkung der notwendigen Konformität des Verhaltens; Abweichungen sind leichter tolerierbar.

Anderseits glaubt *Popitz,* daß kein Grund zu besonderm Optimismus bestehe, da die Auswirkungen der technischen Entwicklung nicht eine Überwindung der Herrschaftsverhältnisse, sondern bloß die Verselbständigung der Sachgebundenheit der Arbeitsvollzüge bedeute. *Popitz* [176, S. 214] meint zu diesen Vorgängen:

> „Es ist sehr die Frage, ob sich aus ihnen besonders erfreuliche Perspektiven ergeben – und für wen sie gegebenenfalls begrüßenswert sein könnten."

4.1.2 Die Auswirkungen auf das Individuum: Angst vor dem „Maschinensklaven"

Die besondere Aufmerksamkeit der untersuchten Autoren konzentriert sich auf die Beurteilung der Auswirkungen des technischen Fortschrittes auf das Individuum, auf den arbeitenden Menschen. Im Zentrum der Überlegungen steht dabei das Verhältnis zwischen Mensch und Maschine. Andere Aspekte, wie z. B. das Problem der Entfremdung, wurden im vorangehenden Kapitel bereits kurz dargestellt.

Grundsätzlich geht es beim Problem des Verhältnisses zwischen Mensch und Maschine[145] um die Aktionsfreiheit des Menschen im Arbeitsprozeß, um den Grad der Determinierung des Verhaltens durch die Maschine. Auf der einen Seite steht die These von der vollständigen Versklavung des Menschen durch die Maschine, auf der andern Seite die Behauptung von der Befreiung des Menschen durch die Maschine, also die These von der Verwirklichung echter menschlicher Souveränität. Zwischen diesen beiden Extremen liegen die relativierten Stellungnahmen, die nur bedingt einer der beiden Meinungen zugeordnet werden können.

Kritische Argumente werden von einer ganzen Reihe von Autoren geäußert. Als einer der pessimistischsten Vertreter mag dabei *Bednarik* gelten mit seinen äußerst negativen Prognosen über die „Umstrukturierung des Menschen" durch den technischen Prozeß. Der Mensch ist etwas anderes geworden als was er einmal war:

> „Das, was einmal Seele genannt worden war, verfällt dabei, und am stärksten dort, wo es nicht mehr an alte Kulturformen angrenzt. Vermutlich tritt deshalb die neue Situation beim jungen Arbeiter so stark in Erscheinung." [*Bednarik,* 26, S. 120]

Bednarik [25, S. 145/146] sieht die Maschine als Dämonen, unfähig, den Menschen zu erlösen. Sie ist nur nötig zur Erhaltung der Konkurrenzfähigkeit:

[145] Der Begriff „Maschine" steht hier als Synonym für Begriffe wie „Technik", „Mechanisierung", „Rationalisierung" u. a.

„Wir sehen also den Menschen seine Form verlieren – unter hohem Druck, dem Druck der mobilen technischen Existenz. Dabei haben sich jedoch für das Bewußtsein schon längst die ‚eisernen Engel', die Maschinen, als handfeste Dämonen entlarvt; niemand hält sie noch für fähig, den Menschen zu ‚erlösen'. Man braucht sie bloß, um konkurrenzfähig zu bleiben und schmeichelt seiner Eitelkeit mit ihrer ‚Beherrschung'. Die damit erfolgenden Entbindungen aus den alten Konventionen erfolgen fast automatisch."

Symanowski ist ebenfalls sehr besorgt über die Bedrohung des Menschen durch die Technik, wenn er schreibt:

„Die technische, mechanisierte bzw. automatisierte Produktion bedroht die an ihr Arbeitenden auf zweierlei Weise: durch ein Ausmaß an Arbeitsteilung, das im Ablauf der Gesamtproduktion (klassisch als Fließband) dem einzelnen nur noch äußerst primitive, eintönig und stur stundenlang zu wiederholende Teilleistungen abfordert; durch den Trend zur ‚kontinuierlichen Produktion', d. h. zu einer pausenlosen Ausnutzung der maschinellen bzw. automatischen Arbeitsvorgänge, die die Arbeiter zwingt, in sich ablösenden ‚Schichten' Tag und Nacht, Werktag und Sonntag dem unaufhörlichen Funktionieren der Apparate zu dienen." [*Symanowski,* 205, S. 59]

Auch *Naville* [162] weist auf das Problem des pausenlosen Einsatzes der Maschinen im Schichtbetrieb hin. Er spricht hier von einer Desynchronisation zwischen Arbeits- und Lebensrhythmus, der zu Störungen der natürlichen Rhythmen Tag/Nacht, Wachheit/Schlaf bzw. der sozialen Rhythmen von Familienleben und Freizeit führt.

Thomas und *Friedmann* betonen vor allem die gesundheitlichen Schädigungen, die sich als Folge der Mechanisierung ergeben. So meint *Thomas* [209, S. 124]:

„Die Folgen der maschinellen Produktion im Rahmen der industriellen Entwicklung sind: gesundheitliche Störungen (Zunahme der Neurasthenie und Neurose), psychische Desintegration, Abstumpfung, Mißtrauen und Verschließung, im allgemeinen ‚geistige Degradierung', Verarmungs- und Verkümmerungserscheinungen."

Thomas deckt sich damit mit den Auffassungen *Friedmanns,* und er lehnt die „Gewöhnung" als Lösungsmöglichkeit ab, da sie von außen erzwungen ist. Auch *Friedmann* sieht in Maßnahmen, wie z. B. Pausen oder Arbeitsgymnastik, eine bloße Symptombekämpfung und keine Bekämpfung der Ursachen von Verarmungs- und Verkümmerungserscheinungen. Als eine der größten Gefahren betrachtet er den Mangel an innerer Anteilnahme an der Umwelt:

„Eine der größten Gefahren scheint uns der Mangel an innerer Teilnahme des menschlichen Wesens an seiner Umwelt zu sein, die es von nun an mit Hilfe immer wirksamerer, autonomerer und allgegenwärtiger Techniken von außen beherrschen kann; wesentliche Bedürfnisse, Antriebe, Anlagen und

Hoffnungen des Menschen aber bleiben ungenutzt und verfallen." [*Friedmann*, 79, S. 178]

Dadurch wird der Mensch zum passiven Teilnehmer; er wird manipuliert und nach allen Seiten abgelenkt; er braucht nur den Knopf zu drücken; die Technik macht den Menschen überflüssig.

Eine letzte Gruppe von Autoren weist auf die Einengung des Dispositionsspielraumes hin. *Pirker* [175] spricht in diesem Zusammenhang von einer Versachlichung des Zwangscharakters, der mit der Mechanisierung zunimmt.

Mayntz [144], *Wiedemann* [231] und *Thomas* [209] betonen die immer strikter werdende Formalisierung des Leistungsgeschehens durch die zunehmende Rationalisierung. Der Spielraum für informelle Einflüsse wird immer kleiner. Für *Mayntz* ergibt sich daraus eine immer stärkere Trennung der formellen und informellen Sphäre. Das persönliche Engagement, d. h. der Spielraum für freie menschliche Betätigung, wird immer weniger möglich. *Wiedemann* sieht in dieser Einengung des Dispositionsspielraumes die eigentliche Ursache der Widerstände gegen die Rationalisierung, da die Verfügung über Zeitreserven für die Arbeiter von zentraler Bedeutung ist:

„Über eine (geheime!) Reserve verfügen, das bedeutet das Gefühl der Sicherheit, des Beruhigt-Arbeiten-Könnens; keine Reserve haben, das bedeutet Nervosität und seelische Belastung." [*Wiedemann*, 231, S. 12]

Erwartungsgemäß überwiegen die kritischen Stimmen; die Probleme der Mechanisierung werden ja vor allem dann aufgegriffen und bearbeitet, wenn ein Autor auf negative Folgen hinweisen will.

Als Beispiele *positiver* Auffassungen können Äußerungen von *Schelsky*, *Popitz* und auch *Naville* erwähnt werden. So schreibt etwa *Schelsky* [190, S. 179] sehr optimistisch:

„In der industriellen Arbeitswelt taucht die hier grundsätzlich umrissene Problematik vor allem im Verhältnis des Menschen zur Maschine auf; auch ihr wie allen technischen Erscheinungen gegenüber vollzieht sich die Anpassung des Menschen auf zwei Ebenen: einmal in der Veränderung vitaler und habitualisierter Tiefenschichten des Verhaltens, zum anderen durch bewußte Planung und Organisation dieses Verhältnisses. Man kann sagen, daß sich der moderne Mensch und insbesondere der moderne Industriearbeiter heute in beiden Verhaltensschichten ein verhältnismäßig wenig belastendes Verhältnis zur Maschine und zur maschinellen Produktionsweise erworben hat."

Diese Auffassung wird von *Popitz* [176] unterstützt, der die These vom „Maschinensklaven", und damit von der Eigengesetzlichkeit der Technik ablehnt. Notwendig ist lediglich die Ausprägung neuer Verhaltensweisen, so insbesondere die Ausbildung der „technischen Sensibilität" infolge des maximalen Zwangs zur minimalen Reaktion.

Naville führt die Tendenz zur Trennung des Menschen vom Produktionssystem an. Nach ihm wird der Mensch dadurch zum wirklichen Souverän:

„Mais il n'est pas mauvais de formuler des perspectives un peu plus larges dans ce domaine. L'avenir paraît devoir séparer complètement les individus par rapport au système de fabrication. On veut signifier par là qu'ils doivent en devenir vraiment les souverains. Il faudrait arriver à une situation où les hommes, qui ont la charge de produire la subsistance à la société, pourront effectuer de façon quasi expérimentale cette production dans un laps de temps de travail assez limité, pour chaque individu." [*Naville*, 162, S. 206/207]

Die Automation führt zu autonomen technischen Systemen; dies bedeutet eine zunehmende Abweichung zwischen den Funktionen der Maschinen und jener der Menschen. Zwischen Maschine und Mensch spielt sich eine neuartige Kommunikations- und Informationsbeziehung ein. Die Wirkung dieser Beziehung ist ambivalent: Einerseits verschärft sie die Entfremdung im traditionellen Sinn, da das Funktionieren der Maschine für den Menschen immer fremder wird, d. h. die Automation führt zu noch stärkerer Trennung des Individuums von den Produktionsmitteln und vom Produkt. Anderseits zeigt sich aber auch eine positive Entwicklungstendenz durch die Aufhebung der Unterwerfung des einzelnen unter das Diktat der Maschine.

4.1.3 Die Auswirkungen auf die Struktur der Arbeit und die Arbeitsbedingungen

Als weitern Problemkreis beschäftigen die Autoren die Auswirkungen der Mechanisierung auf die Arbeitsqualität, die Arbeitsbedingungen sowie die Arbeitsteilung.

Zu den Vertretern *negativer* Aspekte gehört zunächst *Thomas* [209], für den die technische Entwicklung zu einer Verringerung der Fähigkeiten führt. Es ist nach ihm falsch, von „immer komplizierter werdenden" Maschinen zu sprechen, da solche Maschinen ja gerade bedeuten, daß Arbeitsfähigkeiten zerlegt und dem Menschen abgenommen werden. Ferner fallen nach ihm auch eine Reihe von Fähigkeiten weg, die zur Arbeitsvorbereitung gehören (z. B. der Entscheid über die zur Bearbeitung erforderlichen Werkzeuge). Es ist nach *Thomas* eine reine Frage der Übereinkunft, welche Arbeit man als „qualifiziert" bezeichnen will. Auch *Symanowski* [205] weist auf die Bedrohung der Arbeitenden durch die mechanisierte, technisierte, automatisierte Produktion hin, insbesondere auf die Gefahr der Monotonie, der primitiven Teilleistungen. *Friedmann* [78 und 79] betont die gleichen Erscheinungen, nämlich den fortschreitenden Zerfall der traditionellen ganzheitlichen Berufe und die Entwertung der beruflichen Fertigkeit:

„Unter dem Einfluß der Arbeitsteilung — dieser vielschichtigen Erscheinung, welche die Geschichte der Technik entscheidend beeinflußt — führt die eine dieser Tendenzen zu einem fortschreitenden Zerfall der klassischen ganzheitlichen Berufe, wie sie in den vorindustriellen Kulturen ausgeübt, vervollkommnet und vererbt wurden. Dieser Verfall hat in vielen Fällen eine Entwertung der beruflichen Fertigkeit zur Folge." [*Friedmann*, 78, S. 265]

Friedmanns Kritik betrifft aber vor allem die gegenwärtige Situation sowie die nähere Zukunft. Seine langfristigen Prognosen sind denn auch wesentlich optimistischer.

Interessant in diesem Zusammenhang ist die Stellungnahme von *Müller* [156]. Die Automatisierung führt nach ihm zu höheren Qualifikationsanforderungen an die Arbeiterschicht. Soweit klingt seine Prognose durchaus optimistisch. Aufgrund seiner These von der biologischen Bedingtheit bzw. Vererbtheit spezifischer Fähigkeiten ist jedoch die Arbeiterschicht wegen ihrer biologischen Begrenzung nicht in der Lage, diesen erhöhten Anforderungen zu genügen, und es entsteht somit die ernsthafte Gefahr von Engpässen bei der künftigen Beschaffung qualifizierter Arbeitskräfte.

Naville geht auf das Problem der Verkürzung der Arbeitszeit ein. Die technische Entwicklung ermöglicht an sich eine Herabsetzung der Arbeitszeit. Die Arbeitszeit ist aber nach *Naville* keine homogene Einheit, sondern zerfällt in verschiedene Komponenten, so in eine Zeit zum Lohnerwerb und in eine Zeit zum „Mehrwert", also einer Leistung zugunsten des Unternehmers oder der Gesellschaft. Die zunehmende Produktivität tendiert in Wirklichkeit zu einer relativen Zunahme dieses „Mehrwertes":

> „En résumé, le progrès technique, tout en s'accompagnant d'une diminution de la journée moyenne de travail, n'a rien changé à sa structure, tant que le temps de cette journée est dépensé en fonction du système salarial de la production et de l'échange." [*Naville*, 160, S. 17]

Zudem wird die absolute Arbeitszeit infolge der längern Lebenserwartung verlängert (d. h. Verlängerung der total geleisteten Arbeitszeit im Verlaufe des ganzen Lebens trotz verkürztem Wochenpensum). *Naville* ist auch in bezug auf die übrigen Auswirkungen der Automation nicht vorbehaltlos Optimist. So bedeutet die Automation für den arbeitenden Menschen keineswegs das plötzliche Heilmittel gegenüber den Mängeln der Industrie, und es ist sehr zweifelhaft, ob die Arbeit im Betrieb *als solche* dem Individuum eine „Entschädigung" bieten kann. Durch den Verdienst ermöglicht sie ihm lediglich die beschränkte Möglichkeit einer Kompensation außerhalb des Betriebes:

> „Autrement dit, la sécurité de l'emploi, qui garantit le gain, et la durée du travail, qui donne les moyens d'en disposer, sont — avec l'automatisation comme auparavant — la préoccupation essentielle des travailleurs, et s'imposeront donc aux entrepreneurs." [*Naville*, 162, S. 55]

Zu den Vertretern mehrheitlich *positiver* Gesichtspunkte gehört zunächst *Popitz* [176]. Für ihn besteht die Tendenz zur absoluten Vermehrung der qualifizierten Arbeit. Anstelle des traditionellen Handwerks entsteht ein „neues Handwerk". Als weitere Prognose erwähnt *Popitz* die weitgehende Automatisierung der Produktionsmittel, verbunden mit der zunehmenden Bedeutung der überwachenden und lenkenden Arbeitsaufgaben und dem Wegfall der physischen und „repetitiven" Gliederung der Arbeit. Für die repetitiven Arbeiten anerkennt er durchaus das Problem der Monotonie, da die einzelne Verrichtung nicht zu Verhalten, nicht zu Handeln wird, sondern bloßes Tun darstellt. Monotonie ist aber nicht die notwendige Folge repetitiver Arbeit. Das Bewußtsein kann sich entsprechend einstellen und neue Objekte suchen, die sich zu einer eigenen zeitlichen Ordnung zusammenfügen und damit das zerfließende Situationsgefüge wieder herstellen.

Die Verminderung der Routinearbeit und die Vermehrung der qualifizierten Arbeit als Folge der Automatisierung erwähnt schließlich auch *Croner* [45].

Für *Bahrdt* [16] liegen die positiven Aspekte des technischen Fortschrittes in der Verbesserung der Arbeitsbedingungen, insbesondere in der Verringerung von Schmutz, Lärm, psychischer und physischer Belastung.

Friedmann [79] anerkennt positive Aspekte als langfristige Entwicklungstendenz. So wird die Mühsal und Last der Arbeit auf allen Gebieten abnehmen, vor allem durch den Fortschritt der Automation. Die Konstruktion neuer Maschinen erhöht den Bedarf an neuen Fachberufen. Ferner erfolgt eine Aufwertung der Arbeit durch die Möglichkeit polytechnischer Bildung, d. h. durch die Reorganisation des Bildungswesens.

Naville lehnt die These von *Pierre-Joseph Proudhon* ab, wonach die zunehmende Mechanisierung die Arbeitszersplitterung behebe. Es ist nach ihm falsch, die Vereinigung der Arbeitsinstrumente, ihre Integration und Akkumulation in einem einheitlichen System zu verwechseln oder gleichzusetzen mit einer Vereinigung der Aufgaben des Arbeiters:

> „Ce sont deux choses complètement différentes, et le progrès technique est précisément fondé sur leur dissociation progressive." [*Naville*, 162, S. 110]

Naville verwirft auch die *Proudhon*istische Auffassung von der prästabilierten Harmonie, nach der die Arbeitsteilung den verschiedenen Fähigkeiten und Bedürfnissen entspreche und sie in Einklang bringe. Diese These geht nach *Naville* von einem Modell der handwerklichen Arbeit aus. Die Mechanisierung führt nicht zur Wiedervereinigung von Aufgaben und damit auch nicht zur neuen Übereinstimmung von Aufgaben, Fähigkeiten und Bedürfnissen, sondern die technische und soziale Evolution nimmt einen andern Weg ein, den man erst allmählich – gerade durch die Entwicklung der Automation – zu überblicken beginnt. So meint er im Zusammenhang mit der Ausdehnung der automatischen Produktionsanlagen:

> „Cette extension entraîne la séparation accentuée des aptitudes corporelles et des procédés techniques de fabrication; l'intégration des instruments de

travail fonctionnant en séquence continue de façon autonome; la répartition coordonnée de tâches indépendantes du fonctionnement des instruments de travail; la redistribution fonctionnelle des tâches humaines dans le temps et dans l'espace; la mobilité accentuée des opérations dans le temps et dans l'espace, par roulement, rotations, mutations, transferts et polyvalence d'emploi; et enfin le remaniement des hiérarchies de subordination qui surdéterminent la division des tâches." [*Naville,* 162, S. 114]

Die positive Tendenz in der Blickrichtung von *Naville* liegt im Aufzeigen neuer analytischer Formen der Arbeitsteilung. Zentral scheint ihm deshalb die Frage nach der Veränderung der klassischen Formen der Arbeitsteilung durch die Automation. Die Entwicklung der Arbeitsteilung ist somit nicht reduzierbar auf die unmittelbare Art der vom einzelnen Arbeiter ausgeführten Aufgaben. Notwendig ist die gleichzeitige Berücksichtigung der technischen, ökonomischen und sozialen Bedingungen der Arbeit:

> „Estimer que le manœuvre ou l'ouvrier ‚bon à tout' exécutent un travail moins ‚divisé' et moins ‚parcellaire' que l'opérateur très spécialisé d'une ligne automatique, ce serait négliger les caractéristiques profondes de l'évolution des formes de la division du travail, qui ne sont pas réductibles à la nature immédiate des tâches exécutées par chaque ouvrier considéré isolément." [*Naville,* 162, S. 116/117]

Aus dieser Sicht ist die Arbeitsteilung nicht mehr das „Nonplusultra" der Organisation:

> „La division cesse d'être le nec plus ultra de l'organisation. C'est l'intégration, et ce que nous avons appelé la distribution mobile, qui tendent à le remplacer, avec tout ce que cela comporte comme conséquence dans le domaine des salaires (mensualisation, garantie), des critères d'efficacité (responsabilité partagée), des relations hiérarchiques (équipes à niveaux multiples, formation, participation et ‚auto-gestion')." [*Naville,* 162, S. 119]

4.2 Der technische Fortschritt als umfassende gesellschaftliche Erscheinung

4.2.1 Technischer Fortschritt und außerbetrieblicher Lebensbereich

Die Stellungnahmen der Autoren konzentrieren sich auf zwei Hauptaspekte, nämlich auf die Verlagerung der Bedeutung der verschiedenen Lebensbereiche für den einzelnen sowie auf die Auswirkungen des technischen Fortschrittes auf den Lebensstandard.

Schelsky [190] spricht von der Verlagerung des sozialen Selbstbewußtseins und Prestiges auf den außerbetrieblichen Bereich. Er meint damit die Bedeutung des außerbetrieblichen Bereichs als Ausgleich zur mechanisierten Arbeit. Diese

Idee greift auch *Friedmann* [79] auf mit seiner Annahme, wonach sich das Gewicht gleichmäßig auf Arbeit und Spiel verteilen wird. Er sieht den Abbau des traditionell strengen Gegensatzes zwischen Arbeit und Spiel und die Möglichkeit einer gegenseitigen Befruchtung von Arbeit und Freizeit.

Eine ähnliche Auffassung vertritt *Touraine* [213]. Nach ihm bildete die Arbeit in der traditionellen Gesellschaft das zentrale soziale Organisationsprinzip. Die berufliche Situation bestimmte Milieu, Lebensstil und kulturelles Verhalten. In der industriellen Zivilisation erhält die Gestaltung der sozialen Beziehungen und die Erfahrungen der menschlichen Existenz immer größere Unabhängigkeit. Dadurch kommt dem Privatleben eine wachsende Bedeutung zu. Mit dieser Betonung des Privatlebens will *Touraine* den Gegensatz hervorheben zur verbreiteten These von der Massengesellschaft als einer „Super-Organisation". Der Arbeitsbereich bildet somit nur noch einen Teilaspekt des gesamten Lebensbereichs.

Die Auswirkungen des technischen Fortschrittes auf den Lebensstandard werden insbesondere von *Bahrdt* [16], *Wiedemann* [231], *v. Ferber* [70], *Naville* [162] und *Bednarik* [26] erwähnt. Während *Bednarik* darin eine Gefahr sieht, beurteilen die übrigen Autoren diese Auswirkungen eher als positiv.

Nach *Bednarik* verwendet der Arbeiter den höheren Lebensstandard nur für sterile Vergnügen und nicht für „echte kulturelle" Zwecke. Er ist nicht in der Lage, die verbesserte ökonomische Situation geistig zu bewältigen. Der Arbeiter gelangt in einen geistigen Leerraum. Der Lebensstandard und das dadurch mögliche Vergnügen reguliert die verflachte Lebensfreude. Anstelle des Geistes tritt die Technik:

> „Der Kreis schließt sich so, der Kurzschluß wird perfekt. Mitten im Betrieb, betrieben und betreibend, verzichtet der Mensch immer mehr darauf, menschlich zu leben. Anstelle des Geistes tritt die Technik; . . . der Lebensstandard, das Einkommen und die damit erschwinglichen Vehikel des Amüsements, reguliert die verflachte Lebensfreude. Die geistige Situation hängt also doppelt zusammen mit dem Lebensstandard, beide sind Entsprechungen desselben Zustandes in der inneren und äußeren Welt. Sie bedingen einander, treiben einander weiter, einer bringt den anderen immer wieder neu hervor. Damit kompensiert der Mensch sein geistiges Elend . . ." [*Bednarik,* 26, S. 120]

Gerade die entgegengesetzte Position vertritt *Wiedemann* [231]. Nach ihm bildet der höhere Lebensstandard die Grundlage eines angenehmeren und sinnvolleren Lebens. Der Arbeiter ist nicht nur passiver Verbrauchertyp, sondern ein höchst aktiver Konsument. Die Gefahr liegt nach *Wiedemann* höchstens darin, daß der Arbeiter auch außerhalb des Betriebes — wegen seiner Aktivität — psychisch nie zur Ruhe kommt.

Der höhere Lebensstandard und die erhöhte Freizeit bedeuten für *Bahrdt* [16] den Ausgleich zum betrieblichen Zwangssystem. Diese positive Beurteilung wird von ihm insofern eingeschränkt, als die wachsende Freizeit nicht automatisch wachsende Selbstbestimmung bedeutet; d. h. der Konsumbereich bringt nicht automatisch jene Freiheit, die der Arbeitsbereich nicht bietet, sondern es zeigen sich oft neue Formen der Entmenschlichung, der Fremdbestimmung, der Abhängigkeit.

Schließlich betonen auch *Naville* [162] und *v. Ferber* [70] diese Ausgleichsfunktion des außerbetrieblichen Bereichs. Höherer Verdienst und Konsummöglichkeiten bilden die Kompensation zu den Auswirkungen der Arbeitsteilung und damit der Unmöglichkeit des persönlichen Arbeitserfolges und der Arbeitszufriedenheit. Für *v. Ferber* hat der durch den technischen Fortschritt bewirkte Massenwohlstand die Privilegierung des Genießens aufgehoben.

4.2.2 Die Auswirkungen der technischen Entwicklung auf die Funktionsfähigkeit der Gesellschaft und die gesellschaftliche Integration

Eine Beurteilung der Auswirkungen des technischen Fortschrittes auf die Funktionsfähigkeit der Gesellschaft erfolgt insbesondere durch jene Autoren, deren Ansatz makrosoziologisch ausgerichtet ist.

Nach *Naville* wird die Automation das Leben in der industriellen Gesellschaft dominieren. Dies bedingt nicht gleichzeitig das totale Verschwinden aller traditionellen Formen der Produktion. Aber es bedeutet die Unterordnung dieser Formen unter die Gesetze der automatischen Massenproduktion. *Naville* wirft die bedeutsame Frage auf, wie weit dieser technische Automatismus nicht zu einem allgemeinen sozialen bzw. gesellschaftlichen Automatismus führt:

> „. . . si l'automatisation étend à la fois sa portée et son étendue tout en élevant son niveau jusqu'à embrasser, directement ou indirectement, l'ensemble du système industriel, que deviendront les rapports de ce système avec la société humaine? N'aurons-nous pas, – côté à côté ou face à face, deux autonomies relatives, qui ne peuvent en définitive exister que l'une par l'autre?" [*Naville*, 162, S. 222]

Nach *Friedrich W. Hegel* und *Karl Marx* ist nur die menschliche Arbeit schöpferisch; nur Hand und Verstand des Menschen können etwas Neues schaffen. Die Automation der materiellen Produktion ist somit nichts anderes als eine Verfeinerung der mechanischen Beziehungen, welche der Mensch seit langem kennt. Der Unterschied ist bloß quantitativer Art. *Naville* geht unter Anlehnung an *Martin Heidegger* einen Schritt weiter:

> „Si l'essence de la technique est d'engager l'homme dans ce qu'il ne peut inventer, ni encore moins faire, c'est que dès l'aube de son pouvoir technique il n'a pas seulement réussi à tirer de la nature, sous sa commande directe, ce qu'il était impuissant à faire par lui-même, et ce que les forces naturelles n'accomplissent qu'en partie sous forme utile; il est parvenu à un résultat plus surprenant encore: faire exécuter à la nature, *d'elle-même*, ce qu'il voulait qu'elle exécutât." [*Naville*, 162, S. 228]

Diese Überlegungen führen zur allgemeineren Frage des gesellschaftlichen Automatismus:

„...dans la mesure où les objets techniques, qu'ils visent la production, la consommation, ou des usages mixtes, relèvent de plus en plus de lois dominées par l'automatisme, ne s'achemine-t-on pas vers une société, elle aussi fonctionellement automatique?" [*Naville*, 162, S. 228]

Naville fragt sich, ob das Geheimnis der sozialen Gebilde nicht im Zwiespalt gesehen werden kann, der sie einerseits autonom in ihrer sozialen Struktur und anderseits programmiert in ihrer Funktion macht. Ihr wahrscheinlicher Zustand stünde damit nicht im Widerspruch mit dem determinierten Zustand – zumindest nicht mehr als jener der perfektioniertesten Fabrikationssysteme. Jedes System (jenes der materiellen Produktion und jenes im gesellschaftlichen Bereich) arbeitet nach den eigenen Informationen, welches es erhält und aufarbeitet. Die integralen Organisationssysteme (Menschen, Maschinen und Apparate) stellen eine technisch-funktionelle Symbiose dar, und zwar im kybernetischen Sinn. Gerade in dieser Perspektive übersteigt nach *Naville* die verallgemeinerte ökonomische und soziale Bedeutung der Automation die traditionellen Beziehungen zwischen Technik und sozialer Funktion. *Naville* kommt zum Schluß, daß die technischen Gruppen (groupes techniques) in der Gesellschaft möglicherweise – neben den menschlichen Gruppen – einen Platz einnehmen, der bisher exklusiv den menschlichen Gruppen vorbehalten war. Dabei genügt hier der Hinweis nicht mehr, daß die Bedeutung der Technik und der Ökonomie insgesamt für das menschliche Schicksal schon lange erkannt wurden:

„Car nous assistons dès à présent au début d'une mutation technique qui tend à renouveler des conceptions que nous avons en somme héritées, pour l'essentiel, de *Galilee*, de *Descartes* et de *Marx*. Ce qui entraîne cette mutation, c'est la puissance d'expansion de l'automatisme dans un univers dont la possession par l'homme fait une unité close, et non plus une mosaique de groupes indépendants." [*Naville*, 162, S. 232]

Durch die neuen Techniken automatisiert sich nach *Naville* die Gesellschaft selbst – nicht mehr auf die primitive Art des Uhrmachers, sondern mittels dem komplexen Modell homeostatischer Systeme.

Touraine geht von der Definition des Bewußtseins als Kombination von drei Elementen aus, nämlich dem „principe d'identité", dem „principe d'opposition" und dem „principe de totalité". Das Bewußtsein durchläuft im Verlaufe der historischen Entwicklung verschiedene Phasen. So unterscheidet *Touraine* zwischen dem frühern Bewußtsein, dem Bewußtsein der professionellen Klasse, dem Bewußtsein der ökonomischen Klasse und dem neuen Bewußtsein. Das traditionelle Bewußtsein hat sich durch die Industrialisierung gewandelt. Über das neue Bewußtsein in der technisierten Zivilisation meint *Touraine* [213, S. 289]:

„Considérée en général, la nouvelle conscience ouvrière est fondée, non sur le sentiment d'appartenance à des communautés concrètes, mais sur la compréhension de la société comme système d'action historique, opposant à ses membres divers types d'aliénation séparés les uns des autres par leur causes, mais unis par leur signification, qui est toujours d'opposer un obstacle à la volonté de création et de contrôle des travailleurs."

Das Schicksal der Arbeitenden scheint nicht mehr verknüpft mit jenem konkreter Gruppen, sondern vielmehr mit dem Funktionieren der verschiedenen Ebenen der Gesellschaft. Dabei wird der Bezug zur Gesamtgesellschaft immer zentraler. Die Ansprüche bzw. Forderungen (revendications) werden allgemeiner, d. h. politischer, persönlicher, moralischer. Die Politisierung des neuen Bewußtseins wird zum markantesten Zug (was nicht verwechselt werden darf mit der Entpolitisierung der öffentlichen Meinung; d. h. die Indifferenz gegenüber dem Funktionieren der politischen Institutionen darf nicht verwechselt werden mit einem fehlenden Bezug zur Gesamtgesellschaft). Das wirtschaftliche System wird immer direkter in seiner Einheit (d. h. in seiner Produktions- und Verteilungsfunktion) betrachtet. Diese Einheit erklärt die Verbindung der beiden scheinbar gegensätzlichen Tendenzen, welche *Touraine* als „la politisation et la privatisation des revendications" bezeichnet. Die Verteidigung des Privatlebens in- und außerhalb des Arbeitsbereichs kann nicht mehr in der Verbundenheit mit einer Gemeinschaft und einem traditionellen Lebensstil bestehen. Das Privatleben besteht zunächst in der persönlichen Beteiligung an den durch die industrielle Zivilisation massenhaft hergestellten Gütern. Neu ist dabei nicht ein größeres Interesse an der Konsumation, sondern vielmehr die engere Bindung, welche zwischen der Rolle als Produzent und der Situation als Konsument existiert. Die Arbeitenden, welche einer wachsenden Gesamtheit von Entfremdungssituationen ausgesetzt sind, können sich voll auf ihre individuellen Beschäftigungen zurückziehen, indem sie eine unangenehme, langweilige Arbeit annehmen und eine autoritäre Organisation akzeptieren, um einen höheren Lohn zu erhalten. Aber in der Differenz zwischen der Existenz eines beruflich und sozial anerkannten Zieles und dem Fehlen jeglichen Zieles zeigen die ökonomischen Forderungen bereits das Vorhandensein des neuen schöpferischen Bewußtseins. In diesem Bewußtsein liegt das Prinzip des Widerstandes gegen die verschiedenen Formen der Entfremdung. Die geforderten höheren Löhne stellen nicht mehr bloß eine individuelle Befriedigung dar, sondern manifestieren auch das neue Bewußtsein, an der gemeinsamen Arbeit teilzuhaben. In der ökonomischen Forderung liegt auch der Appell an die Einheit und die Kontrolle des ökonomischen Systems durch die Kollektivität. Auf der andern Seite verliert die Sorge um den Lebensstandard seine Autonomie in dem Maße, in welchem die verschiedenen Entfremdungen behoben werden, insbesondere die zentrale Form der politischen Entfremdung. Das schöpferische Bewußtsein verbindet sich mit dem Bewußtsein der Beteiligung an der Organisation der Gesellschaft. Die Sorge verschwindet zwar nicht, aber sie verbindet sich mit der Hoffnung einer differenzierten Entschädigung, deren extreme Form das Vertrauen in den Aufbau einer künftigen Gesellschaft ist, ein Aufbau, welcher die Opfer der heutigen Generation erfordert.

Auch *Friedmann* geht von einer historischen Interpretation aus. Die Entwicklung der Naturwissenschaften und der Technik störten das traditionelle Gleichgewicht der europäischen Gesellschaften. Dabei bildete die zunehmende Arbeitsteilung nur einen der Störfaktoren. In Anlehnung an die Gesetze von *Le Chatelier*[146] stellt *Friedmann* [79, S. 142] die These auf:

> „Wenn sich ein derartiges System in wirklichem Gleichgewicht befindet, löst die Veränderung eines der das Gleichgewicht konstituierenden Faktoren eine Verlagerung des Systems in einer Richtung aus, von der erwartet werden kann, daß sie die Auswirkung der Störung abschwächt."

Er folgert daraus, unter Hinweis auf die von der Kybernetik untersuchten „Feedback"-Vorgänge:

> „Man könnte also erwarten, daß im ‚System' der technischen Zivilisation eine Gleichgewichtsverschiebung die Auswirkungen der Störungsursache auszugleichen sucht, sobald der Drang zur Spezialisierung einen bestimmten Verbreitungs- und Intensitätsgrad erreicht und das frühere allumfassende Gleichgewicht verändert hat." [*Friedmann,* 79, S. 142]

Wie weit die Tendenz des sog. „Job-Enlargement" als solche tiefgreifende und umfassende Reaktion auf die Arbeitszerlegung gewertet werden kann, wird erst die Zukunft zeigen. *Friedmann* verbindet diesen Begriff der Gegenreaktion ebenfalls mit den klassischen Termini der *Hegel*schen Dialektik, also mit dem Dreistufenprozeß von These (Aktion), Antithese (Gegenaktion) und Synthese (neues Gleichgewicht).

Die Auswirkungen des technischen Wandels auf die *gesellschaftliche Integration* werden von *Mayntz* [144] und *Bednarik* [26] negativ beurteilt. Die technische Entwicklung führt nach *Mayntz* zur zunehmenden Desintegration und zum Verlust menschlicher Gemeinschaft. *Bednarik* umschreibt den gleichen Tatbestand durch den Hinweis auf den durch die moderne Technik verursachten Moralzerfall bzw. die Absetzung von den gesellschaftsimmanenten Moralformen. Nach ihm besteht eine verstärkte Tendenz zum Individualismus und zur materiellen Begehrlichkeit.

Im Gegensatz dazu äußert sich *Bahrdt* [16] *positiv*. Nach ihm schafft der technische Fortschritt die Voraussetzung für eine zunehmende gesellschaftliche Integration. Die Hindernisse liegen vor allem in der Überalterung der Gesellschaftsstruktur selbst.

Schließlich äußert sich auch *Touraine* zum Phänomen der Integration als

[146] Jeder Vorgang, der durch eine äußere Einwirkung oder einen anderen primären Vorgang in einem System hervorgerufen wird, ist so gerichtet, daß er die Änderungen des Systems durch die äußere Einwirkung oder den Primärvorgang zu verhindern sucht.

Auswirkung der technischen Entwicklung. Die industrielle Zivilisation erreicht nach ihm ihren Höhepunkt mit dem Zustand des Überflusses, d. h. mit der Situation, wo die Individuen nicht mehr durch ihre Arbeitsrolle, sondern durch ihre Integration in die Massenkonsumation bestimmt sind:

> „La civilisation industrielle atteint son plein développement avec l'abondance, c'est-à-dire lorsque la situation des individus dans la société ne se trouve plus seulement définie par leur participation au travail collectif, leur rôle de producteur, le type de la gravité des aliénations qu'il comporte, mais aussi bien par leur intégration à la consommation de masse." [*Touraine,* 213, S. 433]

Die Gesellschaft wird in dieser Situation beherrscht sein durch den Gegensatz zwischen einem Prinzip der Inegalität (bestehend aus der Hierarchie der Kenntnisse und der Macht) und einem Prinzip der Egalität (bestehend aus der immer allgemeineren privaten Verfügung über die Konsumationsgüter). Der Begriff der „hochindustriellen Gesellschaft" *(David Riesman)* bedeutet keinen Rückgang der Bedeutung der industriellen Produktion, sondern vielmehr, daß die Rolle des Individuums in der Produktion nicht mehr das einzige Instrument zur Erklärung seines Verhaltens ist. Durch die Verbindungen des „Menschen nach der Arbeit" und der industriellen Zivilisation kann man nach *Touraine* von einer industriellen Kultur sprechen. Die kulturelle Einheit der vorindustriellen Gesellschaft wurde zu Beginn der Industrialisierung zerstört.[147] Die Massenkonsumation als Instrument der sozialen Integration ermöglicht von neuem das Studium der Gesamtgesellschaft und der Kultur dieser Gesellschaft.

[147] Die Gesellschaft wurde zum Ort kämpferischer Auseinandersetzungen, und die soziologische Theorie versuchte in diesem Dilemma jeden Typ des sozialen Verhaltens in einer bestimmten sozialen Klasse zu lokalisieren.

5. Die Vorstellungen über die künftige betriebliche und gesellschaftliche Ordnung

5.1 Die Erhaltung des „status quo"

Es finden sich praktisch keine Autoren, welche die bestehende betriebliche und gesellschaftliche Ordnung völlig kritiklos akzeptieren und nicht irgendwelche Veränderungen als zweckmäßig erachten.

Mit gewissen Einschränkungen kann allerdings *Müller* zu den Vertretern dieser Extremgruppe gerechnet werden, da er die bestehenden Probleme weitgehend auf biologische Komponenten reduziert. So ist für ihn beispielsweise die Anpassung an die durch den technischen Fortschritt bedingten erhöhten Qualifikationsanforderungen nur sehr begrenzt ein Substitutions- oder Ausbildungsproblem. Vielmehr werfen die Siebungsgesetze die ernste Frage auf, ob überhaupt genügend entfaltbare Naturbegabungen in der fraglichen Bevölkerungsmasse vorhanden sind, um den gesteigerten Anforderungen zu genügen. Die relativ engen „Naturgrenzen" geistiger Bildung werden nach *Müller* allzu oft verkannt. So stehen wir nach ihm:

> „... vor engen Grenzen, ja vor einem erschreckenden Engpaß, der insbesondere die Auslaugung der breiten unteren Sozialschichten von entfaltbaren Begabungsqualitäten erkennen läßt." [*Müller,* 156, S. 132]

Aus dieser Sicht ist auch seine These zu verstehen, wonach die Förderung der Angestellteneinkommen eine sicherere Garantie für eine sinnvolle Verwendung bieten:

> „Man mag sicher auch den breiten Arbeiterschichten gewiß jede volkswirtschaftliche tragbare Lohnsteigerung gönnen. Aber wir können und müssen feststellen: volkswirtschaftlich und gesamtwirtschaftlich ist bei Steigerung der einkommensmäßig oft sehr stark nachhinkenden Angestellteneinkommen jedenfalls eine wesentlich sicherere Garantie für volkswirtschaftlich sinnvolle und sozial-kulturell förderliche Verwendung ihres Einkommens gegeben." [*Müller,* 156, S. 93]

Eine modifizierte Form der Übereinstimmung mit dem „status quo" findet sich bei jenen Autoren, welche die bestehenden Herrschafts- und Machtverhältnisse bzw. die bestehenden Interessenkonflikte als unvermeidbar betrachten. In diese Richtung geht vor allem etwa der Ansatz von *Dahrendorf* [52].

Die gleiche Bemerkung gilt auch für jene Autoren, die von der Möglichkeit einer harmonischen Gestaltung der bestehenden Ordnung ausgehen. Ihre Maßnahmen zielen nicht auf objektive Veränderungen der bestehenden Verhältnisse ab, sondern lediglich auf die Vermeidung von ordnungsstörenden Konflikten. In diese Gruppe würden insbesondere die Vertreter des „Human-Relations"-Ansatzes fallen, auf die im Exkurs über die amerikanische Betriebssoziologie näher hingewiesen wurde. Für die vorliegende Arbeit scheint es mir zweckmäßig, von einer „Human-Relations"-Tendenz dann zu sprechen, wenn die bestehende Ordnung nicht als problematisch empfunden wird bzw. wenn das Ziel der allfälligen Maßnahmen nicht in der Veränderung der Stellung des Menschen im Betrieb, sondern letztlich nur in der Erhöhung der Produktivität, d. h. der Erreichung der Ziele der Betriebsleitung, liegt. Aus dieser Sicht können dann Autoren wie z. B. *Atteslander, Fürstenberg, Mayntz* oder *Wiedemann* – wenn auch mit Vorbehalten – dieser Gruppe zugezählt werden.

So beruhen nach *Atteslander* Arbeitskonflikte auf Unzufriedenheit. Diese Unzufriedenheit ist nach ihm heute ein Ergebnis sozialer Normen und beruht nur noch in wenigen Fällen in objektiven Bedingungen, d. h. der materiellen Not einer Schicht oder Klasse:

> „Es wird mehr und mehr aus Gründen des Prestiges gestreikt; Prestige indes kann überhaupt nur im sozialen Bereich erfaßt werden, bezieht sich immer vornehmlich auf soziale Normen und erst indirekt auf materielle Tatbestände." [*Atteslander,* 12, S. 201]

Wiedemann [231] sieht die Sicherung einer angemessenen Zeitreserve, d. h. eines „Spielraumes" zunächst als sozialethisches Postulat. Er befürwortet aber die Verwirklichung dieses Postulats nur soweit, als dadurch die Leistung bzw. die Produktivität erhöht wird.

In ähnlicher Richtung scheint auch *Fürstenbergs* These von der „strategischen Disposition" zu liegen. Er wendet sich vor allem gegen jene Konflikte, welche die soziale Struktur des Betriebes verändern und durch welche sich insbesondere Macht- und Autoritätspositionen verlagern. Seine vorgeschlagenen Maßnahmen dienen der Neutralisierung dieser strukturverändernden Konflikte:

> „Der soziale Konflikt als sozialer Prozeß muß also durch einen entgegengesetzten sozialen Prozeß neutralisiert und dann überwunden werden." [*Fürstenberg,* 84, S. 135]

Auch *Fürstenberg* ist der Auffassung, daß in der bestehenden Ordnung die materielle Daseinsnot des Industriearbeiters und die Gefahr einer schrankenlosen Willkürherrschaft kleiner Gruppen im Industriebetrieb weitgehend gebannt sind. Es wäre aber falsch, *Fürstenberg* als extremen Verfechter des „status quo" zu bezeichnen, obwohl er, wie *Dahrendorf,* die betriebliche Herrschaftsstruktur als unvermeidbar betrachtet. So postuliert er doch eine Änderung des Menschenbildes im Rahmen dieser Herrschaftsstruktur, und er lehnt eine autoritäre Führung ab.[148]

Schließlich wird der „status quo" auch durch *Croner* akzeptiert. *Croner* geht von der Wertungsprämisse einer demokratischen Gesellschaft aus. Damit meint er:

(1) Die Freiheit des einzelnen, jene Tätigkeit zu wählen, die dem Wählenden am meisten zusagt.
(2) Vollständige Gleichwertigkeit und Gleichheit der verschiedenen Tätigkeitsgebiete.
(3) Gleiche Chancen für alle, jene Ausbildung zu wählen und zu Ende zu führen, die sie wünschen.[149]

Wenn *Croner* [45, S. 17] schreibt:

> „Auch die Wertungsprämisse darf nach der hier vertretenen Auffassung nicht aus der Luft geholt werden, sondern setzt wiederum ein Wissen um die soziale Wirklichkeit voraus, der sie ‚entsprechen' muß",

dann sieht er offenbar die Bedingungen, die seinen Vorstellungen einer demokratischen Gesellschaft entsprechen, als gegeben an.

5.2 Die Zielsetzungen partieller Reformen

Es geht in diesem zweiten Abschnitt um Zielsetzungen und Postulate, welche eine Veränderung der bestehenden betrieblichen oder gesellschaftlichen Ordnung bzw. der Stellung des Menschen in dieser Ordnung anstreben – deren Ziel also nicht bloß die Produktivitätssteigerung oder die Erhaltung des „status quo" ist. Dazu gehören natürlich auch Anpassungsvorgänge an die durch die technische Entwicklung geschaffene neue betriebliche und gesellschaftliche Situation; ferner auch Bemühungen, welche die Rückführung der bestehenden auf eine frühere Ordnung anstreben.

5.2.1 Verbesserung der Arbeitsbedingungen und Bildungsreform

Zu den arbeitsorientierten Zielsetzungen gehören zunächst alle jene Maßnahmen, welche auf die Schaffung schöpferisch *befriedigender Arbeitsbedingungen* ausgerichtet sind. So darf nach *Symanowski* die materielle Produktion nicht ausschließliches Ziel der Technik sein, und selbst Mehrkosten und Konkurrenzdruck sind keine Entschuldigung für die Überforderung des Menschen. Er ver-

[148] Siehe folgenden Abschnitt 5.2.
[149] *Croner* [45, S. 17/18].

langt den Ersatz der Atomisierung der Arbeitsvorgänge durch Arbeitsprozesse mit überschaubaren, möglichst weitgehend selbstverantwortlichen Betriebsgruppen. Eine sinnvolle Lösung liegt nach ihm im sog. „Job-Enlargement“:

> „Ohne Zweifel erleichtert die Entmythologisierung der Arbeitsteilung, die Möglichkeit rationeller Reintegration von übermäßig zerlegten Arbeitsprozessen die Bildung selbstverantwortlicher Arbeitsgruppen.“ [*Symanowski*, 205, S. 62]

Diese Entmythologisierung der Arbeitsteilung fordert in analoger Weise *Friedmann*, und auch er sieht im „Job-Enlargement“ die sinnvolle Lösung. „Job-Enlargement“ ist nach ihm durchaus vertretbar mit moderner, rationaler Arbeitsplanung und Arbeitsorganisation und bedeutet nicht eine Rückkehr zu handwerklichen Arbeitsformen. Das Schicksal der Arbeitenden hat auch für *Friedmann* Priorität vor allen Rentabilitätsüberlegungen. Die Automation ist nach ihm das geeignetste Mittel zur Bekämpfung der Arbeitszersplitterung und zur Hebung der Qualifikation der Arbeit. Sie ist aber nur langfristig realisierbar, und es müssen für die Gegenwart und die nähere Zukunft Lösungen gefunden werden. Dabei ist *Friedmann* auch in bezug auf die Möglichkeiten des „Job-Enlargement“ nicht allzu optimistisch:

> „Eine genaue und kritische Beobachtung verbietet es also, den Optimismus jener Leute zu teilen, die für eine nahe Zukunft – als Folge der gemeinsamen Wirkung von Automatisierung und job enlargement – das Verschwinden aller zersplitterten, entwerteten Arbeitsverrichtungen und ihre geistige Wiederaufwertung vorhersagen; so als könnten alle arbeitenden Menschen wieder vollen Einsatz ihrer Persönlichkeit und volle Befriedigung in ihrer täglichen Arbeit finden.“ [*Friedmann*, 79, S. 135]

Friedmann [78] fordert ferner eine entsprechende Arbeitsplatz- und Arbeitsgestaltung zur Sicherung eines Maximums an psychischer und physischer Bequemlichkeit. Notwendig dazu sind technische, bio-psychologische und soziale Maßnahmen. Eine bloße Symptombekämpfung genügt dabei nicht, um die erforderliche intellektuelle und soziale Revalorisierung der Arbeit zu verwirklichen. Viel geeignetere Mittel sind die Rotation der Arbeitsplätze (Wunsch nach Abwechslung) sowie die Gewährung größerer Spielräume für das Individuum (Wunsch nach freier Gestaltung der Arbeit) sowie die Integration in die Arbeitsgruppe.

Ähnliche Überlegungen äußert auch *Naville* [162], für den die technischen Bedingungen der Arbeit ebenfalls nicht zum Nachteil der Arbeitenden von Profitüberlegungen beherrscht sein dürfen. Auch er sieht die Lösung nicht in der Rückkehr zur handwerklichen Arbeit, sondern in ähnlichen Maßnahmen wie *Friedmann*.

Eine zweite Gruppe arbeitsorientierter Zielsetzungen besteht in der Forderung nach einer *Reorganisation des Bildungswesens*, damit die Anpassung an die durch den technischen Fortschritt bewirkte Umstrukturierung der Arbeitssituation erfolgen kann. Entsprechende Postulate äußern vor allem *Aufhäuser* [14], *Pirker* [175], *Naville* [162] und *Friedmann* [79]. Die letzten beiden Autoren befassen sich besonders intensiv mit diesem Aspekt. Für sie geht es um die völlige Neukonzeption des Bildungs- und Erziehungswesens, die nicht nur den Arbeitsplatz, sondern den ganzen Lebensbereich betrifft. Nach *Naville* handelt es sich dabei um die Fähigkeit zur Teilnahme am technischen Universum:

> „Sous peine de vivre dans un monde auquel il resterait tout à fait étranger, après l'avoir construit, l'homme ne peut ignorer comment sont créés, à quelle lois obéissent tous ces systèmes qu'il utilise quotidiennement, dans le travail et au dehors." [*Naville,* 162, S. 255]

Friedmann sieht in dieser Reorganisation des Bildungswesens den wesentlichsten Beitrag zur Bekämpfung der Nachteile der Spezialisierung. Dabei spricht er von einem doppelten Bildungsziel. Einerseits fordert er eine allgemeine und berufliche Bildung als Grundlage einer Lehrzeit in einem vollständigen Beruf. Dadurch wird ein Einsatz für verschiedene Tätigkeiten und ein Überblick über größere Zusammenhänge ermöglicht. Anderseits verfolgt seine Bildungskonzeption auch eine arbeitspädagogische Richtung, und zwar in Anlehnung an die Forderungen von *Karl Marx,* als Grundpfeiler für einen Humanismus in der Arbeit innerhalb einer klassenlosen Gesellschaft. Es geht dabei um das Postulat der polytechnischen Bildung. *Friedmann* steht allerdings der These von *Marx* vom „vollseitig" entwickelten Menschen kritisch gegenüber, und er meint in diesem Zusammenhang:

> „Zur Überwindung der latenten Gefahren, die in der Spezialisierung der Arbeitsverrichtungen liegen, braucht es also Heilmittel anderer Art, Veränderungen in der Natur der Arbeit selbst, in ihrer inneren Organisation und in ihrer Struktur." [*Friedmann,* 79, S. 113/114]

Die Situation ist nach *Friedmann* durchaus nicht hoffnungslos, da eine der Reaktionen auf die Arbeitszersplitterung ein vermehrtes Bedürfnis nach Bildung ist. Notwendig ist das Überdenken der klassischen humanistischen Bildung und ihre Integration in einen neuen Humanismus, der unserer Zeit entspricht.

5.2.2 Autoritätsstruktur, Führungsstil und Mitbestimmung

Ganz allgemein geht es bei diesen Vorschlägen um die Erhöhung des Integrationsgrades der Arbeitenden im betrieblichen Sozialsystem. Zur Erreichung dieses Zieles fordern die betreffenden Autoren meist eine Änderung des bestehenden Führungsstils. Die Auffassungen über die Art dieser Änderungen gehen allerdings stark auseinander.

So sieht etwa *Croner* [45] die Lösung der Anpassungsprobleme in einer Reorganisation der Informationspraxis, welche für ihn die Grundlage einer neuen Vertrauensbasis bildet. *Wiedemann* [231] fordert die Pflege der sozialen Atmosphäre. Nach ihm muß der Arbeiter – ganz im Sinne der „Human-Relations" – das Gefühl erhalten, verstanden zu werden. Auch *Götte* [92] strebt das harmonische Betriebsklima an. Sein Ziel richtet sich dabei auf ein verbessertes Ausregulieren von innerbetrieblichen Störungen und Konflikten. *Fürstenberg* [84] erwähnt als Voraussetzung für eine erhöhte Integration die Entwicklung eines Selbstgefühls für jeden Betriebsangehörigen. Er verlangt aber eine entscheidende Änderung des Führungsstils, nicht bloß persönliche Kontaktpflege oder ständige Eingriffe von oben. Erreicht wird dieses Ziel durch die bereits früher erwähnten institutionellen Rahmenbedingungen, welche die strategische Disposition über diesen institutionellen Bezugsrahmen ermöglichen und damit zu einem bestmöglichen Ausgleich zwischen objektiven Anforderungen und subjektiven Ansprüchen führen.

Neuloh und auch *Götte* sehen ebenfalls Möglichkeiten über institutionelle Änderungen. Sie postulieren dabei eine Mobilisierung der Ordnungskräfte von unten her, also nach dem sog. Subsidiaritätsprinzip:

> „Stabilität entsteht hier erst, wenn Entscheidungsbefugnisse ... miteinander vergemeinschaftet sind, das heißt, wenn die Arbeitssituationen ähnliche Aufforderungscharaktere für Vorgesetzte und Untergebene besitzen, und wenn alle die Grundentscheidungen bzw. Prämissen der Arbeitstätigkeit gemeinsam ohne Zwang bejahen, wenn zudem diese Gemeinsamkeit in der Form der Anweisungen zum Ausdruck kommt. Was hier für das soziale Betriebsleben gefordert wird, spricht allgemein das *Subsidiaritätsprinzip* aus." [*Götte,* 92, S. 136]

Neulohs neuer Betriebsstil basiert auf seinem sog. „Humanprinzip" als neuem Ordnungsgrundsatz, der der technischen Entwicklung angepaßt ist. So ist dieser neue Betriebsstil die nach dem Humanprinzip gestaltete und durch zweiseitige Willensbildung beeinflußte Ausdruckseinheit sozialen Denkens und Handelns. Dieses neue Ordnungsdenken im Sinne des Humanprinzips enthält nach *Neuloh* [166] die folgenden Postulate:

(1) Dem Menschen zu dienen. Wirtschaft, Technik, Wissenschaft, Politik sollen nicht um ihrer selbst, sondern um des Menschen willen funktionieren.

(2) Die Individualnatur des Menschen entfalten, d. h. von der Schule über den Beruf, über seine Stellung in Gesellschaft und Betrieb, über seine Freizeit ein gestuftes System bestmöglicher Entwicklung und Eigenverantwortung verwirklichen. Im Betrieb geht es dabei um eine Reaktion auf den Verfall des Humanen durch verschiedenste Methoden, wie z. B. die Förderung des Vorschlagswesens, den Ausbau des Aus- und Fortbildungswesens, die Gewährung von Freizeithilfen, die Mobilisierung der aktiven Mitarbeit am betrieblichen Geschehen. Ziel ist der Kampf gegen die Funktionalisierung und Totalisierung des Menschen durch den Betrieb.

(3) Die Pflege der Sozialnatur des Menschen, d. h. Förderung aller Anlagen des Menschen als Sozialwesen, der sozialen Geschicklichkeit, der Anpassung an die soziale Umwelt (z. B. Pflege des Betriebsklimas).

Weit konkreter werden die Forderungen nach Änderungen des Führungsstils bei jenen Autoren, welche die Einführung echter Mitbestimmung aller Arbeitenden verlangen. Postulate in dieser Richtung werden insbesondere von *Symanowski* [205], *Pirker* [175], *Friedmann* [79] und auch *Neuloh* [166] geäußert. Dabei gehen die Auffassungen über Art und Ausmaß der Mitbestimmung wiederum weit auseinander.[150] Vielfach sind gerade mit diesen Forderungen nach Mitbestimmung gesellschaftspolitische Konzepte verbunden, welche auf die grundlegende Umgestaltung der bestehenden Ordnung abzielen.[151] Andere Autoren – wie z. B. *Pirker* – sehen darin mehr die Forderung nach einer Befreiung der Betriebspolitik von der Ideologie der „Betriebsfamilie" und von der Harmonie der Interessen. Das Verlangen nach Identifikation mit dem Betrieb stimmt mit den objektiven Verhältnissen nicht überein und ist sinnlos. Durch die Mitbestimmung werden dann jene Integrationsbedingungen geschaffen, welche die geistige und gesellschaftliche Selbständigkeit und Selbstverantwortung der Arbeiterschaft ermöglichen.[152]

Für *Neuloh* bildet die Mitbestimmung jene Form zweiseitiger Willensbildung, die im Zentrum seines neuen Betriebsstils steht.

Eine interessante These vertritt schließlich *Bednarik*. Während allgemein der Ruf nach Enthierarchisierung laut wird, fordert dieser Autor eine neue Festigung der vertikalen Strukturen im Betrieb. Dadurch soll dem Arbeiter die Rückführung in die „natürliche Geist-Situation" ermöglicht werden. Anstelle der heute überbetonten horizontalen Kontakte geht es *Bednarik* um die bewußte Pflege der vertikalen Kontakte. Er lehnt auch die forcierte Gruppenpflege ab. Das folgende Zitat weist darauf hin, daß *Bednarik* als Beispiel eines Autors gelten mag, der die traditionellen Arbeitsbeziehungen wieder beleben möchte:

> „Bedenkt man, daß früher der Bauernknecht genauso wie der einfache Handwerksgehilfe in der Familie seines Dienstgebers lebte, und zieht man dann in Betracht, daß der Arbeiter jede andere direkte, personale Gesellschaftsbindung als die horizontale verloren hat, dann wird unsere gesamte gesellschaftliche Problematik verständlich." [*Bednarik,* 26, S. 155]

5.2.3 Die Gestaltung des außerbetrieblichen Lebensbereichs

Die außerbetrieblich orientierten Zielsetzungen betreffen jene Maßnahmen, welche der Gestaltung des Freizeitbereichs und seiner Ausgleichsfunktion ge-

[150] Für die nähere Darstellung der einzelnen Forderungen sei auf die entsprechenden Publikationen verwiesen. Eine Analyse deutscher Arbeiten zu diesem Thema versuchte *Dahrendorf* [55].

[151] Siehe in diesem Zusammenhang auch Abschnitt 5.3.

[152] Siehe *Pirker* [175, S. 434/435].

widmet sind. Es soll hier nicht näher darauf eingegangen werden, um Wiederholungen zu vermeiden.[153] Zudem geben die betriebssoziologischen Autoren (ausgenommen etwa *Friedmann*) kaum konkrete Hinweise, sondern betonen lediglich allgemein die Bedeutung der Gestaltung der Freizeit.

Neben der Lohnpolitik bzw. den Maßnahmen zur Hebung des materiellen Lebensstandards geht es bei diesem Problemkreis insbesondere auch um den Ausbau des außerberuflichen Bildungswesens, mit dem sich *Friedmann* [78 und 79] eingehend auseinandersetzt. Der Gestaltung der Freizeit kommt nach ihm vor allem auch deshalb große Bedeutung zu, weil die innerbetrieblichen Reformen (wie „Job-Enlargement" oder Rotation der Arbeitsplätze) nur für eine sehr beschränkte Zahl von Arbeitenden eine Verbesserung ihrer Arbeitssituation in nächster Zukunft bringen wird.

5.3 Die Neuordnung der Gesellschaft

Die Mehrheit der Autoren schlägt – mehr oder weniger explizit – bestimmte Veränderungen der bestehenden betrieblichen und gesellschaftlichen Ordnung vor. Zum großen Teil ist dies durch die starke Problem-Orientiertheit der betriebssoziologischen Forschung bedingt. Der grundlegende Unterschied zwischen den Auffassungen besteht also nicht darin, ob der „status quo" voll akzeptiert wird oder ob Reformen nötig sind, sondern es geht vielmehr um die Frage, wie weit diese Reformen innerhalb der bestehenden gesellschaftlichen Ordnung durchgeführt werden können bzw. wie weit die Umgestaltung der betrieblichen Ordnung gleichzeitig die Umgestaltung der gesellschaftlichen Ordnung allgemein voraussetzt.

Die Antwort auf diese Frage ist stark davon abhängig, wie weit ein Autor die Verflechtung zwischen Betrieb und Gesellschaft in seinem Ansatz berücksichtigt. Diese Interdependenz ist letztlich ja entscheidend für den Ansatzpunkt und die Reichweite von Reformen. Wird nämlich der Betrieb „mikrosoziologisch" als relativ abgrenzbares Sozialsystem gesehen, werden sich Reformen leichter auf die partielle Veränderung innerbetrieblicher Beziehungen und Strukturen beschränken als bei spezifisch ‚makrosoziologischen" Ansätzen, die von der völligen Interdependenz zwischen Betrieb und Gesellschaft ausgehen und nach denen die innerbetrieblichen Verhältnisse durch die gesamtgesellschaftlichen Bedingungen bestimmt sind. Einer Reform im innerbetrieblichen Bereich kann also durchaus die Anerkennung des „status quo" in bezug auf die gesamtgesellschaftlichen Bedingungen entsprechen. Gerade diese Sichtweise liegt beispielsweise den meisten amerikanischen Arbeiten zugrunde. Das Gegenextrem bildet der spezifisch marxistische Ansatz, der nur durch die völlige Umgestaltung der ge-

[153] Siehe in diesem Zusammenhang etwa die Abschnitte 3.4 und 4.2.

sellschaftlichen Ordnung eine Lösungsmöglichkeit für die innerbetrieblichen Probleme sieht.

Die Schwierigkeit besteht nun darin, daß das Problem der betrieblichen und gesellschaftlichen Reform in der Regel nicht das zentrale Anliegen der hier einbezogenen betriebssoziologischen Arbeiten bildet. Vielmehr wird auf diese Fragen nur beiläufig hingewiesen, so daß sie nur schwer erfaßbar und interpretierbar sind.

Im Gegensatz zur Übereinstimmung mit dem „status quo"[154] geht es hier im wesentlichen um jene Autoren, welche wohl das demokratische Modell im Sinne von *Croner* [45][155] akzeptieren, jedoch dessen Verwirklichung noch fordern, d. h. die in der bestehenden Ordnung einen Widerspruch zu diesem Modell sehen. So meint etwa *Jaeggi* [116, S. 12/13] in diesem Zusammenhang:

> „Diejenigen, die für diese ‚klassenlose-inegalitäre' Gesellschaft plädieren und den Nachweis zu erbringen versuchen, daß diese heute bereits weitgehend realisiert sei, sind guten Willens. Sie vertreten eine wünschenswerte Sache. Es ist vielleicht das fruchtbarste und am wenigsten angefochtene Erbe von *Marx*. Zu beweisen wäre aber, daß zwischen den in Frage stehenden Gruppen bereits heute keine Interessengegensätze mehr bestehen, daß es weder Trennung noch Beschränkung in den sozialen Kontakten gibt und daß zwischen den verschiedenen Tätigkeitsgruppen tatsächlich vollständige Gleichwertigkeit herrscht."

Es geht also nicht nur darum, die betriebliche Führungspolitik so umzugestalten, daß sie den Anforderungen einer demokratischen Gesellschaft entspricht (wie es etwa *Fürstenberg* [84] oder *Wiedemann* [231] fordern), sondern zunächst um die Realisierung dieser Gesellschaft selbst. Diese Forderung klingt bereits bei *Mayntz* [144] durch, wenn sie die kritiklose Akzeptierung des „status quo" durch die Vertreter der „Human Relations" anprangert und die objektive Verbesserung der sozialen Lage und der Lebenschancen fordert. Die Pflege der „Human Relations" ist bei ihr nicht Allheilmittel, sondern nur Ersatz, solange die gesellschaftliche Situation als Ganzes nicht geändert ist. *Bahrdt* [16] fordert ebenfalls die Ausnützung der politischen Freiheit zum Umbau der Arbeitswelt, insbesondere der Herrschaftsstruktur, welche einen Fremdkörper in einer demokratischen Gesellschaft darstellt. Auch er sieht das Problem umfassend. Notwendig ist der Aufbau einer Gesellschaft, deren zentrale Leitideen Humanität und Solidarität sind, und nicht bloß ein „status quo" mit noch mehr Komfort. Mit andern Worten lassen sich die Probleme der Arbeitswelt nicht durch bloße Vergrößerung der Freizeit und der Konsummöglichkeiten lösen, sondern erfordern eine grundlegende gesellschaftliche Reform.

Ähnliche Argumentationen wie bei *Bahrdt* finden sich bei *Symanowski* [205] und *v. Friedeburg* [76].

[154] Siehe Abschnitt 5.1.
[155] Siehe Seite 140.

v. Ferber [70] geht ebenfalls von der offenen Klassengesellschaft als Ziel aus. Sie ist nach ihm in den westlichen Gesellschaften als politisches Programm (d. h. als Idee) und als Freiheit der Konsumwahl verwirklicht. Etwas abstrakt sieht er die Lösung in der freiwilligen Unterwerfung des einzelnen unter den gesellschaftlichen Produktionsplan, wobei er sich auf die Thesen von *Karl Marx* bezieht.

Neuloh [166] sieht in seinem Humanprinzip einen umfassenden gesellschaftlichen Vorgang, der nicht auf den Betrieb beschränkt bleibt. Im Industriebetrieb erlebt der Mensch nach ihm Ordnung und Unordnung der Gesamtgesellschaft und ihre Folgen. Er betrachtet aber sein Humanprinzip als das dominierende Prinzip der Gegenwart, und er akzeptiert in diesem den „status quo" (d. h. es ist keine grundlegende Neuordnung mehr notwendig).

Als entschiedenen Gegner der bestehenden Ordnung kann man *Friedmann* [77, 78, 79] betrachten. Er geht von der Unfähigkeit der kapitalistischen Betriebsstruktur aus, die Probleme der Arbeit zu lösen:

> „In diesem Sinne muß die Struktur des kapitalistischen Betriebes in dem Maße, in dem sie eine grundlegende ‚Absonderung' der Arbeiter vom Betrieb und das tiefeingewurzelte Gefühl des Ausgebeutetwerdens hervorruft, jeden Versuch im Keim ersticken, die schädlichen Auswirkungen der Spezialisierung erfolgreich zu bekämpfen." [*Friedmann*, 79, S. 104]

Friedmann fordert, daß das System des freien Unternehmertums in Frage gestellt wird. Die Notwendigkeit einer bessern Ausbildung (Reform des Bildungswesens) setzt die grundlegende Umgestaltung des gesamten Bildungswesens sowie eine strukturelle Neuordnung der gesamten Gesellschaft voraus. Er lehnt den klassischen Kapitalismus ab, da er einen ständigen schädlichen Einfluß auf den Arbeitnehmer hat. Der Kapitalismus führt nach *Friedmann* zu einer unüberbrückbaren psychologischen Kluft zwischen Arbeiter und Betrieb. Aber auch der Staatssozialismus ist keine befriedigende Alternative. *Friedmann* kommt deshalb zur Forderung einer kooperativen Gesellschaft, da diese elastisch sei und ihre dezentralisierten Institutionen den Grundbedürfnissen der Menschen besser entsprechen würden. Die Größe der Betriebe bleibt begrenzt. Es wird — innerhalb eines allgemeinen Rahmens — ein Maximum an Autonomie gewährt. Auf allen Stufen werden demokratische Arbeitsgruppen geschaffen. Die Fähigkeiten des einzelnen sollen voll ausgenützt werden. Vorbild sind für *Friedmann* die sog. „communautés de travail".[156] Die kooperative Gesellschaft setzt ein entsprechendes Bildungswesen voraus. Die Mündigkeit des Menschen bedingt ebenfalls eine freie Gestaltung der Freizeit. Deshalb verlangt *Friedmann* die Befreiung der Massenmedien vom Einfluß der Machtgruppen. Die Automation schafft die technischen Voraussetzungen; sie genügt jedoch allein nicht;

[156] Als Publikationen zu diesem Thema siehe etwa *Desroche* [62], *Meister* [147], *Infield* [114].

gleichzeitig muß eine grundsätzliche wirtschaftliche und gesellschaftliche Erneuerung erfolgen, welche nach *Friedmann* einer Revolution gleichkommt. Der Kapitalismus verhindert jede Revolution des Denkens, Erziehens und Lebens. Darum ist der Ersatz der freien Marktwirtschaft durch ein rationelleres und demokratischeres System von Produktion und Verteilung notwendig.

6. Zusammenfassung der Ergebnisse der Analyse

6.1 Versuch einer Typologie der Gesellschaftsbilder

In den vorangehenden Kapiteln wurden mit Hilfe eines detaillierten Kategorienrahmens die verschiedenen Hinweise auf die Gesellschaftsvorstellungen betriebssoziologischer Autoren zusammengestellt. Jeder Versuch, diese unterschiedlichsten Gesichtspunkte zu gruppieren – vor allem in der Absicht, auf diese Weise zu spezifischen Typen von Gesellschaftsauffassungen zu gelangen – ist ebenso schwierig wie problematisch. Wo explizite Äußerungen fehlen, ist die Beurteilung der Einordnung eines Autors vorwiegend ein Problem der Interpretation.

Es stellt sich die grundsätzliche Frage, wie weit etwa die Typologien von *Popitz* [177] oder *Jaeggi* [116] auch für die vorliegende Arbeit verwendbar sind, d. h. wie weit damit auch die Gesellschaftsbilder von betriebssoziologischen Autoren gruppiert werden können.[157]

Sowohl *Popitz* als auch *Jaeggi* gehen bei ihrer Gliederung von soziologischen Kriterien aus. Trotzdem sind die beiden Darstellungen nicht völlig vergleichbar, vor allem weil teilweise unterschiedliche Kategorien verwendet wurden. Das gleiche Problem stellt sich auch für diese Analyse betriebssoziologischer Publikationen.

Durch die mehrdimensionale Betrachtung nach den verschiedenen Kriterien entsteht zunächst ein ziemlich differenziertes Bild, auf welches sich die einzelnen Autoren aufteilen. Sofern die Hypothese zutrifft, daß die Einstellungen eines Autors zu den verschiedenen Beurteilungskriterien einander entsprechen, sollten sich auch spezifische Typen von Gesellschaftsauffassungen unterscheiden lassen, auf die ganz bestimmte Merkmale zutreffen. Nun sind aber die Einstellungen der Autoren weder immer eindeutig erkennbar, noch immer in einem sinnvollen logischen Zusammenhang (sondern oft widersprüchlich). Aus diesem Grund entstehen eine Reihe von Zwischenpositionen; die Zuordnung eines Autors zu einem bestimmten Gesellschaftstyp ist deshalb nur tendenziell möglich. Die folgende Typologie ergibt sich somit zwar aus der vorgenommenen Analyse (d. h. es geht nicht um die Beschreibung aller denkbaren Typen von Gesellschaftsbil-

[157] *Popitz* [177] unterscheidet in seiner Studie drei Haupttypen mit je zwei Untertypen, also total sechs Typen von Gesellschaftsbildern, welche sich bei den untersuchten Arbeitern empirisch feststellen lassen. *Jaeggi* [116] kommt bei einer ähnlichen Studie über die Angestellten auf total sieben Typen. Auf eine nähere Diskussion dieser beiden Typologien kann hier verzichtet werden.

dern, sondern nur um Typen, die sich aus der Analyse ableiten lassen), sie abstrahiert aber zunächst von den konkreten einzelnen Autoren (d. h. die einzelnen Autoren lassen sich mehr oder weniger einem Typ zuordnen, je nachdem, bei welchen ihrer Äußerungen man das Schwergewicht legt).

Ein weiteres Problem besteht in der Typologie selbst. Die Kriterien zur Unterscheidung der verschiedenen Gesellschaftsbilder liegen nicht alle auf der gleichen Ebene; auch aus diesem Grunde ergeben sich Überschneidungen, welche die Zuordnung der einzelnen Autoren erschweren.

6.1.1 Das konservative Bild der gesellschaftlichen Ordnung

Bei diesem ersten Typ wird die Gesellschaft als Ordnungsgefüge gesehen, und zwar nicht als Idealvorstellung, sondern als bestehende Ordnung.[158] Dieses Ordnungsgefüge ist ein natürliches, grenzenerhaltendes Handlungssystem, das auf allgemeinstem Niveau durch gemeinsame Kultur, durch Übereinstimmung über gemeinsame Werte oder zumindest durch Übereinstimmung über Arten der Kommunikation und der politischen Organisation charakterisiert **wird.**

Systemanalyse ist hier das Synonym für strukturell-funktionale Analyse. Sie besteht aus Statik – der Klassifikation von strukturellen Regelmäßigkeiten in sozialen Beziehungen – und Dynamik – dem Studium von Intrasystemvorgängen: den Taktiken der Zieldefinition, der Sozialisation und anderen Funktionen, die das Systemgleichgewicht erhalten. Ein Schlüsselkonzept in der Analyse von Systemproblemen ist die *Anomie.* Soziale Probleme entstehen aus der Anomie und fördern sie. Anomie bedeutet Systemungleichgewicht oder soziale Desorganisation – ein Mangel von oder ein Zusammenbruch der sozialen Organisation, die in einer geschwächten sozialen Kontrolle, unangemessener Institutionalisierung von Zielen, unangebrachten Mitteln zur Erlangung von Systemzielen, inadäquater Sozialisation u. a. m. reflektiert werden. Ordnungskonzeptionen implizieren Konsensus- und Anpassungsdefinitionen über die soziale Gesundheit und Pathologie, über Konformität und Abweichung. Die zentralen Werte sind demnach: Gleichgewicht, Stabilität, Autorität, Ordnung, quantitatives Wachstum (sich bewegendes Gleichgewicht).

Der konservative Aspekt liegt in der Zufriedenheit mit dem Bestehenden, mit dem „status quo“ und damit in der fehlenden Forderung nach einer neuen, „besseren“ Ordnung. Die Gesellschaft ist differenziert, geschichtet, wobei meist von der traditionellen Dreiteilung in eine Unter-, eine Mittel- und eine Oberschicht bzw. in Arbeiter, Angestellte und Elite ausgegangen wird. Diese Gruppen unterscheiden sich durch spezifische Lebens- und Verhaltensweisen, durch spezifische Werthaltungen und Leitideen. Sie bilden Subkulturen mit relativ klaren Gren-

[158] Es besteht eine gewisse Verwandtschaft mit dem Typ der „statischen Ordnung“ bei *Popitz* [177]. Im übrigen siehe in diesem Zusammenhang auch die Darstellung von *Horton* [112].

zen. Diese spezifischen Verhaltensweisen und Werthaltungen der verschiedenen gesellschaftlichen Gruppen oder Schichten unterliegen aber allgemein (d. h. gesamtgesellschaftlich) anerkannten Zielen und Werten, insbesondere dem allgemeinen Konsensus über die bestehende Autoritäts- und Herrschaftsstruktur. Diese Autorität findet letztlich ihre Legitimation im Glauben an die natürliche Ungleichheit der Menschen.

Das Bild der konservativen Ordnung beruht nicht notwendigerweise im Glauben an eine idyllische, glorreiche Harmonie. Man sieht durchaus die Existenz von Konflikten, betrachtet sie aber als Symptome der Anomie und daher letztlich als unerwünscht, weil sie die bestehende Ordnung stören.

Dem Gesellschaftsbild entspricht das Bild des Betriebes. Der Betrieb wird als Gleichgewichtssystem, als Kooperationssystem gesehen. Betriebliche Harmonie äußert sich sozialpsychologisch in der Zufriedenheit der einzelnen, soziologisch im bestehenden Konsensus, in der Interessengemeinschaft, in der „Betriebsfamilie". Die Einstellung zum bestehenden Produktionssystem ist positiv, die autoritäre Ordnung wird akzeptiert. Maßnahmen zur Pflege der „Human-Relations" dienen der Verbesserung der Funktionsfähigkeit der bestehenden Ordnung, der Verhinderung von Konflikten und von Unzufriedenheit im Interesse der Erhaltung und Stärkung des Systems.

Die Einstellung zum technischen Fortschritt ist oft skeptisch, zumindest soweit er die bestehenden Strukturen verändert und die Funktionsfähigkeit und Integration des Systems gefährdet. Betont wird die Einheit der Lebensbereiche, wobei der Arbeitsbereich weitgehend auch den außerbetrieblichen Lebensbereich mitbestimmt.

6.1.2 Das liberale Bild der gesellschaftlichen Ordnung

Auch dieser zweite Typ geht grundsätzlich von der Vorstellung der Gesellschaft als „Ordnungsgefüge" aus und deckt sich somit in den grundlegenden Elementen und den Intentionen der Systemanalyse mit dem vorangehenden ersten Typ. Im Gegensatz zur konservativen Betrachtungsweise beruht aber die soziale Differenzierung nicht mehr unbedingt auf den traditionellen Schichtungskriterien; an deren Stelle können andere Gliederungsmerkmale treten, wie z. B. relativ flexible Funktionsgruppen. Angestrebt wird nicht mehr die kulturelle Einheit, sondern ein „modus vivendi". Dabei wird ein allgemein akzeptierter Rahmen angenommen, der die übergeordneten gemeinsamen Ziele und Werte festlegt und damit die Grenzen des Systems fixiert; innerhalb dieses allgemeinsten Rahmens besteht jedoch ein Pluralismus von Werten. Das liberale Gesellschaftsbild charakterisiert sich demnach durch strukturellen Pluralismus innerhalb eines konsensualen Rahmens. Interessant ist ferner die Bedeutung des sozialen Konflikts im liberalen Modell. Der Konflikt ist eine Folge der Pluralität der Interessen und Werte. Im Gegensatz zu anderen Konfliktmodellen (wie z. B. zum marxistischen Ansatz), welche die offene Gegenüberstellung von feindlichen

Gruppen oder Klassen und Werten beinhalten und den Konflikt als eine Bewegung in Richtung eines grundlegenden Wandels von Zielen und sozialen Strukturen betrachten, ist der Konflikt hier an den Rahmen gemeinsamer Wertvorstellungen gebunden. Er wird als institutionalisierter Konflikt oder als Wettbewerb um ähnliche Ziele innerhalb desselben Systems verstanden. Konflikte sind mit andern Worten strukturelle Elemente des Systems; ihre Ursachen sind weder lösbar noch vermeidbar. Lösbar ist lediglich die Form ihrer Austragung. Im Gegensatz zur konservativen Ordnung sind Konflikte erwünscht und notwendig zur Funktionsfähigkeit des Systems; sie erhalten seine Lebensfähigkeit und Wandlungsfähigkeit.

Auch die Stellung des Menschen weicht in der liberalen Sicht vom konservativen Modell ab. Man geht nicht mehr von der natürlichen Ungleichheit, sondern von der Gleichheit der Menschen innerhalb eines elitären, konsensualen Rahmens aus. Gleichheit ist also nicht unbegrenzt, sondern wird durch Konformität mit einer vorherrschenden Reihe von Werten und Verhaltensweisen erzielt. Gleichheit bedeutet gleiche Chancen, die gleichen gesellschaftlichen Werte zu erwerben. Sie wird erreicht durch Identität und Konformität mit den von der jeweils dominierenden Gruppe festgelegten obersten Zielen und Werten.[159] Gleichheit bedeutet also nicht Ablehnung jeder autoritären Ordnung; vielmehr wird die Existenz einer Herrschaftsstruktur als unausweichliches Element jedes sozialen Systems betrachtet. Aus liberaler Sicht sind alle Menschen auf diesen vorgegebenen gemeinsam anerkannten gesellschaftlichen Rahmen hin sozialisierbar.

Diesem liberalen Gesellschaftsbild entspricht wiederum eine bestimmte Auffassung vom Betrieb und vom technischen Fortschritt. Auch hier wird der Betrieb als Gleichgewichtssystem gesehen, gesichert und abgegrenzt durch einen konsensualen Rahmen. Innerhalb dieses Rahmens besteht ein Pluralismus von Interessen. Der Konflikt ist keine Krankheit – keine Anomie –, sondern notwendige Voraussetzung für die Lebensfähigkeit des betrieblichen Systems. Die Einstellung zum technischen Fortschritt ist grundsätzlich optimistisch, nicht unbedingt jedoch bedingungslos optimistisch. Dieser Optimismus ergibt sich aus der Überzeugung, daß die Zufriedenheit mit dem bestehenden „status quo", mit der bestehenden Ordnung nicht eine Zufriedenheit mit etwas Feststehendem und Konstantem bedeutet, sondern eine Zufriedenheit mit etwas Erreichtem darstellt. Es besteht das Bewußtsein, daß die bestehende Situation verändert werden kann, daß noch mehr erreicht werden kann. Man glaubt an die Lösungsmöglichkeit der Probleme der modernen Arbeit im Betrieb innerhalb der bestehenden betrieblichen Ordnung. Diese Probleme sind insbesondere lösbar durch den Glauben an die Anpassungsfähigkeit des Menschen an die moderne Arbeitsweise, durch die Milderung der Auswirkungen extremer Arbeitsteilung (Job-

[159] Siehe in diesem Zusammenhang etwa den Ansatz von *Coser* [44], insbesondere sein Kapitel über Konflikt und Ideologie.

Enlargement, Rotation der Arbeitsplätze), durch Veränderungen im Führungsstil, durch „Human Relations", durch die Ausgleichsfunktion der Freizeit u. a. m. Dadurch wird die Identität und Konformität mit dem Rahmen gemeinsamer Werte und Ziele verstärkt und die Existenz des Systems gesichert.[160]

6.1.3 Das Bild von der gesellschaftlichen Dichotomie

Ausgangspunkt beim Bild von der gesellschaftlichen Dichotomie bildet die Zweiteilung der Gesellschaft. Es gibt ein gesellschaftliches „Oben" und „Unten". Diese Zweiteilung der Gesellschaft wird als Ausbeutung oder Zwang der Untern (Arbeiter, Arbeitnehmer) durch die Obern (herrschende Klasse, Kapitalisten) gesehen. Man geht also von der Existenz zweier Klassen aus, die sich als antagonistische Gruppen gegenüberstehen. Dabei werden die Kapitalisten bzw. die Eigentümer der Produktionsmittel als Exponenten eines Systems betrachtet. Ursache der sozialen Differenzierung sind die ökonomischen Verhältnisse, welche die Grundlage der gesellschaftlichen Herrschaftsverhältnisse bilden.

Dieses Bild der Dichotomie der Gesellschaft und des Gegensatzes der beiden Klassen der Besitzenden und der Besitzlosen führt zur Vorstellung der Gesellschaft als einem umstrittenen Kampf zwischen Gruppen mit entgegengesetzten Zielen und Interessen. Die Vertreter dieser „Konflikttheorie" weisen die Auffassung von der Gesellschaft als Ordnungsgefüge zurück. Die Ordnungsanalyse ist für sie die bloße Strategie der herrschenden Klasse. Gesellschaft ist für diese Autoren kein natürliches System, sondern ein umstrittener politischer Kampf um gegensätzliche Interessen und Weltanschauungen.

Grundsätzlich wäre hier nun zu unterscheiden zwischen der anarchistischen und der marxistischen Version dieses Gruppenkampfes. Während der traditionelle Anarchist gegen jegliche Vorstellung einer stabilen Ordnung und einer festen Autorität opponiert, kann der Marxist diese Vorstellung von Ordnung in die Zukunft projizieren. Die anarchistische Schauweise soll hier ausgeklammert werden, da keiner der analysierten Autoren diese Richtung vertritt.

Die Vorstellung einer künftigen Ordnung wird nicht mehr durch bloße Erweiterung der sozialen Kontrolle, sondern durch die grundsätzliche Reorganisation des sozialen Lebens gewonnen. Die Kritik der Gesellschaft als Klassengesellschaft impliziert den Glauben an die Möglichkeit und die Forderung nach dem Vollzug ihrer Aufhebung. Dabei ist diese Forderung nach Aufhebung der bestehenden Ausbeutung kompromißlos, also grundsätzlich verschieden vom liberalen Bild der gesellschaftlichen Ordnung mit seiner „Verteilungsphilosophie" und seinem Glauben an die Progressivität und Wandelbarkeit (= Entwicklungsfähigkeit) der bestehenden Ordnung. Trotzdem können die Forderungen nach Beseitigung der Ausbeutung so weit gefaßt werden, daß sie sich mit reformistischen und evolu-

[160] Das liberale Ordnungsbild hat teilweise gemeinsame Züge mit dem Bild der progressiven Ordnung bei *Popitz* [177].

tionistischen Tendenzen verbinden lassen. Im Zentrum dieses Gesellschaftsbildes steht jedenfalls die Auffassung, daß die gegenwärtigen gesellschaftlichen Verhältnisse *grundsätzlich* abzulehnen sind, ferner die Überzeugung, daß eine Veränderung dieser Verhältnisse möglich und notwendig ist und schließlich auch der Glaube an die Aufgabe der Beherrschten (insbesondere der Arbeiterbewegung), diese Veränderungen zu veranlassen. Im Gegensatz zu den Vertretern der Ordnungsvorstellungen werden hier der „status quo", d. h. die gegenwärtigen Verhältnisse, als umfassende Kritik am bestehenden Gesellschaftssystem abgelehnt, weil sich aus diesem System alle einzelnen Mißstände ableiten lassen. Es geht darum, die Bedingungen der sozialen Organisation, nicht den Zustand der kulturellen Integration zu verändern.

Konfliktanalyse unterscheidet sich deshalb entscheidend von der Systemanalyse. Sie ist synonym mit historischer Analyse, d. h. der Interpretation von Intrasystem-Vorgängen, die die Transformation der sozialen Beziehungen hervorbringen. Ein Schlüsselkonzept in der Analyse von historischem und sozialem Wandel ist die *Entfremdung*. Es geht dabei nicht mehr um das Problem des abweichenden Verhaltens (d. h. der Anomie); Entfremdung bedeutet nicht die Separation vom sozialen System, wie es durch die herrschenden Gruppen definiert wird, sondern sie bedeutet Separation von der universellen Natur des Menschen oder von einem gewünschten Zustand. Sozialer Wandel ist die progressive Antwort auf die Entfremdung. Die Frage nach Normalität und Gesundheit, nach Abweichung und Pathologie wird hier zu einer praktischen Frage, die im Kampf um die Überwindung der Entfremdung gelöst wird. Soziale Probleme und sozialer Wandel entstehen aus den ausbeuterischen und entfremdenden Maßnahmen der herrschenden Gruppen; sie sind Antworten auf die Diskrepanz zwischen dem, was ist und demjenigen, das im Werden begriffen ist, bzw. demjenigen, das sein könnte. Soziale Probleme reflektieren daher weder die administrativen Probleme des sozialen Systems noch das Versagen der Individuen in der Ausübung ihrer Systemrollen (wie es das Ordnungsbild darstellt), sondern sie reflektieren das adaptive Versagen der Gesellschaft, den wechselnden individuellen Bedürfnissen nachzukommen.

Das vorliegende Gesellschaftsbild beruht auf einer immanenten Konzeption der Gesellschaft und der sozialen Beziehung. Die Menschen sind die Gesellschaft; die Gesellschaft ist die Ausdehnung des Menschen, das den Menschen Innewohnende. Die transzendente Natur der Gesellschaft, die Gesellschaft als eine Wesenheit „sui generis" (größer als und verschieden von der Summe ihrer Teile) – eine These wie sie dem Ordnungsbild zugrunde liegt – wird abgelehnt. Die Transzendenz der Gesellschaft ist gleichbedeutend der Entfremdung des Menschen von seiner eigenen sozialen Natur.

Zentrale Werte sind somit: Freiheit als Autonomie, Wandel, Handlung, qualitatives Wachstum.

Der Mensch wird als „homo laborans", als existentieller Mensch gesehen; er ist der aktive Schöpfer seiner selbst und der Gesellschaft durch praktisches und autonomes soziales Handeln. Es besteht somit der Glaube an die natürliche Gleichheit der Menschen, die sich aber durch faktische soziale Ungleichheit in der bestehenden historischen Situation unterscheiden.

Dem Bild von der Gesellschaft entspricht wiederum ein spezifisches Bild vom Betrieb und eine spezifische Einstellung zum technischen Fortschritt. An die Stelle der „mechanistischen", „funktionalistischen" Betrachtung tritt die evolutionistische, historische Betrachtung. Der Betrieb wird als historisches Aktionssystem gesehen. Die bestehende Autoritäts- und Herrschaftsstruktur beruht auf den Eigentums- und Produktionsverhältnissen. Sie wird abgelehnt und deren Ersatz durch andere Formen der betrieblichen Sozialorganisation gefordert.

Betriebliche Konflikte werden makrosoziologisch interpretiert, d. h. auf die bestehende gesellschaftliche Ordnung zurückgeführt. Ihre Ursachen sind lösbar durch die strukturelle Änderung dieser Ordnung. Die gesellschaftliche Umwelt wird als entscheidender Einflußfaktor der innerbetrieblichen Beziehungen gesehen. Der Betrieb läßt sich aus dieser Verknüpfung nicht isolieren. Kritik am Betrieb ist Kritik an der Gesellschaft und umgekehrt.

Die Einstellung zum technischen Fortschritt ist positiv, soweit er zur Überwindung des „status quo" beiträgt; sie ist negativ, soweit er die Situation der Ausbeutung verschärft und den Profit der herrschenden Gruppen vergrößert.

Grundsätzlich besteht auch hier die Auffassung von der Einheit der Lebensbereiche. Eine unbefriedigte, entfremdete Arbeitssituation kann langfristig nicht durch bloße materielle Verbesserungen und größere Konsummöglichkeiten kompensiert werden. Kurzfristige Maßnahmen zur Verbesserung der Arbeitssituation (wie Job-Enlargement oder Rotation der Arbeitsplätze) sind Notlösungen und kein Ersatz für die grundsätzliche gesellschaftliche und betriebliche Reform. Diese Reform umfaßt auch das Verhältnis von Menschen und Maschine bzw. der technischen Arbeitsbedingungen, da nicht mehr die Profitüberlegungen des kapitalistischen Unternehmers zum dominierenden Bestimmungsfaktor der Arbeitssituation werden.

6.1.4 Das Bild von der homogenen Gesellschaft

Die Ordnungsvorstellungen sowie das Bild der gesellschaftlichen Dichotomie sind die vorherrschenden Gesellschaftsauffassungen in den analysierten betriebssoziologischen Publikationen. Sie sind auch in bezug auf die Unterscheidungskriterien am schärfsten gegeneinander abgrenzbar. Dies ist bei den noch folgenden beiden Typen nicht mehr so eindeutig der Fall. Beim Bild der homogenen Gesellschaft liegt das zentrale Kriterium in der Auffassung über die Art der bestehenden sozialen Differenzierung.[161] Wohl die meisten Autoren anerkennen eine Tendenz zur ökonomischen Nivellierung, mindestens zu einer Vermin-

[161] Es besteht bei diesem Typ eine Verwandtschaft zum „Gesellschaftsbild der sozialen Gleichheit" bei *Jaeggi* [116].

derung der großen Einkommensdiskrepanzen, zur Überwindung des Pauperismus. Die Vorstellung einer homogenen bzw. nivellierten Gesellschaft geht aber weiter. Der Nivellierung des wirtschaftlichen und sozialen Status entspricht hier weitgehend eine Nivellierung der sozialen und kulturellen Verhaltensformen. In der nivellierten Mittelstandsgesellschaft bezieht die Mehrzahl der Mitglieder ein Einkommen, das zu einem ähnlichen Konsum-, Komfort- und Unterhaltungsniveau und damit zu einem mehr oder weniger einheitlichen Lebensstil führt. Es haben sich also nicht nur die objektive Lage (Einkommen, Besitz, rechtliche Lage), sondern auch die subjektiven Verhaltensweisen, Erwartungen, Zielsetzungen, Werthaltungen angeglichen. Die traditionellen Gruppen oder Schichten (wie z. B. Arbeiter und Angestellte) lassen sich nicht mehr klar voneinander trennen; die Schichtgrenzen sind verwischt.

Von einzelnen Autoren wird allerdings diese Nivellierungstendenz als negativ beurteilt. Diese skeptische Haltung soll aber nicht als charakteristisch für das hier anvisierte Gesellschaftsbild betrachtet werden, da eine solche Beurteilung vielmehr Ausfluß einer andern Gesellschaftsauffassung (insbesondere eines konservativen Ordnungsbildes) ist.

Zu den Vertretern der Vorstellung einer nivellierten Gesellschaft sollen deshalb jene Autoren gezählt werden, welche diese Entwicklung positiv bewerten und in ihr einen sozialen Fortschritt sehen. Mit dem Abbau der sozialen Differenzen erfolgt eine Angleichung der Interessen und damit eine Verbreiterung des Konsensus. Dadurch werden bestehende Spannungen abgebaut.

Auch die betriebliche Situation ist nicht mehr durch die soziale Differenzierung charakterisiert. Der Arbeitsbereich bildet nicht mehr den bestimmenden Faktor des gesamten Lebensbereichs. An die Stelle der traditionellen betrieblichen Hierarchie tritt die sachliche Kooperation. Wichtig ist die Betonung der Trennung der Lebensbereiche und der zunehmenden Bedeutung der Freizeit. Die Nivellierung der schicht- und klassentypischen Verhaltensformen des Familienlebens, der Berufs- und Ausbildungswünsche der Kinder, der Wohn-, Verbrauchs- und Unterhaltungsformen, der kulturellen, politischen und wirtschaftlichen Reaktionsformen wird zum beherrschenden Vorgang der modernen gesellschaftlichen Dynamik. Die Einstellung zum technischen Fortschritt, insbesondere zur Automation, ist positiv, da dadurch dieser Prozeß der Homogenisierung gefördert und verstärkt wird.

Die Ursache der Konflikte liegt nicht mehr in der gesellschaftlichen Dichotomie, sondern allenfalls in organisatorischen Mängeln (z. B. Mängel im Informations- und Kommunikationssystem) oder in persönlichkeitsbedingten Faktoren.

Auch hier gilt die Vorstellung von der Gleichheit der Menschen und der Gleichheit ihrer Chancen, die auch im sozialen Bereich voll verwirklicht sind.

Das Bild der homogenen Gesellschaft bildet – streng betrachtet – eine besondere Variante des Ordnungsmodells und beinhaltet eine Übereinstimmung mit dem „status quo“ (zumindest eine Akzeptierung der bestehenden Ordnung als

Entwicklungsstufe). Auch hier besteht ein weitgehender Konsensus über die zentralen systemerhaltenden Funktionen. Im Gegensatz zu den konservativen oder liberalen Ordnungsvorstellungen wird aber die Auffassung von der Notwendigkeit und Unausweichlichkeit einer Herrschaftsstruktur als Element jedes sozialen Systems nicht mehr aufrechterhalten. Die Idee der sozialen Nivellierung beinhaltet ja letztlich den Glauben an die Enthierarchisierung der traditionellen Ordnung und an die Ausbildung neuer anti-autoritärer Beziehungsstrukturen.

6.1.5 Das evolutionistische Bild der Gesellschaft

Auch bei diesem letzten Gesellschaftsbild, welches hier dargestellt werden soll, ist eine scharfe Abhebung von den übrigen Typen nicht leicht durchführbar. So sind etwa Überschneidungen mit einzelnen Aspekten, die beim Bild der gesellschaftlichen Dichotomie erwähnt wurden, vorhanden. Das evolutionistische Bild der Gesellschaft betrachtet den gesellschaftlichen Wandel als Entwicklungsprozeß, der eine Reihe spezifischer historischer Phasen durchläuft. Die Geschichte der Soziologie kennt eine ganze Anzahl verschiedener Evolutionstheorien.[162] Insbesondere enthält ja auch der marxistische Ansatz eine solche.

Letztlich geht jede soziologische Evolutionslehre von der Annahme aus, daß keine Gesellschaft unbeweglich ist und daß die verschiedenen gesellschaftlichen Entwicklungsformen durch eine stete Stufung untereinander verknüpft sind. Mit dieser allgemeinen Umschreibung ist noch keine Bewertung über die Richtung der Evolution verbunden, d. h. keine Bewertung, ob die nächste Stufe eine höhere Stufe im Sinne einer qualitativen Verbesserung darstellt oder umgekehrt. In dieser allgemeinsten Fassung kommt sogar Ordnungsvorstellungen (wie z. B. dem liberalen Typ) eine gewisse evolutionistische Tendenz zu. Hier soll nun aber eine Beschränkung auf jene Ansätze erfolgen, die von der *Verknüpfung der Evolution der Produktionstechniken mit der gesellschaftlichen Evolution* ausgehen. Im Zuge der Industrialisierung und der technischen Entwicklung durchläuft die Gesellschaft verschiedene Entwicklungsstufen, die sich nicht bloß im quantitativen Sinne voneinander unterscheiden, sondern qualitative Veränderungen darstellen. Der Tendenz nach handelt es sich dabei um eine allmähliche Höherentwicklung. Der Übergang von der einen zur andern Entwicklungsstufe braucht jedoch nicht – wie etwa beim marxistischen Ansatz – durch einen revolutionären „Sprung“ zu erfolgen, sondern kann sich langsam – allenfalls über Zwischenstadien – vollziehen. Verschiedene Evolutionsphasen können in einer konkreten historischen Situation nebeneinander bestehen – wobei allerdings in der Regel ein Typ vorherrscht.

Jeder Stufe der technischen Entwicklung entspricht eine bestimmte Ausprägung des betrieblichen und gesellschaftlichen Sozialbereichs, bestimmte Formen

[162] So etwa die evolutionistischen Ansätze von *F. Hegel, H. Spencer, A. Comte, E. Durkheim, W. Sumner, F. Toennies, V. Pareto, P. Sorokin, W. Ogburn* u. a.

der sozialen Beziehungen, der Über- und Unterordnung, der Kooperation, der Entfremdung. Die bestehende betriebliche und gesellschaftliche Struktur gilt somit nicht als etwas Feststehendes, sondern ist der Gesetzmäßigkeit dieser technischen Evolution unterworfen. Betrieb und Gesellschaft werden nicht als Gleichgewichtssystem, sondern in ihrer historischen Dimension gesehen. Die Einstellung zum technischen Fortschritt ist – zumindest als langfristige Tendenz – positiv, da er den Antrieb zur gesellschaftlichen Evolution bildet. Ebenso gilt die menschliche Persönlichkeit als entfaltungs- und evolutionsfähig. So durchläuft auch die Entwicklung des menschlichen Bewußtseins verschiedene historische Entwicklungsstufen.[163]

Die Vertreter dieses evolutionistischen Gesellschaftsbildes sind durch einen typisch makrosoziologischen Ansatz charakterisiert. Der Betrieb kann nicht isoliert betrachtet werden, sondern partielle Analysen sind immer in den Gesamtzusammenhang der industriellen Gesellschaft und deren Entwicklung zu integrieren.

6.2 Französische und deutsche Betriebssoziologie im Vergleich

Diese sehr abstrakte Umschreibung der fünf Typen von Gesellschaftsbildern soll durch den Versuch einer Gruppierung der verschiedenen betriebssoziologischen Autoren ergänzt werden (siehe die folgende Tabelle auf Seite 160/61). Der Aufbau dieser Tabelle beruht auf den drei Hauptkategorien der Analyse [siehe S. 20] sowie den wichtigsten Gliederungskriterien der Kapitel 3, 4 und 5. Die so entstandenen Felder der Tabelle werden von 1 bis 66 durchnumeriert.

Es muß ausdrücklich betont werden, daß die Zuordnung der Autoren – trotz der Mehrdimensionalität der Tabelle – sehr oft nur schwer möglich ist und nicht ohne subjektive Interpretation erfolgen kann. Die Aussagekraft wird aus diesem Grunde eingeschränkt; die Tabelle soll nur allgemeine Tendenzen aufzeigen.

Dem *konservativen Bild der gesellschaftlichen Ordnung* würden demnach vor allem die Tabellenfelder 56, 59, 62 und 66 entsprechen, und zwar mit der Betonung der folgenden Aspekte:

– Die Auffassungen über die bestehende soziale Schichtung liegen hauptsächlich bei den traditionellen Differenzierungskriterien der Gesellschaft (vor allem bei der traditionellen Dreiteilung in die Unter-, die Mittel- und die Oberschicht). Das soziale Verhalten ist gruppenspezifisch geprägt; der einzelne wird als Mitglied sozialer Gruppen gesehen, deren Normen, Werthaltungen, Denkweisen und Interessen sein Weltbild und sein Verhalten prägen. Im Extremfall sind die gruppenspezifischen Eigenschaften die Folge biologischer Vererbung.

[163] Ein typisches Beispiel dazu bildet der Ansatz von *Touraine* [213].

- Soziale Harmonie gilt als Maßstab „gesunder" gesellschaftlicher Verhältnisse. Konflikte sind Krankheitssymptome und gefährden das soziale Gleichgewicht. Die Harmonie wird letztlich zurückgeführt auf eine vorgegebene prästabilierte Ordnung.
- Die bestehende Herrschaftsordnung beruht auf der natürlichen Ungleichheit der Menschen; sie garantiert diese wünschbare soziale Ordnung und Harmonie; ihre Veränderung führt zu Konflikten, zu Desorganisation und zu Chaos.
- Die Einstellung zur Arbeit (insbesondere zur technischen Arbeitsteilung) steht in engem Zusammenhang mit der eher skeptischen Beurteilung der Auswirkungen des technischen Fortschrittes. Tendenziell liegt die Betonung auf den positiven Aspekten vorindustrieller Formen des Handwerks; man warnt vor den negativen Folgen der Versklavung des Menschen durch die Maschine, die das Individuum zum passiven, geistlosen Verbraucher degradiert.
- Ganz allgemein wird der „status quo" akzeptiert. Allfällige Teilreformen sind im Extremfall rückwärts gerichtet (d. h. Wunsch nach Wiederherstellung früherer Zustände). Die Erhaltung der bestehenden Ordnung gilt als vorherrschendes Verhaltensprinzip.

Das *liberale Bild der gesellschaftlichen Ordnung* umfaßt schwerpunktmäßig die Tabellenfelder 45, 46, 47, 49, 51 und 54. Es weicht zumindest graduell von der konservativen Ordnungsperspektive ab:

- Neben den traditionellen Schichtungsmerkmalen sehen diese Autoren durchaus auch Bereiche der sozialen Nivellierung, d. h. eine zunehmende Verwischung gruppenspezifischer Unterschiede in bezug auf Denkart, Wesensart, Lebensstil und Verhalten. Insbesondere hat die traditionelle Gliederung für diese Autoren immer mehr bloß noch juristische Bedeutung und entspricht allenfalls noch einer künstlichen Unterscheidung in bezug auf die innerbetrieblichen Funktionen. Die traditionellen Schichtungskriterien werden durch andere Aspekte sozialer Differenzierung ersetzt. Eine besondere Bedeutung kommt den Macht- und Herrschaftsverhältnissen zu, die als unvermeidbares Element sozialer Strukturen gelten.
- Betont wird nicht mehr die soziale Harmonie und die Anomie gesellschaftlicher Konflikte. Vielmehr gilt der Konflikt als unvermeidbarer und wünschenswerter Bestandteil jedes sozialen Systems. Konflikte können nicht ausgeschaltet werden; regeln lassen sich lediglich die Formen der Austragung.
- Die Einstellung zur Arbeit (Arbeitsteilung, Entfremdung) hängt zusammen mit der eher optimistischen Beurteilung des technischen Fortschrittes. Die Probleme der Arbeitsteilung und der Entfremdung werden zwar im Prinzip gesehen; sie gelten aber als lösbar, und zwar vor allem mittels weiterer Fortschritte der technologischen Entwicklung (Automation). Die Vorteile des technischen Wandels überwiegen die Nachteile bei weitem.
- Reformen werden vorgeschlagen; sie beinhalten aber keine grundlegenden – keine revolutionären – Veränderungen der bestehenden gesellschaftlichen Strukturen, sondern betreffen lediglich Teilbereiche (wie z. B. die Änderung

II. Vorstellungen über die künftige betriebliche und gesellschaftliche Ordnung	III. Beurteilung der sozialen Auswirkungen des technischen Fortschrittes	I. AUFFASSUNGEN ÜBER DIE BESTEHENDE				
		(1) Merkmale der sozialen Schichtung			(2) Erklärung des betrieblichen und gesellschaftlichen Konflikts	
		Betonung der traditionellen Differenzierung bzw. der Gruppennormen	Betonung der sozialen Nivellierung	Betonung der Macht- und Herrschaftsverhältnisse	Konflikt als lösbare Unzufriedenheit oder Interessengegensatz	Konflikt als unvermeidbares Element jedes sozialen Systems
(2) Die künftige Ordnung unterscheidet sich wesentlich von der bestehenden Ordnung. (Künftige Ordnung als Ergebnis von Reformen oder Entwicklungsprozessen)	differenziert	1	2	Naville Touraine Bahrdt 15 Friedeburg 3	4	Touraine 5
	eher optimistisch	12	13	14	15	16
	eher skeptisch	Thomas 23	24	Friedmann Braun Symanowski 25	26	27
(1) Grundsätzliche Akzeptierung der bestehenden Ordnung (Allfällige partielle Reformen erfolgen innerhalb dieser Ordnung)	differenziert	v. Ferber Pirker Popitz Wiedemann 34	35	Crozier 36	Wiedemann 37	Crozier Pirker Popitz 38
	eher optimistisch	Atteslander Aufhäuser Bahrdt 14 Croner Fürstenberg Jaeggi 45	Claessens Neundörfer Schelsky 46	Dahrendorf Neuloh 47	Atteslander Croner Fürstenberg Neuloh Schelsky 48	Aufhäuser Bahrdt 14 Dahrendorf Jaeggi 49
	eher skeptisch	Götte Müller Mayntz 56	Bednarik 57	58	Götte Bednarik Müller Mayntz 59	60

BETRIEBLICHE UND GESELLSCHAFTLICHE ORDNUNG

	(3) Einstellung zur Herrschaftsordnung			(4) Einstellung zur Arbeit	
Konflikt als Ungleichheit; lösbar durch Änderung der Gesellschaftsordnung	Akzeptierung als unumgänglich oder wünschenswert	Ablehnung und Forderung nach Beseitigung	Wird durch Entwicklung relativiert oder beseitigt	eher optimistisch	eher skeptisch
Naville Bahrdt 15 Friedeburg 6	7	Bahrdt 15 Friedeburg 8	Naville Touraine 9	Naville Touraine 10	Bahrdt 15 Friedeburg 11
17	18	19	20	21	22
Friedmann Braun Thomas Symanowski 28	29	Friedmann Thomas Symanowski 30	Braun 31	32	Friedmann Braun Thomas Symanowski 33
v. Ferber 39	Crozier Wiedemann 40	v. Ferber Pirker 41	Popitz 42	Crozier Pirker Popitz Wiedemann 43	v. Ferber 44
50	Atteslander Dahrendorf Claessens Croner Fürstenberg Neundörfer Schelsky 51	Aufhäuser Jaeggi Neuloh 52	Bahrdt 14 53	Atteslander Bahrdt 14 Claessens Croner Dahrendorf Fürstenberg Jaeggi, Neuloh Neundörfer Schelsky 54	55
61	Bednarik Müller Mayntz 62	Götte 63	64	Mayntz 65	Bednarik Götte Müller 66

des Führungsstils im Betrieb, die Reform der Ausbildung oder die Verbesserung der Arbeitsbedingungen). Der „status quo" wird als Entwicklungsetappe akzeptiert, gilt jedoch nicht als unantastbare Ordnung.

Ziemlich breit gestreut ist das *Bild von der gesellschaftlichen Dichotomie;* so lassen sich die Tabellenfelder 3, 6, 8, 9, 11, 25, 28, 30, 31 und 33 hier einordnen. Auf eine so starke Differenzierung der verschiedenen Dichotomievorstellungen wie sie *Popitz* bei seiner Analyse der Gesellschaftsbilder des Arbeiters vornimmt, konnte hier allerdings verzichtet werden. So vertritt beispielsweise keiner der Autoren das völlig fatalistische Bild von der unabwendbaren Dichotomie als einem kollektiven Schicksal, die nicht beeinflußbar sei und der man sich einfach zu fügen habe. Ebenso findet sich auch der Typ des orthodoxen Marxisten mit der revolutionären Konzeption des Klassenkampfes nicht eindeutig unter den analysierten Autoren, was allerdings nicht bedeutet, daß keine marxistischen Thesen und Begriffe verwendet werden.

Bei dieser dritten Gruppe von Gesellschaftsvorstellungen bestehen teilweise konträre Auffassungen gegenüber den Vertretern der beiden Ordnungsperspektiven:

- Die Probleme der sozialen Schichtung werden klar von den Aspekten der bestehenden Macht- und Herrschaftsverhältnisse her beurteilt. Stark betont wird die Klassenstruktur der Gesellschaft.
- Konflikte sind die Folgen gesellschaftlicher Ungleichheit und als solche nur lösbar durch eine Änderung der bestehenden gesellschaftlichen Ordnung. Die bestehende Ordnung mit ihrer Ungleichheit der Lebenschancen und ihrer einseitigen Privilegierung der herrschaftsausübenden Minderheit soll beseitigt und durch eine neue Ordnung ersetzt werden. Diese Beseitigung muß nicht in Form eines revolutionären Akts erfolgen, sondern kann das Ergebnis eines längerfristigen Evolutionsprozesses sein.
- Die Einstellung zur Arbeit, insbesondere zur Entfremdung, hängt direkt zusammen mit der Ablehnung der bestehenden betrieblichen und gesellschaftlichen Ordnung. So sind die verschiedenen Formen der Entfremdung, der Entmenschlichung und Ausbeutung eine direkte Folge der bestehenden Produktions- und Herrschaftsverhältnisse.
- Die Einstellung zum technischen Fortschritt ist ambivalent; er wird skeptisch beurteilt, soweit er als bloßes Instrument der Ausbeutung und Entfremdung gesehen wird. Die Vorteile werden eher in der längerfristigen Entwicklung gesehen, also in Verbindung mit den veränderten sozialen Strukturen.
- Die Zielsetzungen der Reformen streben eine betriebliche und gesellschaftliche Ordnung an, die sich grundsätzlich von den bestehenden Bedingungen unterscheidet.

Die beiden übrigen Gesellschaftsbilder (das Bild von der homogenen Gesellschaft sowie das evolutionistische Bild der Gesellschaft) beziehen sich auf Teilaspekte, auf besondere Schwerpunkte (Tabellenfelder 46 bzw. 9, 31, 42). Sie überschneiden sich mit den Merkmalen anderer Typen.

Zusammenfassend scheint zumindest eine der Ausgangsüberlegungen bestätigt, nämlich die Annahme, die betriebssoziologische Forschung in den ausgewählten Forschungsräumen weise sehr unterschiedliche Ansätze auf, deren Vergleichbarkeit kaum oder doch nur schwer möglich ist. Eine zweite Annahme ging davon aus, daß nicht nur Unterschiede zwischen verschiedenen Autoren bestehen, sondern auch zwischen den einzelnen Forschungsräumen (hier Deutschland und Frankreich). Ohne von „nationalen Soziologien" sprechen zu wollen, ist auch diese These nicht völlig von der Hand zu weisen. So zeigen etwa die französischen Arbeiten zumindest in ihrer makrosoziologischen Ausrichtung und ihrem evolutionistischen Ansatz gewisse Gemeinsamkeiten auf, die sie von den meisten deutschen Arbeiten deutlich unterscheiden. Durch diesen globalen Ansatz des industriellen Systems hebt sich die französische Betriebssoziologie im übrigen auch von den amerikanischen Arbeiten ab. Anderseits weisen die deutsche und französische Betriebssoziologie gemeinsame Züge auf, welche sich bei den amerikanischen Autoren selten finden lassen. Zu erwähnen wären hier insbesondere etwa die Integration marxistischer Begriffe und Konzepte in deutsche und französische Arbeiten (z. B. der Begriff der Entfremdung, der Ausbeutung, der Herrschaftsstruktur, der Produktionsverhältnisse u. a. m.).

Auffallend bei den deutschen Publikationen ist der große Anteil jener Autoren, welche die Gesellschaft als Ordnungsgefüge (insbesondere in der liberalen Ausprägung) sehen: Die Verhaltensweisen der Betriebsangehörigen werden unter dem Gesichtspunkt der Anpassung im weitesten Sinne studiert, wobei Betrieb und Gesellschaft implizit oder explizit vielfach als reibungslos funktionierendes System betrachtet werden. Allerdings wird der Konflikt durchaus nicht übersehen. So bezeichnet ihn etwa *Ralf Dahrendorf* als unvermeidliches Element jeder Sozialstruktur; der Konflikt wird damit ins soziale System integriert. Er ist Bestandteil der bestehenden Ordnung, die grundsätzlich akzeptiert wird.

Bei den französischen Autoren steht wohl *Michel Crozier,* dessen Ansatz stark durch amerikanische Arbeiten beeinflußt ist, diesem liberalen Ordnungsmodell am nächsten.

Rund ein Viertel der analysierten deutschen Betriebssoziologen setzt sich allerdings diesen Vertretern des Ordnungsgedanken entgegen. Sie lehnen die Tendenz ab, alle wesentlichen Alternativen, d. h. jeden radikalen Wechsel der bestehenden Gesellschaftsformen, auszuschließen. *Jaeggi* [117] spricht in diesem Zusammenhang von den beiden scharf auseinanderklaffenden Polen der heutigen „fortschrittlichen" Industriesoziologie, nämlich der Anpassung an die Arbeitsvorgänge und Verstärkung der demokratischen Spielregeln, d. h. der Institutionalisierung der Konflikte einerseits und der Ablehnung dieses Kompromisses anderseits, mit dem Hinweis, daß es zunächst, und zwar radikaler als bisher, die Autoritätsverhältnisse zu ändern gelte. Gerade diese zweite Gruppe deutscher

Betriebssoziologen kritisiert die Entschärfungs- und Verharmlosungstendenz der übrigen betriebssoziologischen Ansätze. Diese gesellschaftskritische Minderheit zeigt wiederum Parallelen zu französischen Autoren, insbesondere etwa zu *Georges Friedmann* auf.

7. Schlußbetrachtungen: Betriebssoziologie wozu?

Abschließend gilt es, das Fazit aus der vorliegenden Analyse zu ziehen und die Forderungen für die künftigen Arbeiten in jenem sozialwissenschaftlichen Forschungsbereich zu formulieren, der hier mit dem Begriff „Betriebssoziologie" umschrieben wurde.

Ausgangspunkt dieser „Forschung über die Forschung" bildete das Unbehagen, welches einen schon bei einer relativ oberflächlichen Betrachtung der betriebssoziologischen Literatur befällt: Die verschiedenen Arbeiten scheinen ziemlich beziehungslos nebeneinanderzuliegen; die Forschungsergebnisse sind nur schwer vergleichbar und kaum geeignet, zur Erarbeitung eines brauchbaren theoretischen Ansatzes in der Betriebssoziologie beizutragen. Dies will nicht heißen, daß nicht verschiedene Autoren interessante Einzelaspekte bearbeiteten. Sie bilden aber Bruchstücke, Fragmente, die es bisher nicht gelang, zu einer Einheit zusammenzufügen. Mit Hilfe einer Analyse der Gesellschaftsbilder, welche den einzelnen betriebssoziologischen Arbeiten zugrunde liegen, sollte diese Zusammenhangslosigkeit und Gegensätzlichkeit der Ansätze dargestellt werden. Damit verbunden war ein Vergleich der betriebssoziologischen Forschung in sprachlich und kulturell unterschiedlichen Forschungsräumen.

Der bloße Nachweis dieser unbefriedigenden Situation in der betriebssoziologischen Forschung genügt aber nicht. Er genügt auch dann nicht, wenn alle paar Jahre wieder in ähnlichen Forschungsübersichten die gleichen Zustände erneut festgestellt werden. Viel wesentlicher für den wissenschaftlichen Fortschritt ist die Frage nach den Ursachen und nach den Möglichkeiten deren Veränderung.

Damit stellt sich in erster Linie auch die alte Frage nach dem „Knowledge for What"[164] der betriebssoziologischen Erkenntnisse, die Frage also nach der Funktion sozialwissenschaftlicher Forschung in einer Gesellschaft wie der unsern. Für *Schäfers* [187, S. 173] kann diese Frage „aber nur beantwortet werden, wenn man den ursprünglichen Impuls der Soziologie zur Sprache bringt und das erkenntnisleitende Interesse auf den Stand der jeweiligen gesellschaftlichen Entwicklung verweist".

Die Ergebnisse dieser Inhaltsanalyse zeigen, daß die Ursachen für die gegenwärtige Situation der Betriebssoziologie komplexer Art sind; eine Reihe verschiedenster Faktoren wirken in enger gegenseitiger Verflechtung auf die bestehenden soziologischen Ansätze ein. Dabei kommt wohl der geisteswissenschaftlichen Tradition in den einzelnen Forschungsräumen eine besondere Bedeutung

[164] Siehe in diesem Zusammenhang das gleichbetitelte Buch von *Robert S. Lyndt* [138].

zu. Sie ist eine wesentliche Wurzel für Ausmaß und Richtung des soziologischen Engagements. Nicht minder wichtig, aber auch nicht unabhängig von der historischen Tradition, ist die gesellschaftliche Stellung der Soziologie im betreffenden Forschungsraum, ihre Integration in der bestehenden Gesellschaft, die Art der Organisation und die Möglichkeiten der sozialwissenschaftlichen Forschung. Wo die langfristigen institutionellen Mittel für die notwendige Grundlagenforschung fehlen, wird die Erarbeitung der grundlegenden theoretischen Konzepte nicht möglich sein. Man muß leider annehmen, daß in der deutschen Betriebssoziologie nicht zuletzt aus diesem Grunde kaum mehr von Fortschritten gesprochen werden kann, daß in den letzten Jahren kaum mehr in diesem Bereich ernsthaft geforscht wurde. In Frankreich scheint die Situation bedeutend optimistischer zu sein, und die neueren Arbeiten von Forschern, wie *Michel Crozier, Pierre Naville* oder *Alain Touraine,* zeugen denn auch von Versuchen umfassender Systematisierung.

Gerade in der Betriebssoziologie besteht die Gefahr eines verbreiteten Mißverständnisses für die Aufgaben der Sozialforschung. Man erwartet von ihr primär die Lösung konkreter sozialer Probleme, die Erarbeitung von Rezepten, die unmittelbare klinische Verwendung ihrer Forschungsergebnisse. Die Frage der Nützlichkeit oder Zweckdienlichkeit darf aber nicht am Ursprung wissenschaftlicher Forschung stehen, sondern sie ist allenfalls ein Problem der Anwendung gewonnener theoretischer Erkenntnisse. Bedarfsforschung als angewandte Forschung ist nicht möglich ohne vorherige intensive Grundlagenforschung – an dieser Tatsache ändern auch die verlockendsten Forschungsaufträge von Industrie, Gewerkschaften oder Verwaltung nichts. Sie können niemals zu verantwortbaren und gesicherten Ergebnissen führen, solange ihre Grundlagen nicht viel mehr als Spekulationen über mögliche theoretische Zusammenhänge darstellen oder in der ungeprüften Übernahme von Ansätzen anderer Forschungsräume bestehen. Die Stagnation der Betriebssoziologie – vor allem in Deutschland – überrascht als logische Folge dieser fehlenden Grundlagen nicht.

Wer aber bezahlt diese Grundlagenforschung? Wer schafft ihre notwendigen institutionellen Voraussetzungen? Die Lösung dieses Problems entscheidet nicht bloß über die künftige Entwicklung der Betriebssoziologie, sondern über das Schicksal der Sozialforschung schlechthin.

Bernhard Schäfers [187] bringt richtigerweise den Fortschritt der Soziologie in einen unmittelbaren Zusammenhang mit dem Fortschritt der Gesellschaft. Die Kritik an der Gesellschaft ist für ihn immer zugleich als Kritik an der Soziologie zu verstehen und umgekehrt. Eine im sozialen und humanen Bereich stagnierende Gesellschaft läßt auch den soziologischen Erkenntnisfortschritt stagnieren – eine Beobachtung, welche sich ebenfalls auf die vorliegende Analyse betriebssoziologischer Publikationen übertragen läßt.

So ist es sicher angebracht, diese Studie mit einigen kritischen Bemerkungen und Forderungen abzuschließen.

7.1 Von der Kleingruppenforschung zur Soziologie der industriellen Gesellschaft Von der Mikro- zur Makrosoziologie

Eine der Hauptkritiken an den amerikanischen betriebssoziologischen Ansätzen (insbesondere etwa an den Schlußfolgerungen der Hawthorne-Experimente durch *Elton Mayo*) betraf die oft kritiklose „Isolierung" des betrieblichen Sozialsystems aus dem gesamtgesellschaftlichen Zusammenhang und damit die fehlende Berücksichtigung der Umwelteinflüsse auf das Verhalten der Menschen im Betrieb.

Die bestehende Interdependenz zwischen Betrieb und Umwelt wird heute kaum mehr übersehen. Dies kam auch bei den hier analysierten Arbeiten deutscher und französischer Autoren deutlich zum Ausdruck. Der Mensch wird zumindest als Mitglied mehrerer Gruppen (betrieblicher und außerbetrieblicher) betrachtet, die alle auf sein Verhalten einwirken.[165] Die Diskussion geht vielmehr um Art und Ausmaß dieser Interdependenz, um deren Wirkungsweise auf den Betrieb als soziales Gebilde und auf das Verhalten der Menschen im Betrieb. Damit stellt sich auch die Frage der Isolierbarkeit des betrieblichen Sozialsystems für eine analytisch-soziologische Betrachtung, d. h. die Frage nach der Möglichkeit, „mikrosoziologische" Aspekte (z. B. betriebliche Arbeitsgruppen) zu untersuchen und Aussagen zu machen ohne den Einbezug des „makrosoziologischen" Bezugsrahmens der Interdependenz zwischen Betrieb und Gesellschaft. Gerade diese Frage ist entscheidend für die Beurteilung der Vergleichbarkeit bzw. Übertragbarkeit betriebssoziologischer Ergebnisse, welche in unterschiedlichen gesellschaftlichen Bedingungen gewonnen wurden (z. B. etwa die Übertragbarkeit der amerikanischen Forschungen über den Führungsstil auf deutsche oder französische Verhältnisse oder die Vergleichbarkeit der Untersuchungen über die Mitbestimmung in verschiedenen europäischen Ländern).[166]

Grundsätzlich lassen sich zwei Hauptgruppen von Auffassungen unterscheiden, nämlich die eine Gruppe von Autoren, welche im Prinzip die (relative) Isolierbarkeit des betrieblichen Sozialsystems (zumindest für den analytischen Bedarf) bejaht und die andere Gruppe, für welche die „betriebliche Einheit" mehr bloß formal-organisatorischer Art ist, bedingt durch die Tatsache, daß man zur gemeinsamen Arbeit am gleichen geographischen Ort zusammenkommen muß; die gesellschaftlichen Verhältnisse bestimmen aber die entscheidenden Bedingungen und Abläufe dieser Zusammenarbeit.

[165] So sagt etwa *Bahrdt* [15], daß der Mensch nicht bloß Produkt der Arbeitsumwelt sei, sondern daß sein Verhalten noch durch andere, außerbetriebliche Faktoren bestimmt sei, wie z. B. durch Wertvorstellungen, welche mit der konkreten Arbeitswelt direkt nichts zu tun haben oder aus früheren Arbeitsverhältnissen stammen. Daraus ergibt sich nach *Bahrdt* z. B. eine Erklärung für das unterschiedliche Verhalten von Arbeitern und Angestellten.

[166] *v. Friedeburg* [73] untermauert diese Forderung nach dem Einbezug gesamtgesellschaftlicher Gesichtspunkte durch die These, daß soziologische Analysen nur sinnvoll seien, wenn der gesamtgesellschaftliche Zweck einer Institution erfaßt wird, da sich Verhalten und Bewußtsein nur auf diese Weise erklären lassen.

Sehr drastisch formuliert *Thomas* diese Grenzen des Betriebes zur Umwelt. Das Tor zwischen Betrieb und Umwelt ist nach ihm eng:

> „Selten ist diese Grenze eines Gebildes so deutlich wie beim Betrieb. Denn er ist eingegrenzt durch eine Mauer, die man nicht übersteigen darf. Zugang gibt es nur durch das Tor oder die Tore. Diese Tore sind bewacht ... Betrieb und Nichtbetrieb sind also voneinander abgegrenzt. Man kann niemanden während der Arbeit aufsuchen ... Damit ist schon gesagt, daß das Tor zwischen Betrieb und Umwelt eng ist, für heutige Vorstellungen vom übrigen gesellschaftlichen Leben sehr eng, und daß die betrieblichen Instanzen in hohem Maß darüber verfügen, wie weit nun dieses Tor sein soll." [*Thomas,* 209, S. 48 und 85]

Nach *Thomas* besteht eine beinahe uneingeschränkte Herrschaft des Betriebes als Betriebsleitung über ihre Domäne. Zwischen Betrieb und Gesellschaft liegt eine große „Mauer".

Atteslander und *Mayntz* anerkennen durchaus eine vielfältige Verflechtung zwischen Betrieb und Umwelt. Trotzdem entwickelt nach ihnen aber der Betrieb ein spezifisches Sozialsystem, und die externen Einflüsse können nur in bestimmter Weise wirksam werden:

> „Die Forschung hat eindeutig festgestellt, ... daß jeder Betrieb ein spezifisches Sozialsystem entwickelt. Dies bedeutet, daß alle externen Einflüsse in ganz bestimmter Weise wirksam werden, die nur von der Struktur und Dynamik jeder einzelnen Betriebsgesellschaft her verständlich ist. So wird denn zu Recht davon gesprochen, daß einzelne Betriebe ganz bestimmte Stileigenheiten aufweisen. Ein solcher Stil ist nie durch äußere Einwirkungen allein entstanden: Er ist Ausdruck der sozialen Normen des betrieblichen Sozialsystems." [*Atteslander,* 12, S. 269–271]

Auch für *Mayntz* [144, S. 53] beruht die immanente Ordnung des betrieblichen Sozialsystems auf den gemeinsamen Einstellungen aller Mitglieder:

> „Die außerbetrieblich entstandenen und in den Betrieb hineingetragenen Einstellungen bestimmen, wieweit die formellen Normen akzeptiert werden, wie und in welcher Richtung sie abgewandelt und dann akzeptiert werden."

Schelsky [190] bezeichnet den Betrieb als eigentümliches, selbständiges soziales Gebilde. Er bildet nach ihm eine soziale Einheit, die sich durch zwei Begriffe kennzeichnen läßt, nämlich den Betrieb als Institution und den Betrieb als Werks- oder Betriebsgemeinschaft. *Schelsky* betrachtet dabei den Betrieb nicht mehr als gesellschaftlichen Störungsherd, sondern es bestehen eher negative Einwirkungen außerbetrieblicher Faktoren auf den Betrieb.

Gerade die entgegengesetzte These vertritt *Symanowski,* nach dem die gesellschaftliche Freiheit oder Unfreiheit im Betrieb ihren Ausgangspunkt haben:

> „Der Betrieb ist der Ort, von dem das soziale, berufliche und wirtschaftliche Schicksal des Arbeitnehmers seinen Ausgang nimmt. Dort hat seine gesell-

schaftliche Freiheit bzw. Unfreiheit ihren Anfang. Dort wird die große Gesellschaft für ihn anschaulich und bedeutsam. Von einem Menschen, der in seinem Betrieb gezwungen wird, Objekt und passiver Befehlsempfänger zu sein, kann nicht erwartet werden, daß er als verantwortlicher Staatsbürger eine demokratische Gesellschaft mitträgt und mitgestaltet.“ [*Symanowski*, 205, S. 122]

Auch für *Jaeggi* [116] wird die gesellschaftliche Stellung weitgehend durch die Stellung bei der Arbeit – und damit durch den Betrieb – bestimmt.

Wenn der Außeneinfluß zum dominierenden Faktor der sozialen Beziehungen im Betrieb wird, dann sind Aussagen über den innerbetrieblichen Sozialbereich ohne den Einbezug der Umweltbedingungen nicht mehr bzw. nur noch sehr begrenzt möglich. Von einer Isolierbarkeit kann dann sinnvollerweise nicht mehr gesprochen werden, da bestimmte Verhaltensweisen und Beziehungsstrukturen wohl beobachtet und beschrieben, aber nicht erklärt werden können, weil die maßgebenden Faktoren außerhalb des Betriebes liegen und eine Änderung der Beziehungsstruktur eben dort ansetzen müßte. Der Betrieb läßt sich wohl als organisatorische Einheit (schon rein optisch) „isolieren“, aber Aussagen, die über rein empirizistische Interpretationen von Daten hinausgehen, sind nicht möglich.

Am allgemeinsten versucht wohl *Touraine* [213] diese enge Interdependenz zu charakterisieren durch die These, daß in der modernen Gesellschaft sich die sozialen Probleme der Arbeit mit der Gesamtheit der sozialen Probleme zu vermischen tendieren. Die industrielle Entwicklung schafft nach ihm einen immer zentraleren Bezug der Ansprüche und Forderungen zur Gesamtgesellschaft.

Naville [162] steht dieser Auffassung nahe, wenn er sagt, daß die Auswirkungen der Automation sehr unterschiedlich sind, weil sie durch die gesellschaftliche Situation bestimmt werden.

Für *Neuloh* [166] ist die betriebliche Ordnung Teil der gesamtgesellschaftlichen Ordnung und kein isolierbarer Tatbestand. Der Mensch erlebt im Betrieb Ordnung und Unordnung der Gesellschaft und deren Folgen.

Auch für *v. Friedeburg* [76] kann die Gesellschaft vom Betrieb her nicht reformiert werden. So spricht er von der Dominanz der gesellschaftlichen Strukturveränderungen. Partikulare Vorgänge im Betrieb sind deshalb vom gesamtgesellschaftlichen Prozeß her zu erklären. Informelle Gruppen sind Produkt und Vermittlungsinstanz gesellschaftlicher Antagonismen. Damit sind die innerbetrieblichen Spannungen durch die gesellschaftlichen Antagonismen verursacht. Die innerbetriebliche Atmosphäre wirkt nur als verschärfendes oder milderndes Filter.

Dahrendorf [52] weist ebenfalls auf diese gesamtgesellschaftliche Verknüpfung der betrieblichen Konfliktsituation hin, wobei er ja allerdings den Konflikt als unvermeidbares Element der Sozialstruktur betrachtet, jedoch die Art und Weise der Konfliktregelung von gesamtgesellschaftlichen Bedingungen abhängig macht.

Auch für ihn prägt der Betrieb viel weniger die Struktur der umgebenden Gesellschaft als umgekehrt.

Pirker [175], *Fürstenberg* [84] und *Crozier* [49] betonen die Abhängigkeit des betrieblichen Gleichgewichts von außerbetrieblichen Bedingungen. Dabei sind für *Pirker* nicht bloß großräumige gesamtgesellschaftliche Aspekte relevant, sondern insbesondere auch regionale. Alle Störungen des betrieblichen Gleichgewichts hängen mit drei allgemeinen Störungserscheinungen der industriellen Gesellschaft zusammen, nämlich dem Verhältnis zwischen Betrieb und Region, dem Mißverhältnis zwischen der allgemeinen Mobilität und der Stabilität der betrieblichen Formalorganisation sowie der veränderten demographischen Situation.

Wiedemann [231] und *v. Ferber* [70] weisen auf die Bedeutung des sozialen Milieus für das Verhalten der Arbeitenden hin:

> „Wenn man vom direkten Einfluß der Technik und Rationalisierung auf den Menschen spricht, so muß man beachten, daß seine Bedürfnisse und Strebungen, sein Wertsystem und seine Verhaltensnormen darüber entscheiden, wie er diesen Einfluß aufnimmt und wie er ihm begegnet ... Die Werte und Strebungen des Menschen sind wiederum in den meisten Fällen von den sozialen Beziehungssystemen, in denen er steht, geprägt." [*Wiedemann,* 231, S. 30]

Wiedemann lehnt sich dabei an *Touraine* an, für den das Verhalten nicht einfach als subjektive Reflexion der objektiven Art und Weise, in der die Arbeitsorganisation funktioniert, zu begreifen ist. Für *v. Ferber* [70] ist Arbeitsfreude, -einstellung und -verhalten wesentlich anerzogen. Er formuliert die These von der Schichtgebundenheit der Arbeitseinstellung. Nach ihm liegen die Faktoren, welche die Leistungsnormen beeinflussen, ebenfalls maßgeblich außerhalb des Betriebes.

Versucht man – im Sinne einer Gesamtwürdigung – einen globalen Vergleich zwischen den deutschen und den französischen Publikationen, so stellt sich die grundsätzliche Frage, wie weit der traditionelle Problembereich der deutschen Betriebssoziologie nicht weitgehend an den wesentlichen Zusammenhängen vorbeisieht und damit nie zu sinnvollen theoretischen Systematisierungen gelangen kann. Zumindest trifft dies für jene Arbeiten zu, die von einem einseitig mikrosoziologischen Ansatz ausgehen. Nicht nur befaßt sich die Sozialpsychologie mit ähnlichen Problemen (z. B. Kleingruppenforschung), sondern die soziologisch relevanten Forschungsergebnisse müssen zudem – infolge der analytisch vorgenommenen Isolierung von der gesamtgesellschaftlichen Verflechtung – so relativiert werden, daß ihr Aussagegehalt äußerst gering wird.

Auch in Frankreich besteht ein Bruch zwischen globaler Theorie und den Wünschen und Bedürfnissen der Auftraggeber. In Deutschland ist dieses Auseinandergehen zwischen theoretischen Ansätzen und empirischer Forschung vielleicht noch krasser. Es fehlt an systematisch durchgeführten empirischen Arbeiten, welche zur Überprüfung theoretischer Ansätze genügen würden. Voraussetzung dazu wäre — wie erwähnt — die Ausweitung betriebssoziologischer Ansätze in einen größern Rahmen, d. h. also eine Konzentration auf die makrosoziologische Blickrichtung, wie sie für die untersuchten französischen Autoren typisch ist. Nicht mehr bloß die Situation des Arbeitsvollzugs, sondern die Arbeitsverhältnisse allgemein müßten systematischer erforscht werden. *v. Ferber* [70, S. 15/16] meint in diesem Zusammenhang:

> „Die tägliche Arbeit, wie sie dem Arbeiter als ein komplexes Verhältnis begegnet, in das technische, rechtliche, ökonomische und soziale Bedingungen ineinander verflochten sind, bildet nicht allein ein Glied innerhalb eines ökonomischen Zweck-Mittel-Verhältnisses, das den Arbeiter mit Wirtschaftsgütern des täglichen Bedarfs versorgt, sondern sie spielt zugleich eine wichtige Rolle in seinen weiteren Lebensverhältnissen: Die Arbeit ist ein Kriterium der gesellschaftlichen Schichtung, sie gibt der Familie des Arbeiters einen bestimmten Status. Die Arbeit ist tragender Bestandteil des Kulturprozesses, vermittels derer jeder Arbeitende zumindest der Idee nach an der Einheit der Kultur teilhat."

Solch übergreifende Ansätze dürfen nicht nur postuliert werden, sondern sollten vermehrt die betriebssoziologischen Forschungskonzepte beherrschen, da nur sie zu umfassenden theoretischen Fortschritten führen werden — und insbesondere auch die Vergleichbarkeit verschiedener Arbeiten (im eigenen Forschungsraum und vor allem auch zwischen den Forschungsräumen) erst ermöglichen.

Die herkömmliche Tendenz, den soziologischen Forschungsbereich in eine Vielzahl von „Bindestrich-Soziologien" (d. h. Spezialsoziologien) aufzuspalten, mit eigenen theoretischen Ansätzen und ohne sichtbaren Bezug zur gesamtgesellschaftlichen Abhängigkeit aller sozialen Erscheinungen, ist als unbefriedigend abzulehnen. Diese Idee einer „Arbeitsteilung" in der Soziologie führte — zumindest in den extremen Auswüchsen — bis zur faktisch völligen Lösung der „Spezialtheorie" von den Erkenntnissen der allgemeinen Soziologie und damit zur Unvergleichbarkeit und Sterilität der Ergebnisse.

„Betriebssoziologie" läßt sich somit nicht auf die bloße Darstellung sozialer Zusammenhänge in einem isolierten Subsystem „Betrieb" reduzieren; sie stellt keine spezielle soziologische Theorie dar, sondern die sozialen Vorgänge im Arbeitsbereich sind nur unter Einbezug der gesamtgesellschaftlichen Bedingungen erklärbar. Die betriebssoziologische Theorie unterscheidet sich deshalb nicht von den allgemeinen soziologischen Erkenntnissen.

Diese traditionelle Entwicklung einer betrieblichen „Spezialsoziologie" entspricht wohl nicht zuletzt positivistischer Erkenntnisabsicht, die sich — vor allem im Rahmen des klassischen amerikanischen Funktionalismus — auf die Analyse von funktional und disfunktional aufeinander abgestimmter und in ihrer Eigenbewegung kalkulierbarer, auf Gleichgewicht tendierender, Sozialsysteme konzentriert. Die Bezeichnung „Sozialtechnologie" trifft schon deshalb zu, als man das betriebliche Sozialverhalten als eine Berechnung von Datenkonstellationen darstellt und annimmt, daß die betriebliche Wirklichkeit unter dem Zwang rationaler Ablaufmechanismen „funktioniere".

Diesem stark technologischen Erkenntnisinteresse steht als Gegenextrem die Idee von der sozialen Emanzipation des Menschen im dialektischen Ansatz gegenüber.[167] Den Schwerpunkt bildet hier die Befreiung des Menschen von den Zwängen des (betrieblichen) Systems. Die Menschen sollen fähig sein, als selbst denkende und eigenverantwortlich handelnde Subjekte die schöpferische Verwirklichung ihrer Lebenschancen zu erreichen. Die französischen Ansätze *(Naville, Touraine, Friedmann)* stehen dieser zweiten Alternative soziologischer Erkenntnisabsicht nahe, wenn sie auch nicht mit den deutschen Vertretern der Dialektik in der sog. „Frankfurter-Schule" identisch sind. Die stark ausgeprägte evolutionistische Tendenz in diesen französischen Arbeiten läßt sich auch im dialektischen Ansatz deutlich erkennen. Die historische Dimension, welche über geschichtlich geschehenes Handeln funktionelle Momente zukünftigen Handelns gewinnen will, welche Geschichte als gerichtete Veränderung der Wirklichkeit durch handelnde Menschen begreift, ist wohl integrierter Bestandteil von *Touraines* „sociologie de l'action", von *Navilles* „vers l'automatisme social" oder von *Friedmanns* „Zukunft der Arbeit".

Nach der Auffassung der Dialektiker ist die Entwicklung des erforderlichen Situationsbewußtseins nur möglich, wenn die Gesellschaft als Totalität verstanden wird. Angestrebt wird somit eine Theorie der Gesellschaft als Ganzes, der gesellschaftlichen Totalität – also eine extrem makrosoziologische Perspektive.

Es kann hier nicht darum gehen, Vor- und Nachteile dieser beiden Extreme wissenschaftstheoretischer Positionen zu schildern oder gar deren Brauchbarkeit für die betriebssoziologische Forschung nachzuweisen. Diese Aufgabe sei berufeneren Autoren überlassen. Wichtig ist jedoch die Feststellung, daß jede ernsthafte Reflexion der Frage „wozu" wir Soziologie betreiben, unweigerlich zu einer kritischen Haltung gegenüber einer zu engen Begrenzung der betriebssoziologischen Perspektive auf den innerbetrieblichen Bereich und zur Betonung einer verstärkt makrosoziologischen Ausrichtung der Forschung führt. Dies gilt nicht bloß für die Grundlagenforschung, d. h. für die soziologische Theorienbildung, sondern ebenso bei der konkreten Beurteilung betrieblicher Phänomene im Bereich der Bedarfsforschung.

[167] Die Kontroverse zwischen den „Positivisten" bzw. den „Neopositivisten" und den „Dialektikern" ist seit einigen Jahren vor allem im deutschen Forschungsraum im vollen Gang, und es liegt ein recht anspruchsvolles Schrifttum zu diesen Auseinandersetzungen vor. Den eigentlichen Anfang dieses „Soziologenstreites" bildete ein Referat und ein Korreferat über die „Logik der Sozialwissenschaften" von *Karl R. Popper* und *Theodor W. Adorno* anläßlich einer Tagung in Tübingen im Jahr 1962. Diese Vorträge sind abgedruckt in: Kölner Zeitschrift für Soziologie und Sozialpsychologie, Jg. 14, 1962, S. 233–270.

7.2 Betriebssoziologie: Managementsoziologie oder Systemkritik — wertneutrale oder engagierte Forschung?

Eine direkte Folge der wissenschaftstheoretischen Kontroverse zwischen Neopositivisten und Dialektikern war die zentrale Bedeutung, die in den letzten Jahren der Diskussion der Beziehungen zwischen Theorie und Praxis zukommt. Es zeichnet sich allmählich ein deutlicher Wandel der wissenschaftlichen Welteinstellung ab. Parallel dazu verläuft die Forderung nach vermehrter Praxisbestimmtheit des theoretischen Fortschritts. In dieser Entwicklung liegt auch die Chance eines beschränkten Konsensus zwischen den heute scheinbar hoffnungslosen Gegensätzen der wissenschaftstheoretischen Positionen. So häufen sich auch außerhalb der Gruppe der eigentlichen Dialektiker die Stimmen, welche die traditionelle Vorstellung von der „Werturteilsfreiheit" des Soziologen ablehnen[168] und das bewußte (weil unvermeidliche) Engagement des Forschers fordern. Das bloße technokratische Verhältnis zur Praxis, die Vorstellung von der Soziologie als einer Art von besserer Sozialstatistik, die bloße Verwendung von rein beschreibender Soziologie muß überwunden werden. Solange der Soziologe sich grundsätzlich weigert, sich urteilend und wertend mit dem sozialen Geschehen zu befassen, solange er es ablehnt, eine bewußte Verantwortung für seine Erkenntnisse und für die Art ihrer Verwendung zu tragen, solange er die Ziele seiner Auftraggeber konsequent aus seiner Arbeit ausklammert, ist er zwar in seiner Haltung keineswegs wertneutral, sondern er unterstützt bewußt oder unbewußt die Interessen einzelner Machtgruppen, und er trägt tendenziell zur Zementierung des gesellschaftlichen „status quo" bei. Engagierte Forschung ist nicht unwissenschaftlich; Bedingung ist nur, daß der Forscher sein Engagement offen darlegt und nicht unter dem Deckmantel scheinbarer Wertfreiheit verschleiert.

Diese Forderungen gelten vor allem auch für den hier untersuchten Bereich der betrieblichen Sozialforschung. Dies wird beispielsweise besonders deutlich in der aktuellen Diskussion um die Frage der Mitbestimmung im Betrieb.

Der bekannte Vorwurf der „Managementsoziologie" gegenüber den amerikanischen Vertretern der „Human-Relations-Schule", insbesondere gegenüber deren Begründer *Elton Mayo*, läßt sich genausogut auf eine Reihe der in dieser Studie erfaßten Publikationen — etwa der deutschen Untersuchungen über die Mitbestimmung in der Montanindustrie — übertragen. Die abweichenden Resultate können wohl nur teilweise wissenschaftlich begründet werden; vielmehr drängt sich auch hier die Frage nach den unterschiedlichen Auftraggebern auf.

Genau in diese Kerbe schlagen die Kritiker der gegenwärtigen Bemühungen um die Mitbestimmung in der deutschen Industrie. Für sie ist die erstaunlich

[168] Siehe zu diesen Problemen der Werturteilsfreiheit etwa den Sammelband von *Ernst Topitsch* [210], ferner auch: *Hans Albert* [1], *Talcott Parsons* [172], *Jürgen Habermas* [100].

konziliante Haltung der Arbeitgeber gegenüber der Mitbestimmung am Arbeitsplatz nur dem Schein nach ein Zugeständnis an die Forderungen der Gewerkschaften und der Belegschaften:

> „In Wirklichkeit spiegeln sie getreu die älteren und neueren Thesen der industriesoziologischen Forschung, die vor allem in den USA als integrierter Bestandteil des profitorientierten Verwertungsprozesses fungiert. Schon ihre Entstehungsbedingungen weisen die Industriesoziologie als eine ‚positive Wissenschaft' aus. Niemals haben ihre Protagonisten Wissenschaft – nach dem bürgerlichen Verständnis von Reflexion – aus der kritischen Distanz des räsonierenden Individuums begriffen; noch haben sie Wissenschaft je als gesellschaftsverändernde Produktivkraft verstanden, die sich mit der Entwicklung von Klassenbewußtsein ‚materialisiert', d. h. als praktisch-politische Perspektive der Befreiung von Herrschaft die Massen ergreift." [*Deppe*, 61, S. 243]

Trotz der Verschiedenheit der Ansätze und der Methoden bestehen zwischen der Theorie des „Scientific Management" von *Taylor* [207] und der industriesoziologisch untermauerten Arbeitswissenschaft (z. B. der „Human-Relations-Schule" von *Mayo*) die gleichen Zielsetzungen, nämlich die Intensivierung der Arbeit und damit die Steigerung der Produktivität. Der Konkurrenzdruck drängt zur Rationalisierung, zur Ausschaltung der unproduktiven Leerläufe. Diese Tendenz zur immer rationelleren Produktion – erreichbar durch immer differenziertere Aufgliederung der Arbeitsvollzüge – hat ihren Extrempunkt in der Fließbandproduktion. Hier wird die psychische und soziale Entfremdung, die Machtlosigkeit, Isolierung und Selbstentfremdung der Arbeitenden im Interesse der Gewinnmaximierung der Unternehmer auf die Spitze getrieben. *Friedmann* [77], [79] vermittelt eine eindrückliche Schilderung dieser Problematik.

Ziel der „wissenschaftlichen Betriebsführung" war die Anpassung des Arbeitsrhythmus des Menschen an die Maschine. Im Gegensatz dazu konzentrierte sich die soziologische Forschung im Betrieb auf dic Pflege der menschlichen Beziehungen (Human Relations) sowie auf das „Betriebsklima". Es geht bei diesen Forschungen bereits um die Reaktion auf Spannungen und Widerstände, welche durch das technisch-ökonomische System verursacht wurden. Durch Veränderung der „informellen" Umweltsbedingungen, durch Förderung der „Human-Relations" im Betrieb, durch „Vermenschlichung" des Arbeitsklimas soll erreicht werden, daß der Arbeiter seine Arbeit nicht mehr als unmenschlich empfindet und deshalb sein Leistungsverhalten im Interesse der Betriebsziele ändert. Für das Management bildet die Produktivitätssteigerung die Legitimation für die Anwendung der von den Betriebssoziologen entwickelten und empfohlenen „Humantechniken".

Je weiter sich das Produktionssystem entwickelte, desto dringender wurde eine Revision der klassischen Führungsrezepte. Die Entfremdung konnte allerdings durch diese Humantechniken nicht behoben werden; die informelle Gruppenpflege wurde vielmehr oft zur eigentlichen informellen Opposition gegen die Betriebsführung. Als wirksamsten Faktor der Leistungssteigerung bezeichneten die Sozialwissenschaftler nun die Einsicht des Arbeiters in den gesellschaftlichen Charakter seiner Tätigkeit, die Veränderung von Machtstrukturen durch die Möglichkeit von Kontrolle, Selbstbestimmung und Selbstverantwortung im Arbeitsvollzug. Angestrebt damit wird die bessere Identifizierung des Arbeiters mit seiner Arbeit durch eine aktive Mitbeteiligung an der Gestaltung des Arbeitsprozesses. Die Legitimation für die positive Aufnahme dieses neuen „Führungsrezepts" durch das Management war wiederum die dadurch nachweisbare Steigerung der Leistung.

Als wohl sehr eindrückliches Beispiel in diesem Zusammenhang kann die Auffassung des amerikanischen Soziologen und Betriebsberaters *Peter F. Drucker* erwähnt werden. *Drucker* geht in seinem Rezeptbuch für Manager klar von der Frage aus, was dem Arbeiter zu geben sei, um von ihm Höchstleistungen zu erhalten. Sein Rezept ist die Übertragung von Verantwortung:

> „Es kommt gar nicht darauf an, ob der arbeitende Mensch die Verantwortung will oder nicht. Der Betrieb muß sie einfach von ihm verlangen. Er braucht die Leistung; und nun, da er sie nicht mehr aufgrund von Furcht erhält, wird er sie nur dadurch erhalten, daß er den Arbeiter zur Übernahme von Verantwortung ermutigt, anregt oder notfalls dazu drängt." [*Drucker*, 64, S. 365]
> „Es ist keine leichte Aufgabe, einen wirksamen Ersatz für die Furcht als Antriebskraft des Arbeiters zu schaffen. Sie muß jedoch gelöst werden. Wir haben heute das technische Wissen zur Verfügung, um die Arbeit des einzelnen oder der Gruppe so zu organisieren, daß sie Höchstleistungen ergibt." [*Drukker*, 64, S. 374]

Furcht oder Verantwortung — beides sind bloße Mittel zum Zweck der Leistungssteigerung im Interesse des Unternehmers. Von Verantwortung im Sinne echter Mitbestimmung, echter schöpferischer Emanzipation kann keine Rede sein:

> „Eines sei klargestellt: ich bin überzeugt, daß die Belegschaft an der Unternehmungsleitung als solcher nicht teilhaben kann. Sie hat keine Verantwortlichkeit — und daher auch keine Befugnisse." [*Drucker*, 64, S. 373]

Die Forderung der Betriebssoziologen nach Partnerschaft in der Produktion bedeutet somit keineswegs gleichzeitig auch einen Wechsel in der Optik und des Engagements bei ihrer Arbeit. Vielmehr muß man diese neue Tendenz eng verknüpft mit dem technischen Wandel — insbesondere mit der Automatisierung — sehen; die Art der Arbeit und die erforderlichen Qualifikationen wurden völlig verändert und zwingen zu einer neuen Führungstechnik. Soweit aber diese neuen Führungsgrundsätze bloß aus den veränderten technischen Bedingungen — aus den Sachzwängen — abgeleitet werden, bedeuten sie keine eigentliche Bewußtseinsänderung auf der Seite der Unternehmer, keine neue Einsicht in die schöpferischen Kräfte des Menschen, keine Verschiebung der gesellschaftlichen Grundverhältnisse.

Die hochtechnisierte Industrie mit ihren kapitalintensiven Anlagen verlangt einen andern Verhaltenstyp, bedingt einen integrierten Arbeiter, da sich der Unternehmer eine Störung der Produktion (durch Streik oder Abwanderung qualifizierter Kräfte) nicht leisten kann. Diese Notwendigkeit einer vermehrten Integration des Arbeiters durch die Übertragung neuer Kontroll- und Mitbestimmungsrechte führt zwangsweise zu einer Veränderung der innerbetrieblichen Macht- und Entscheidungsstruktur. Die weit bedeutendere Machtballung durch die Kapitalkonzentration (Bildung von Riesenkonzernen mit ungeheurem wirtschaftlichem und politischem Machteinfluß der Arbeitgeber) wird dadurch nicht verhindert, sondern höchstens verschleiert. Genau an dieser Frage aber scheiden sich die Geister, stehen sich Arbeitgeber und Arbeitnehmer in einem bisher ungelösten Interessenkonflikt gegenüber. Technologisch begründete Mitbestimmung am Arbeitsplatz ohne gleichzeitige Kontrollmöglichkeit der Unternehmungsspitzenorgane und der staatlichen Lenkungsorgane bedeutet keine grundsätzliche — sondern allenfalls eine graduelle — Veränderung der Entfremdungssituation, da von einer echten Möglichkeit einer Einflußnahme auf die umfassenden Zusammenhänge der Arbeitssituation nicht gesprochen werden kann.

Der Betriebssoziologe steht mitten im Kräftefeld dieser Auseinandersetzung. Sein Gesellschaftsbild und sein Bild vom Menschen in dieser Gesellschaft wird weitgehend seine Position bestimmen, die er in diesem Konflikt einnimmt. Gerade in Deutschland stehen alle Möglichkeiten der praktischen Einflußnahme durch den Soziologen zur Diskussion — von der bloß beratenden Information bis zur eigenverantwortlichen Intervention. Es geht also nicht bloß um die Frage der Mitbestimmung des Arbeiters, sondern ebenso um das Problem der effektiven Einflußnahme (und damit auch um die Verantwortung) des Forschers auf die Entscheide seiner Auftraggeber.

Das Hauptgewicht der Mitwirkung lag bisher in verschiedenen Formen der Mitberatung; feste Muster der Beteiligung haben sich jedoch kaum herausgebildet, und die Forderungen nach weitergehender Mitwirkung des Wissenschaftlers sind deshalb verständlich. So verlangt z. B. auch *Schelsky* [188], daß der Wissenschaftler, der ein Gutachten schreibt, die Pflicht habe, die Verwirklichung zu überwachen; sonst bestehe die Gefahr, daß sein Name als Alibi benutzt werde für ein Ziel, das den Absichten seines Gutachtens völlig widerspricht.

Aus der Sicht des engagierten Forschers geht es um den Versuch, aus der traditionellen Abhängigkeitssituation auszubrechen, in der seine Arbeit die bloße Reaktion auf fremde Impulse darstellt. Praxisbezogenes Verhalten soll nicht mehr bloß in Funktion zu einer guten Bezahlung stehen, sondern vermehrt der eigenen Initiative entspringen. Die Bemerkung von *Schäfers* [187, S. 161], wonach die Übereinstimmung mit einem Fortschrittstempo, das sich am Problem der Emanzipation des Menschen ausrichte, desto schwieriger wurde, je stärker und ungehemmter die Eigengesetzlichkeit der kapitalistischen Produktionsbasis sich entwickelte, weist auf die zentrale Frage hin, vor die sich der engagierte Forscher gestellt sieht. Die Herrschaft von Menschen über Menschen ist durch die technisch-ökonomische Fortschrittseuphorie nicht gelöst. Es gibt auch eine „säumige Seite“ des Fortschritts und die liegt in der gesellschaftlichen Entwicklung. Der Einsatz von neuen Organisations- und Humantechniken verändert den Abstand zwischen Produktionsstruktur und gesellschaftlicher Entwicklung nicht grundsätzlich, sondern verschiebt ihn nur auf eine neue Ebene.

An diesem Punkt setzt insbesondere die Kritik am soziologischen Funktionalismus ein, der die Menschen mit ihren Bedürfnissen höchstens als Funktionen eines Systems sieht. Soziologie als „l'art pour l'art“, das bloße Interesse an der Verfeinerung, Ergänzung und logischen Perfektion des theoretischen Begriffsapparates, die auf den neuesten technischen Stand gebrachte Regulierung gesellschaftlicher Phänomene kann nur die eine Seite soziologischen Bemühens sein; sie bedeutet nicht automatisch auch Fortschritt im Sinne gesellschaftlicher Emanzipation. Die Frage, wie weit der zunehmende Trend zur Beherrschung und Manipulierbarkeit sozialer Vorgänge zur technokratischen Regelung von Konflikten den bestehenden „status quo“ verfestigt und damit die bestehenden Strukturen zementiert, stellt sich in vermehrtem Maße an jeden Soziologen, der die Beziehungen seines Fachgebietes zur Praxis überdenkt.

7.3 Möglichkeiten und Grenzen der Betriebssoziologie

> „Die eindringlicher zu stellende Frage nach den Bedingungen der Vermittlung von soziologischer Theorie und sozialer Wirklichkeit muß in einem vernunftsbestimmten Fortschrittsbegriff ihren Angelpunkt finden. Wenn aber, wie gegenwärtig, unsere Gesellschaft die vorhandene sozialwissenschaftliche Intelligenz — ihrem eigenen Leistungsideal entgegen — nicht nutzt, sich dieser vielmehr versperrt, dann wird die Soziologie auf eine esoterische Dauerreflexion im Binnenraum der Wissenschaft selbst oder in die Diskussion subtiler methodologischer Probleme verwiesen.“ [*Schäfers*, 187, S. 173]

Dieses Zitat von *Schäfers* wird drastisch verdeutlicht durch die von *Helge Pross* [178, S. 24] erwähnte Aussage eines hohen Kommunalbeamten, wonach mehrere Firmen Fragebogen entwickelt hätten, die von den akademischen Nachwuchskräften Auskunft verlangen, ob sie je Soziologie studierten. Wenn ja, komme eine Anstellung nicht in Betracht.

Eine solche Haltung der Praxis bedeutet die kompromißlose Kampfansage an eine Soziologie, die nicht länger bloß Integrations-, Stabilisations- und Rechtfertigungswissenschaft sein will. Sie zeigt aber auch schlagartig, daß es nur die Alibi-Funktion ist, für welche man den Soziologen zu bezahlen bereit ist.

Bleibt nun dem Soziologen — und insbesondere auch dem Betriebssoziologen — nur die Wahl zwischen dem Verzicht auf eine anständig honorierte Tätigkeit in seinem Fachbereich oder der bedingungslosen Unterordnung unter einen Fortschrittsbegriff, der einseitiger als je zuvor auf ökonomische Wachstumsraten und Produktionsziffern eingeengt ist und selbst die gesellschaftliche Entwicklung nur nach solchen „Fortschrittskategorien" beurteilt und vergleicht?

Es wäre falsch, die Möglichkeiten und Grenzen der Betriebssoziologie nur aus dieser wenig verlockenden einseitigen Abhängigkeit zu beurteilen. Vielmehr besteht eine Art wechselseitiger Abhängigkeit zwischen Wissenschaft und Praxis, die beiden Bereichen einen gewissen Spielraum läßt, aber auch Grenzen setzt.

Sowohl die „freie Wissenschaft" als auch die „freie Entscheidung des Praktikers" sind zu fragwürdigen Begriffen geworden. Einerseits kommt der Praktiker ohne die Anwendung komplizierter wissenschaftlicher Techniken nicht mehr aus. Damit festigt sich die Stellung der Wissenschaft und des Wissenschaftlers in der modernen Gesellschaft infolge der zunehmenden Bedeutung der Expertenfunktion. Dies gilt auch für die Betriebssoziologie. Anderseits gibt es die erwähnten Tendenzen der Abhängigkeit in der Wissenschaft. Der Forscher verfügt weder selbst über die nötigen finanziellen Mittel, noch über den freien Zugang zu seinem Forschungsfeld – dem Betrieb. Er wird damit abhängig von jenen, die diese Mittel verteilen und über die entsprechende Machtposition verfügen, Forschungen zuzulassen oder zu verhindern. Wenn Wissenschaft zunehmend von politischen Entscheidungen bestimmt wird, so beweist dies gleichzeitig auch die politische Bedeutung der Wissenschaft.

Dies führt uns zurück zum Problem des Engagements: Neutrale Wissenschaft ist unmöglich geworden. Die Auseinandersetzung um die Auflagen bei der Finanzierung von Forschungsprojekten bilden die eine Seite, die Probleme der Verantwortung für die Art der Verwendung wissenschaftlicher Ergebnisse in der Praxis die andere Seite des Engagements des Wissenschaftlers.

Nach *Danckwerts* reproduziert Wissenschaft, die vom Herrschaftssystem abhängig ist, notwendig das System:

> „Möglichkeiten, aus dieser Bindung auszubrechen, bestehen nur dann, wenn die außerwissenschaftlichen, vorwissenschaftlichen Entscheidungen nicht systemabhängig sind, sondern aufgrund anderer Kriterien getroffen werden." [*Danckwerts*, 60, S. 44]

Solche vorwissenschaftlichen Entscheidungen bilden etwa die Ausgangspunkte soziologischer Forschung, also die Frage nach dem ursprünglichen Gegenstand der Soziologie. Nach *Danckwerts* geht es dabei darum, daß diese vorwissenschaftlichen Bedingungen als Richtwerte von allen gesellschaftlichen Gruppen anerkannt werden können, weil sie (wenn vielleicht auch in unterschiedlichen Ausmaß) auf die Existenzbedingungen aller Gesellschaftsteile zutreffen.

Will man diese Frage für die Soziologie allgemein und für die Betriebssoziologie im besonderen beantworten, so muß man von der historischen Bedingtheit der Wissenschaft „Soziologie" ausgehen:

„Das bedeutet einerseits, daß man sich die konkrete historische Ausgangslage zu vergegenwärtigen hat, und andererseits, daß die heutigen gesellschaftlichen Verhältnisse analysiert werden müssen. Damit sind die folgenden Fragen gestellt: Ist die Soziologie noch, wie im vergangenen Jahrhundert, vor allem die Wissenschaft von der Krise der ‚bürgerlichen Gesellschaft' und ihrer Überwindung? Wenn nicht, haben sich die gesellschaftlichen Verhältnisse grundlegend geändert oder bestimmt ein anderes Wissenschaftsverständnis die Soziologie und wird sie im Rahmen der heutigen Verhältnisse neu definiert?" *Danckwerts,* [60, S. 29]

Blickt man zurück auf die historische Situation des 19. Jahrhunderts, so waren die gesellschaftlichen Verhältnisse bestimmt durch die Auswirkungen der industriellen Revolution. Die Soziologie entfaltete sich in diesem Zeitraum an der Analyse der Ursachen, der Prognose der Folgen und den Vorschlägen zu möglichen Lösungen der „sozialen Frage". Diese Bedingungen galten sowohl für die französische als auch für die deutsche Betriebssoziologie.[169] In der Zeit nach dem Zweiten Weltkrieg wurden – vor allem in Deutschland – in den betriebssoziologischen Analysen die sozialen Probleme überwiegend als partielle Konflikte interpretiert (z. B. als Auswirkungen des technischen Wandels) und die „Soziale Frage" wurde nur noch als sozialgeschichtliches Phänomen beurteilt. Diese Reduktion der umfassenden Bedeutung der „Sozialen Frage" auf einzelne betriebliche Erscheinungen ermöglichte erst eigentlich die Abgrenzung der Betriebssoziologie als eigene „Spezialsoziologie". So schreibt etwa

Dahrendorf (56, S. 45), „daß die Abgrenzung von Gegenstand und Ansatz der Industrie- und Betriebssoziologie erst in allerjüngster Zeit so weit gediehen ist, daß die Rede von dieser speziellen Soziologie als selbständiger Disziplin gerechtfertigt erscheint".

Wesentlich beigetragen zu dieser Entwicklung hat die Übernahme der amerikanischen Wissenschaftsauffassung von Soziologie durch die deutschen Soziologen, eine Erscheinung, die für die französische Soziologie viel weniger typisch ist. So wurde auch eine weitgehende Übereinstimmung der Verhältnisse der beiden Gesellschaften (Amerika und Deutschland) angenommen.

Eine Zeitspanne relativer wirtschaftlicher Prosperität bedeutet natürlich nicht automatisch, daß die „Soziale Frage" gelöst ist, vor allem, wenn man sie als die Folge einer spezifischen Produktions- und Herrschaftsstruktur betrachtet. Eine Reihe gesellschaftlicher Konflikte, wie etwa die Situation im Bildungswesen, die Diskussion um die Mitbestimmung im Betrieb, die Notstandsgesetze in Deutschland, die politische und ökonomische Diskriminierung der Frau in der Schweiz u. a. m. zeigen, wie oberflächlich die demokratische Wirklichkeit nach wie vor ist. Zudem ist wohl auch die wirtschaftliche Situation keineswegs krisensicher,

[169] Siehe die Bemerkungen zur historischen Entwicklung der Betriebssoziologie auf S. 26 ff.

und Diskussionen um Probleme wie die zunehmende Wohnungsmisere in den Ballungsräumen, die wachsende Verlängerung der Arbeitswege, die lebensbedrohliche Zerstörung des biologischen Gleichgewichts der Natur, die Fragwürdigkeit der faktischen Freiheit in der Arbeitsplatzwahl usw. zeigen offensichtlich die bestehende ökonomische Machtlosigkeit weiter Bevölkerungsgruppen. Der Versuch, alle diese Erscheinungen als Einzelprobleme darzustellen, kann nur vorübergehend den strukturellen Gesamtzusammenhang verdecken.

Es besteht somit auch heute eine „Soziale Frage“ – und es ist dabei nebensächlich zu diskutieren, ob es sich um die „Soziale Frage“ des 19. Jahrhunderts handelt. Vielmehr steht das alte Problem von Stellung und Aufgabe der Soziologie zur Diskussion, sofern sich die bestehenden Konflikte auf einen Nenner bringen lassen, und es sich zeigt, daß sie das Resultat der bisher ungelösten Probleme der industriellen Gesellschaft sind.[170]

Möglichkeiten und Grenzen der Betriebssoziologie ergeben sich nicht bloß aus der theoretischen Kontroverse über Stellung und Aufgabe der Soziologie in der Gesellschaft. Von unmittelbarer Bedeutung ist vielmehr auch der Spielraum, der sich auf Grund von Angebot an und Nachfrage nach soziologischem Wissen auf der Ebene der betrieblichen Praxis ergibt. Es muß angenommen werden, daß das durchschnittliche Verständnis der Praktiker für die Möglichkeiten der Soziologie entweder sehr gering oder unangemessen ist. Allzu oft orientiert sich der Praktiker an einem längst überholten Stand der Forschung und erhofft sich Beiträge, welche der Soziologe weder zu leisten imstande, noch zu leisten bereit ist. Erwähnt sei hier nur etwa die verbreitete Meinung, der Soziologe sei jener Wunderdoktor, der dem Praktiker beliebige Verhaltensregeln bereithalte, mit denen sich im Sinne von „Kochbuchrezepten“ jede Situation sicher meistern lasse.

Neben dieser Uninformiertheit ist die verbreitete Skepsis als weiteres Hindernis zu erwähnen. Diese Skepsis betrifft sowohl den Inhalt als auch die Arbeitsweise der Soziologie. Der Praktiker empfindet die Ergebnisse der Sozialforschung nicht nur als unverständlich und abstrakt, sondern ebenso als suspekt und gefährlich, sobald es sich etwa um Analysen handelt, welche bestehende Autoritätsstrukturen betreffen und sobald durch die Soziologie versucht wird, auf das Bewußtsein abhängiger Schichten einzuwirken. Nicht verstanden wird vom Praktiker sehr oft auch die Zeit, welche der Sozialforscher für die Bereitstellung seiner Ergebnisse fordert. Die mehrjährige Laufzeit von Forschungsprojekten führt vielfach dazu, daß sich das Interesse der Praxis in der Zwischenzeit längst erschöpft hat. So neigt denn der Praktiker zum Wunsch, die Arbeitsbedingungen sowie den Arbeitsaufwand der Wissenschaftler zu kontrollieren. Zudem versuchen die Auftraggeber – etwa die Betriebsleitung – nicht selten, die Verwendung wissenschaftlicher Ergebnisse auf „unproblematische“ Gebiete einzuengen, das

[170] Siehe auch *Danckwerts* [60, S. 34].

Recht der Einflußnahme und Revision zu wahren und – wenn nötig – Sanktionen gegen die beteiligten Wissenschaftler zu ergreifen.[171]

Dieses Verhalten der Praxis bedeutet in der Regel nicht grundsätzliche Wissenschaftsfeindlichkeit; vielmehr entspricht es dem innerhalb formaler Organisationen üblichen Wunsch nach Kontrolle und der in diesen Strukturen verbreiteten Neigung zur Verteidigung und Erhaltung der bestehenden Bedingungen. Trotzdem ergeben sich natürlich gerade aus solchen Erscheinungen einschneidende Randbedingungen für die Möglichkeiten und Grenzen der Forschung. Wenn also die objektiven Möglichkeiten für die Anwendung betriebssoziologischer Forschung beurteilt werden, so sind diese Hindernisse des subjektiven Bedarfs mitzuberücksichtigen. Eine Änderung dieser Randbedingungen ist solange unwahrscheinlich, als der Wissenschaftler auf die Rolle des bloßen Beraters, Informanten oder Übersetzers abstrakter theoretischer Erkenntnisse beschränkt bleibt und nicht die praktische Initiative selbst ergreifen kann. Der Grad der Beteiligung des Wissenschaftlers soll also erhöht werden; die Sozialwissenschaft muß aus ihrer reinen Dienstleistungsfunktion befreit werden und Zugang zu allen Phasen der Beziehungen zwischen Theorie und Praxis erhalten. Dies wiederum bedingt auf der Seite der Forschung ein entsprechendes Angebot – ein Angebot, welches im Bereich der deutschen Betriebssoziologie bisher kaum vorliegt.[172]

Heinz Hartmann [106, S. 205] weist schließlich auf einen weitern Engpaß in diesem Verhältnis zwischen Angebot und Nachfrage an sozialwissenschaftlicher Erkenntnis hin. Es ist dies das Kommunikationsproblem zwischen den beteiligten Partnern. So bereitet es dem Praktiker oft erhebliche Mühe, wissenschaftliche Ergebnisse in ihrer Formulierung und Bedeutung richtig zu verstehen. Anderseits ist aber vielfach auch dem Forscher die konkrete Fragestellung der Praktiker fremd. Damit enthält die Popularisierung die Gefahr der Akzentverschiebung und Entstellung. Zudem ist der Praktiker als Konsument wissenschaftlicher Daten sehr oft nicht in der Lage, die erhaltenen Informationen kritisch zu prüfen und deren Gültigkeit und Verläßlichkeit zu beurteilen. Auch diese Erscheinungen bedeuten Grenzen für die Möglichkeiten der Forschung – Grenzen, die vor allem dann bedauerlich sind, wenn Forschung nicht als „l'art pour l'art", sondern als wesentlicher Beitrag für die Gestaltung der gesellschaftlichen Wirklichkeit verstanden wird.

Diese Schlußbetrachtungen waren als kritischer Ausblick gedacht. Sie streben keinerlei Vollständigkeit an; es sind nur bruchstückhafte Hinweise zu weiterer Reflexion. Die Frage nach dem „Wozu" der Betriebssoziologie ist die Frage nach Aufgabe und Funktion der Wissenschaft schlechthin. Sie drängt sich auf bei einer nüchternen Inventur des betriebssoziologischen Schrifttums – wobei

[171] Eine sehr eindrückliche Schilderung in dieser Hinsicht findet sich im kürzlich veröffentlichten kritischen Erfahrungsbericht von *Günter Wallraff* [218, S. 111 ff.] über seine Beobachtungen in deutschen Großbetrieben.

[172] Siehe in diesem Zusammenhang auch *Heinz Hartmann* [106, S. 194 ff.].

im Rahmen dieser ambitiösen Fragestellung des „Knowledge for what" die Betriebssoziologie höchstens als ein Beispiel sozialwissenschaftlicher Forschung steht. Vielleicht läßt sich aber doch an diesem Beispiel veranschaulichen, wohin eine sterile Isolierung betrieblicher Vorgänge aus dem gesamtgesellschaftlichen Kontext führt, wie sehr eine falsch verstandene „Wertneutralität" die Glaubwürdigkeit des Forschers gefährdet und in welch entscheidendem Ausmaß die gesellschaftliche und politische Wirklichkeit die Möglichkeiten und Grenzen wissenschaftlicher Aktivität bestimmt.

Damit sind wir wieder beim Ausgangspunkt der vorliegenden Analyse betriebssoziologischer Publikationen: Der Forscher selbst ist Bestandteil dieser gesellschaftlichen Realität; sie prägt sein wissenschaftliches Bemühen. Die Analyse des Gesellschaftbildes, welche seiner Arbeit zugrunde liegt, ist ein Versuch, diese Verknüpfung aufzuzeigen.

Literaturhinweise

Die folgenden bibliographischen Hinweise stellen keinen umfassenden Überblick über die bestehende betriebssoziologische Literatur dar. Es werden vielmehr nur Publikationen angeführt, welche in der vorliegenden Arbeit zitiert oder verarbeitet wurden.

[1] *Albert, Hans:* Wissenschaft und Politik: Zum Problem der Anwendbarkeit einer wertfreien Sozialwissenschaft. In: Topitsch, E. [Hrsg.]: Probleme der Wissenschaftstheorie. Festschrift für Victor Kraft. Wien, 1960, S. 201 ff.

[2] *Arensberg, Conrad M.* und *Tootell, G.:* Plant Sociology. Real Discoveries and New Problems. In: Komarovsky [122, S. 310–337].

[3] *Argyris, Chris:* Executive Leadership; An Appraisal of a Manager in Action. New York, Harper, 1953.

[4] *Argyris, Chris:* The Present State of Research in Human Relations in Industry. A Working Paper, March 1954. Publiziert: New Haven, Labor and Management Center, Yale University Press, 1954.

[5] *Argyris, Chris:* Organization of a Bank. New Haven, Labor and Management Center, Yale University Press, 1954.

[6] *Argyris, Chris:* Personality and Organization. The Conflict between System and the Individual. New York, Harper, 1957.

[7] *Argyris, Chris:* Problems in Conzeptualizing Organizational Climate; a Case Study of a Bank. In: Administrative Science Quarterly Vol. 2, März 1958. S. 501.

[8] *Aron, Raymond:* Dix-huit leçons sur la société industrielle. Paris, Gallimard, 1962. Deutsche Übersetzung: Die industrielle Gesellschaft 18 Vorlesungen. Frankfurt a/M., Fischer, 1964. Fischer Bücherei Band 636.

[9] *Aron, Raymond:* La lutte des classes. Nouvelles leçons sur les sociétés industrielles. Paris, Gallimard, 1964.

[10] *Aron, Raymond:* Deutsche Soziologie der Gegenwart. Systematische Einführung in das soziologische Denken. Stuttgart, Kröner, 1965. Kröners Taschenausgabe, Bd. 214.

[11] *Aron, Raymond:* Trois essais sur l'âge industriel. Paris, Plon, 1966.

[12] *Atteslander, Peter:* Konflikt und Kooperation im Industriebetrieb. Köln/Opladen, Westdeutscher Verlag, 1959.

[13] *Atteslander, Peter:* Methoden der empirischen Sozialforschung. Berlin, de Gruyter, 1969. Sammlung Göschen, Band 1229/1229a.

[14] *Aufhäuser, Siegfried:* An der Schwelle des Zeitalters der Angestellten. Eine wachsende und dynamische Leistungsschicht in Wirtschaft und Verwaltung. Berlin, Westliche Berliner Verlagsgesellschaft, Heenemann KG, 1963.

[15] *Bahrdt, Hans Paul:* Industriebürokratie. Versuch einer Soziologie des industrialisierten Bürobetriebs und seiner Angestellten. Stuttgart, Enke, 1958.

[16] *Bahrdt, Hans Paul/Dirks, Walter u. a.:* Gibt es noch ein Proletariat? [Hrsg. von

Marianne Feuersenger]. Frankfurt a. M., Europäische Verlagsanstalt, 1962. Sammlung „res novae", Band 15.

[17] *Bakke, E. Wight:* The Unemployed Worker. New Haven [Conn.], Yale University Press, 1940.

[18] *Bakke, E. Wight:* Citizens without Work. New Haven [Conn.], Yale University Press, 1940.

[19] *Bakke, E. Wight:* Bonds of Organization. An Appraisal of Corporate Human Relations. New York, Harper, 1950.

[20] *Bakke, E. Wight:* Organization and the Individual. New Haven [Conn.], Labor and Management Center, Yale University Press, 1952.

[21] *Bakke, E. Wight:* The Fusion Process. New Haven [Conn.], Labor and Management Center, Yale University Press, 1953.

[22] *Bakke, E. Wight* und *Argyris, Chris:* Organizational Structure and Dynamics: A Framework for Theory. New Haven [Conn.], Labor and Management Center, Yale University Press, 1954.

[23] *Barnard, Chester I.:* The Functions of the Executive. Cambridge [Mass.], Havard University Press, 1945.

[24] *Barnard Chester I.:* Functions and Pathology of Status Systems in Formal Organizations. Industry and Society. New York, Mc Graw-Hill, 1946.

[25] *Barnard, Chester I.:* Organization and Management. Cambridge [Mass.], Harvard University Press, 1948.

[26] *Bednarik, Karl:* Der junge Arbeiter von heute – ein neuer Typ. Stuttgart, Gustav Kilpper Verlag, 1953.

[27] *Bendix, Reinhard:* Herrschaft und Industriearbeit. Frankfurt a. M., Europäische Verlagsanstalt, 1960. Amerikanische Originalausgabe: Work and Authority. New York, John Wiley, 1956.

[28] *Bergmann, Joachim E.:* Die Theorie des sozialen Systems von Talcott Parsons. Eine kritische Analyse. Frankfurt a. M., Europäische Verlagsanstalt, 1967. Frankfurter Beiträge zur Soziologie Band 20 [hrsg. von Th. W. Adorno und L. v. Friedeburg].

[29] *Blau, Peter M.:* The Dynamics of Bureaucracy. Chicago, University of Chicago Press, 1955.

[30] *Blau, Peter M.:* Bureaucracy in Modern Society. New York, Random House, 1956.

[31] *Blau, Peter M.* und *Scott, W. Richard:* Formal Organizations, A Comparative Approach. San Francisco, Chandler, 1962.

[32] *Braun, Siegfried:* Zur Soziologie der Angestellten. Frankfurt a. M., Europäische Verlagsanstalt, 1964.

[33] *Briefs, Götz:* Betriebsführung und Betriebsleben in der Industrie. Stuttgart, 1934.

[34] *Carey, Alex:* The Harwthorne Studies: A Radical Criticism. In: American Sociological Review, Vol. 32, 1967, No. 3. S. 403–416.

[35] *Cartwright, Dorwin* und *Zander, Alvin* [Hrsg.]: Group Dynamics: Research and Theory. Evanston [Ill.], Row-Peterson, 1953.

[36] *Chalmers, Ellison / Chandler, Margaret / McQuitty, Louis / Stagner, Rose / Wray, Donald und Derber, Milton:* Labor-Management Relations in Illini City. Vol. I: The Case Studies, Vol. II: Explorations in Comparative Analysis. Champaign [Ill.], University of Illinois, Institute of Labor and Industrial Relations, 1953–54.

[37] *Chamberlain, Neil W.:* Union Challenge to Management Control. New York, Harper, 1948.

[38] *Chamberlain, Neil W.:* Collective Bargaining. New York, McGraw-Hill, 1951.

[39] *Chamberlain, Neil W.:* Social Responsability and Strikes. New York, Harper, 1953.

[40] *Chamberlain, Neil* und *W. Schilling, Jane M.:* The Impact of Strikes. New York, Harper, 1954.

[41] *Chapple, Elliot D.* und *Sayles, Leonard R.:* The Measure of Management. New York, Macmillan, 1961.

[42] *Claessens, Dieter/Fuhrmann, Jochen/Hartfiel, Günter* und *Zirwas, Hans:* Angestellte und Arbeiter in der Betriebspyramide. Eine empirisch soziologische Studie über die Verteilung der Arbeitsplätze von Angestellten und Arbeitern, ihre Personaldaten und Arbeitsverdienste in Betrieben der gewerblichen Wirtschaft. Berlin-Wilmersdorf, Westliche Berliner Verlagsanstalt Heenemann, 1959.

[43] *Cole, A. H.:* Business Enterprise in its Social Setting. Cambridge [Mass.], Harvard University Press, 1953.

[44] *Coser, Lewis A.:* The Functions of Social Conflict. Glencoe [Ill.], Free Press, 1956. Deutsche Übersetzung: Theorie sozialer Konflikte. Neuwied, Luchterhand, 1966. Soziologische Texte, Band 30 [hrsg. von H. Maus und F. Fürstenberg].

[45] *Croner, Fritz:* Soziologie der Angestellten. Köln/Berlin, Kiepenheuer und Witsch, 1962.

[46] *Crozier, Michel:* Petits fonctionnaires au travail. Paris, C. N. R. S., 1956.

[47] *Crozier, Michel:* L'encadrement subalterne dans six compagnies d'assurances. Paris, I. S. S. T., 1959.

[48] *Crozier, Michel:* Le phenomène bureaucratique. Paris, Editions du Seuil, 1963.

[49] *Crozier, Michel:* Le monde des employés de bureau. Paris, Editions du Seuil, 1965.

[50] *Crozier, Michel:* De l'étude des „relations humaines" à l'étude des systèmes de pouvoir. In: Sociologie du Travail, 3. Jg., 1961, Nr. 1, S. 80 ff.

[51] *Crozier, Michel:* Quelques développements récents des recherches théoriques sur les organisations. In: Sociologie du Travail, 3. Jg., 1961, Nr. 2, S. 182 ff.

[52] *Dahrendorf, Ralf:* Sozialstruktur des Betriebes. Wiesbaden, Verlag Th. Gabler, 1959.

[53] *Dahrendorf, Ralf:* Gesellschaft und Freiheit. Zur soziologischen Analyse der Gegenwart. München, Piper, 1961.

[54] *Dahrendorf, Ralf:* Die angewandte Aufklärung. Gesellschaft und Soziologie in Amerika. Frankfurt a. M., Fischer, 1968. Fischer Bücherei, Band 901.

[55] *Dahrendorf, Ralf:* Das Mitbestimmungsproblem in der deutschen Sozialforschung. Eine Kritik. München, Piper, 1965 [2. Aufl.]. Studien zur Soziologie, Band 1 [hrsg. von R. Dahrendorf].

[56] *Dahrendorf, Ralf:* Industrie- und Betriebssoziologie. Berlin, de Gruyter, 1967 [4. Aufl.]. Sammlung Göschen Band 103.

[57] *Dahrendorf, Ralf:* Pfade aus Utopia. Arbeiten zur Theorie und Methode der Soziologie. München, Piper, 1967.

[58] *Dahrendorf, Ralf:* Betrachtungen zu einigen Aspekten der gegenwärtigen deutschen Soziologie: In: Kölner Zeitschrift für Soziologie und Sozialpsychologie, 11. Jg., 1959, Heft 1, S. 132 ff.

[59] *Dalton, Melville:* Men who Manage. New York, John Wiley, 1959.

[60] *Danckwerts, Dankwart:* Soziologie und politische Entwicklung. In: Schäfers B. [Hrsg.]: Thesen zur Kritik der Soziologie. Frankfurt a. M., Suhrkamp, 1969. Edition suhrkamp, Bd. 324, S. 29–66.

[61] *Deppe, Frank/Freyberg, Jutta von/Kievenheim, Christof/Meyer, Regine* und *Werkmeister, Frank:* Kritik der Mitbestimmung. Partnerschaft oder Klassenkampf? Frankfurt a. M., Suhrkamp, 1969. Edition suhrkamp, Bd. 358.

[62] *Desroche, Henri* und *Meister, Albert:* Une communauté de travail de la banlieu parisienne. Essai monographique. Paris, Editions de Minuit, 1955.

[63] *Dimock, Marshall E.:* Administrative Vitality. New York, Harper, 1959.

[64] *Drucker, Peter F.:* Die Praxis des Management. Ein Leitfaden für die Führungsaufgaben in der modernen Wirtschaft. Düsseldorf, Econ, 1956. Amerikanische Originalausgabe: The Practice of Management. New York, Harper, 1954.

[65] *Dubin, Robert:* Working Union-Management Relations, the Sociology of Industrial Relations. Englewood Cliffs [N. J.], Prentice Hall, 1958.

[66] *Dunlop, John T.:* Industrial Relations Systems. New York, Henry Holt, 1958.

[67] *Durkheim, Emile:* De la division du travail social. Paris, Presses Universitaires de France, 1960 [7. Aufl.].

[68] *Etzioni, Amitai:* Comparative Analysis of Complex Organizations. Glencoe, Free Press, 1961.

[69] *Etzioni, Amitai:* Modern Organizations. Englewood Cliffs [N. J.], Prentice Hall, 1964. Foundation of Modern Sociology Series [hrsg. von A. Inkeles]. Deutsche Übersetzung: Soziologie der Organisationen. München, Juventa, 1967. Grundfragen der Soziologie, Band 12 [hsg. von D. Claessens].

[70] *Ferber, Christian von:* Arbeitsfreude: Wirklichkeit und Ideologie: Ein Beitrag zur Soziologie der Arbeit in der industriellen Gesellschaft. Stuttgart, Enke, 1959. Göttinger Abhandlungen zur Soziologie unter Einschluß ihrer Grenzgebiete, Band 4 [hrsg. von H. Plessner].

[71] *Ferrarotti, Franco:* La sociologia industriale in Europa e in America. Turin, Taylor, 1960 [2. Aufl.].

[72] *Festinger, Leon* und *Katz, Daniel* [Hrsg.]: Research Methods in the Behavioral Sciences. New York, Holt, Rinehart u. Winston, 1953.

[73] *Fleishman, Edwin A./Harris, E. F.* und *Burtt, H. E.:* Leadership and Supervision in Industry: An Evaluation of a Supervisory Training Program. Columbus, Ohio State University 1955.

[74] *Francis, Roy C.* und *Stone, Gregory C.:* Service and Procedure in an Bureaucracy: a Case Study. Minneapolis, University of Minnesota Press, 1956.

[75] *Friedeburg, Ludwig von:* Betriebsklima. Eine industriesoziologische Untersuchung aus dem Ruhrgebiet. Frankfurt a. M., Europäische Verlagsanstalt, 1955. Frankfurter Beiträge zur Soziologie, Band 3 [hrsg. von Th. W. Adorno und W. Dirks].

[76] *Friedeburg, Ludwig von:* Soziologie des Betriebsklimas. Studien zur Deutung empirischer Untersuchungen in industriellen Großbetrieben. Frankfurt a. M., Europäische Verlagsanstalt, 1963. Frankfurter Beiträge zur Soziologie, Band 13 [hrsg. von Th. W. Adorno und Walter Dirks].

[77] *Friedmann, Georges:* Der Mensch in der mechanisierten Produktion. Köln, Bund

Verlag, 1952. Französische Originalausgabe: Problèmes humains du machinisme industriel. Paris, Gallimard, 1946.

[78] *Friedmann, Georges:* Die Zukunft der Arbeit. Köln, Bund Verlag, 1953. Französische Originalausgabe: Où va le travail humain? Paris, Gallimard, 1950.

[79] *Friedmann, Georges:* Grenzen der Arbeitsteilung. Frankfurt a. M., Europäische Verlagsanstalt, 1959. Frankfurter Beiträge zur Soziologie, Band 7 [hrsg. von Th. W. Adorno und W. Dirks]. Französische Originalausgabe: Le travail en miettes. Paris, Gallimard, 1956.

[80] *Friedmann, Georges:* Quelques problèmes de définition et de limites. In: Sociologie du Travail, 1. Jg., 1959, Nr. 1, S. 1–11.

[81] *Friedmann, Georges:* Les conditionnements psycho-sociologiques: Milieux techniques et milieux naturel. In: Journal de psychologie normale et pathologique. Paris, S. 191 ff.

[82] *Fromm, Erich:* The Sane Society. New York, Rinehart, 1955.

[83] *Fürstenberg, Friedrich:* Industriesoziologie, Vorläufer und Frühzeit 1835–1934. Neuwied, Luchterhand, 1959. Soziologische Texte, Band 1 [hrsg. von F. Fürstenberg und H. Mauss].

[84] *Fürstenberg, Friedrich:* Grundfragen der Betriebssoziologie. Köln/Opladen, Westdeutscher Verlag, 1964.

[85] *Fürstenberg, Friedrich:* Empirische Sozialforschung im Industriebetrieb. In: Kölner Zeitschrift für Soziologie und Sozialpsychologie, 6. Jg., 1954, Heft 3–4, S. 587 bis 605.

[86] *Galenson, Walter* und *Lipset, Seymour M.:* Labor and Trade Unionism: An Interdisciplinary Reader. New York, John Wiley, 1960.

[87] *Geck, L. H. Adolph:* Soziale Betriebsführung. Zugleich Einführung in die betriebliche Sozialpolitik. Essen, W. Girardet, 1953 [2. Aufl.].

[88] *Geck, Adolf:* Zur Entstehungsgeschichte der Betriebssoziologie: In: Specht, K. G. [Hrsg.]: Soziologische Forschung in unserer Zeit, Leopold v. Wiese zum 75. Geburtstag dargebracht. Köln/Opladen, Westdeutscher Verlag, 1951.

[89] *Ginzberg, Eli* [Hrsg.]: What Makes an Executive? Report of a Round Table on Executive Potential and Performance. New York, Columbia University Press, 1955.

[90] *Ginzberg, Eli* und *Reilley, E. W.:* Effecting Change in Large Organizations. New York, Columbia University Press, 1958.

[91] *Godfrey, Eleanor P./Fiedler, E. F.* und *Hall, D. M.:* Boards, Management and Company Success. Danville [Ill.], Interstate Printers, 1959.

[92] *Götte, Martin:* Betriebsklima. Göttingen, Verlag für Psychologie, C. J. Hogrefe, 1962.

[93] *Golden, Clinton* und *Parker, V. D.* [Hrsg.]: Causes of Industrial Peace under Collective Bargaining. New York, Harper, 1955.

[94] *Goldthorpe, John H.:* La conception des conflits du travail dans l'enseignement des relations humaines. In: Sociologie du Travail, 3. Jg., 1961, Heft 1, S. 1 ff.

[95] *Goode, William J.* und *Fowler, Irving:* Incentive Factors in a Low Morale Plant. In: American Sociological Review, Vol. 14, 1949, Nr. 5, Oktober, S. 618–624.

[96] *Gouldner, Alvin W.:* Wildcat Strike. Yellow Springs [Ohio]. The Antioch Press, 1954.

[97] *Gouldner, Alvin W.:* Patterns of Industrial Bureaucracy. Glencoe [Ill.], Free Press, 1954.

[98] *Gross, Bertram M.:* The Managing of Organizations. Glencoe [Ill.], Free Press, 1964 [2 Bände].

[99] *Gurvitch, Georges:* Brèves esquisse de l'histoire de la sociologie. In: Gurvitch, G.: Traité de sociologie. Bd. 1. Paris, Presses Universitaires de France, 1958, S. 28–64.

[100] *Habermas, Jürgen:* Theorie und Praxis. Neuwied/Berlin, Luchterhand, 1969 [3. Auflage]. Reihe: Politica. Abhandlungen und Texte zur politischen Wissenschaft, Band 11 [hrsg. von W. Hennis und R. Schnur].

[101] *Haire, Mason* [Hrsg.]: Modern Organizational Theory: A Symposium of the Foundation for Research on Human Behaviour. New York, John Wiley, 1959.

[102] *Harbison, Frederick H.* und *Robert Dubin:* Patterns of Union-Management Relations. Chicago, Science Research Association, 1947.

[103] *Harbison, Frederick H.* und *King, Carr:* Causes of Peace under Collective Bargaining. Washington, National Planing Association, 1948.

[104] *Harbison, Frederick H.* und *John, R. Coleman:* Goals and Strategy in Collective Bargaining. New York, Harper, 1951.

[105] *Harbison, Frederik H.* und *Myers, Charles A.:* Management in the Industrial World. An International Analysis. New York, Mc Graw-Hill, 1959.

[106] *Hartmann, Heinz:* Empirische Sozialforschung. München, Juventa, 1970. Grundfragen der Soziologie, Band 2 [hrsg. von D. Claessens].

[107] *Hinkle, Roscoe L.* und *Gisela N.:* Die Entwicklung der amerikanischen Soziologie. Eine Geschichte ihrer Motive und Theorien. München, R. Oldenburg, 1960.

[108] *Hoefnagels, Harry:* La sociologie face aux problèmes sociaux. Bruges-Paris, 1962.

[109] *Hoefnagels, Harry:* Soziologie des Sozialen. Einführung in das soziologische Denken. Essen, Driewer, 1966.

[110] *Homans, George C.:* The Human Group. New York, Harcourt, Brace, 1950. Deutsche Übersetzung: Theorie der sozialen Gruppe. Köln/Opladen, Westdeutscher Verlag, 1960.

[111] *Horsfall, Alexander B.* und *Arensberg, Conrad M.:* Teamwork and Productivity in a Shoe Factory. In: Human Organization, Vol. 8, 1949, Nr. 1.

[112] *Horton, John:* Order and Conflict Theories of Social Problems as Competing Ideologies. In: American Journals of Sociology, Vol. 71, 1966, Nr. 6, Mai, S. 701–713.

[113] *Hughes, Everett C.:* The Knitting of Racial Groups in Industry. In: American Sociological Review, Vol. 11, 1946, Nr. 5, S. 512–519.

[114] *Infield, H.:* Coopératives communautaires et sociologie expérimentale. Esquisses pour une sociologie de la coopération. Paris, Editions de Minuit, 1955.

[115] *Irle, Martin:* Soziale Systeme. Eine kritische Analyse der Theorie von formalen und informalen Organisationen. Göttingen, Verlag für Psychologie, C. J. Hogrefe, 1963.

[116] *Jaeggi, Urs* und *Wiedemann, Herbert:* Der Angestellte in der Industriegesellschaft. Stuttgart/Berlin, Kohlhammer, 1966.

[117] *Jaeggi, Urs:* Hauptprobleme der gegenwärtigen Diskussion der Industrie- und Betriebssoziologie. Gastreferat WS 1966/67 an der FU Berlin [unveröffentlichtes Manuskript].

[118] *Jantke, Karl:* Industriebetriebsforschung als soziologische Aufgabe. In: Soziale Welt, 2. Jg., Oktober, 1950.

[119] *Jost, Walter:* Das Sozialleben des industriellen Betriebes. Eine Analyse des sozialen Prozesses im Betrieb. Berlin, 1932.

[120] *Kahn, Robert L./Wolfe, Donald/Quinn, Robert* und *Snoek, Diedrick:* Organizational Stress. Studies in Role Conflict and Ambiguity. New York, John Wiley, 1964.

[121] *Kahn, Robert L.:* The Prediction of Productivity. In: Journal of Social Issues, Vol. 12, 1956, Nr. 2, S. 41–49.

[122] *Katz, Daniel* und *Kahn, Robert L.:* The Social Psychologie of Organizations. New York, John Wiley, 1966.

[123] *Katz, Daniel* und *Kahn, Robert L.:* Leadership Practices in Relation to Productivity and Morale. In: Cartwright [34, S. 618–628].

[124] *Katz, Daniel/Maccoby, Nathan/Gurin, Gerald* und *Floor, Lucretia G.:* Productivity, Supervision and Morale among Railroad Workers. Ann Arbor [Mich.], Institute of Social Research, University of Michigan, 1951.

[125] *Kerr, Clark/Dunlop, John/Harbison, Frederick* und *Myers, Charles:* Industrialism and Industrial Man. Cambridge, Harvard University Press, 1960.

[126] *Klima, Rolf:* Einige Widersprüche im Rollen-Set des Soziologen. In: B. Schäfers [Hrsg.]: Thesen zur Kritik der Soziologie. Frankfurt a. M., Suhrkamp, 1969. Edition suhrkamp, Bd. 324, S. 80–95.

[127] *Knowles, W. H.:* Personnel Management: A Human Relations Approach. New York, American Book Co., 1955.

[128] *König, René:* Einige grundsätzliche Bemerkungen über die Mikroanalyse in der Betriebssoziologie. In: Kölner Zeitschrift für Soziologie und Sozialpsychologie, 8. Jg., 1956, Heft 1, S. 46–64.

[129] *Komarovsky, Mirra* [Hrsg.]: Common Frontiers in the Social Sciences. Glencoe [Ill.], Free Press, 1957.

[130] *Kornhauser, Arthur / Dubin, Robert* und *Ross, Arthur M.* [Hrsg.]: Industrial Conflict. New York, Mc Graw-Hill, 1954.

[131] *Lawrence, Paul R.* und *Clark, James V.:* The Changing of Organizational Behavior Patterns: A Case Study of Decentralization. Boston, Harvard Business School, 1958.

[132] *Le Play, Frédéric:* Les ouvriers européens. Paris, 1855.

[133] *Lepsius, M. Rainer:* Strukturen und Wandlungen im Industriebetrieb: Industriesoziologische Forschung in Deutschland. München, Hanser, 1960.

[134] *Lester, Richard S.:* Labor and Industrial Relations. New York, Macmillan, 1951.

[135] *Likert, Rensis:* New Patterns of Management. New York, Mc Graw-Hill, 1961.

[136] *Lipset, Seymour M.* und *Bendix, Reinhard:* Social Mobility in Industrial Society. London, Heinemann, 1959.

[137] *Lutz, Burkart:* Notes sur la sociologie industrielle en Allemagne. In: Sociologie du Travail, 1. Jg., 1959, H. 1, S. 37–45.

[138] *Lyndt, Robert S.:* Knowledge for What? The Place of Social Science in American Culture. New York, Grove Press, 1964. Evergreen Black Cat Edition. Erste Ausgabe 1939 durch Princeton University Press.

[139] *Maier, Normann R. F.:* Principles of Human Relations: Applications to Management. New York, John Wiley, 1952.

[140] *Maier, Norman R. F./Solem, A. R.* und *Maier, A. A.:* Supervisory and Executive Development. New York, John Wiley, 1957.

[141] *Mannheim, Karl:* Man and Society in an Age of Reconstruction. New York, Harcourt, Brace, 1940.

[142] *March, James G.* und *Simon, Herbert A.:* Organizations. New York, John Wiley, 1958.

[143] *Mason, Elisabeth S.* [Hrsg.]: The Corporation in Modern Society. Cambridge, Harvard University Press, 1959.

[144] *Mayntz, Renate:* Die soziale Organisation des Industriebetriebes. Stuttgart, Enke, 1958.

[145] *Mayo, Elton:* The Social Problems of an Industrial Civilisation. Boston, Graduate School of Business Administration, Harvard University, 1945.

[146] *Mc Gregor, Douglas:* The Human Side of Enterprise. New York, Mc Graw-Hill, 1960.

[147] *Meister, Albert:* Les communautés de travail. Paris, Entente communautaire, 1959.

[148] *Merton, Robert K.:* Social Theory and Social Structure. Glencoe (Ill.), Free Press, 1949.

[149] *Merton, Robert K. / Gray, A. P. / Hockey, B.* und *Selvin, H. C.* [Hrsg.]: Reader in Bureaucracy. Glencoe, Free Press, 1952.

[150] *Miller, Delbert C.* und *Form, William H.:* Unternehmung, Betrieb und Umwelt. Soziologie des Industriebetriebes und der industriellen Gesellschaft. Köln/Opladen, Westdeutscher Verlag, 1957. Gekürzte Fassung von: Industrial Sociology: An Introduction to the Sociology of Work Relations. New York, Harper, 1951.

[151] *Miller, William:* Men in Business. Essays in the History of Entrepreneurship. Cambridge (Mass.), Harvard University Press, 1952.

[152] *Mills, C. Wrigth:* The New Men of Power. New York, Harcourt, Brace, 1948.

[153] *Mills, C. Wrigth:* White Collar: the American Middle Classes. New York, Oxford University Press, 1951.

[154] *Moore, Wilbert E.:* Industrial Relations and the Social Order. New York, Macmillan, 1946.

[155] *Morse, Nancy C.:* Satisfactions in the White-Collar Job. Ann Arbor, University of Michigan, 1953.

[156] *Müller, K. Valentin:* Die Angestellten in der hochindustrialisierten Gesellschaft. Köln/Opladen, Westdeutscher Verlag, 1957.

[157] *Mc Mury, Robert N.:* The Case for Benevolent Autocracy. In: Harvard Business Review, Vol. 36, 1958, Nr. 1, S. 82–90.

[158] *Naumann, Hans:* Anmerkungen zur gegenwärtigen Lage der französischen Soziologie. In: Adorno, Th. W. und Dirks, W.: Sociologica. Aufsätze, Max Horkheimer zum 60. Geburtstag gewidmet. Frankfurt a. M., Europäische Verlagsanstalt, 1955. Frankfurter Beiträge zur Soziologie, Band 1 [hrsg. von Th. W. Adorno und W. Dirks].

[159] *Navel, Georges:* Travaux. Paris, Verlag Stock, 1945.

[160] *Naville, Pierre:* La Vie de travail et ses problèmes. Paris, A. Colin, 1954. Cahiers de la Fondation nationale des Sciences politiques, Nr. 56.

[161] *Naville, Pierre:* L'automation et le travail humain. Paris, C. N. R. S., 1961.

[162] *Naville, Pierre:* Vers l'automatisme social? Problèmes du travail et de l'automation. Paris, Gallimard, 1963.

[163] *Nettler, Gwynn:* A Measure of Allienation. In: American Sociological Review, Vol. 22, 1957, Dezember, S. 672 ff.

[164] *Neuloh, Otto:* Die deutsche Betriebsverfassung und ihre Sozialformen bis zur Mitbestimmung. Tübingen, J. C. B. Mohr, 1956.

[165] *Neuloh, Otto:* Der Arbeitsunfall und seine Ursachen. Stuttgart/Düsseldorf, Ring-Verlag, 1957.

[166] *Neuloh, Otto:* Der neue Betriebsstil. Untersuchungen über Wirklichkeit und Wirkungen der Mitbestimmung. Tübingen, J. C. B. Mohr, 1960. Soziale Forschung und Praxis, Band 14 [hrsg. von der Sozialforschungsstelle an der Universität Münster, Dortmund].

[167] *Neuloh, Otto* und *Wiedemann, Herbert:* Arbeiter und technischer Fortschritt. Köln/Opladen, Westdeutscher Verlag, 1960. Forschungsberichte des Landes Nordrhein-Westfalen, Nr. 776 [hrsg. durch das Kultusministerium].

[168] *Neuloh, Otto/Braun, Rudolf* und *Werner, Erich:* Die durchlaufende Arbeitsweise. Tübingen, J. C. B. Mohr, 1961. Soziale Forschung und Praxis, Band 22 [hrsg. von der Sozialforschungsstelle an der Universität Münster, Dortmund].

[169] *Neundörfer, Ludwig:* Die Angestellten. Neuer Versuch einer Standortbestimmung. Stuttgart, Enke, 1961.

[170] *Newcomer, M.:* The Big Business Executive: the Factors that Made Him 1900–1950. New York, Columbia University Press, 1955.

[171] *Ogburn, William F.:* Social Change. With Respect to Culture and Original Nature. New York, Viking Press, 1922.

[172] *Parsons, Talcott:* Wertgebundenheit und Objektivität in den Sozialwissenschaften. Eine Interpretation der Beiträge Max Webers. In: Stammer, O. [Hrsg.]: Max Weber und die Soziologie heute. Verhandlungen des fünfzehnten deutschen Soziologentages. Tübingen, J. C. B. Mohr, 1965, S. 35–64.

[173] *Paul, Helmut* und *Steinmetz, Peter H.* [Hrsg.]: Die Gruppe im Betrieb. Dortmund, Ardey Verlag, 1953.

[174] *Pelz, Donald, C.:* Leadership Within a Hierarchical Organization. In: Journal of Social Issues, Vol. 7, 1951, Nr. 3, S. 49–55.

[175] *Pirker, Theo/Braun, Siegfried/Lutz, Burkart* und *Hammelrath, Fro.:* Arbeiter – Management – Mitbestimmung. Stuttgart/Düsseldorf, Ring Verlag, 1955. Veröffentlichung der Gesellschaft für soziale Betriebspraxis.

[176] *Popitz, Heinrich/Bahrdt, Hans P./Jüres, Ernst A.* und *Kesting, Hanno:* Technik und Industriearbeit. Soziologische Untersuchungen in der Hüttenindustrie. Tübingen, J. C. B. Mohr, 1964 [2. Aufl.]. Soziale Forschung und Praxis, Band 16 [hrsg. von der Sozialforschungsstelle an der Universität Münster, Dortmund].

[177] *Popitz, Heinrich/Bahrdt, Hans P./Jüres, Ernst A.* und *Kesting, Hanno:* Das Gesellschaftsbild des Arbeiters. Soziologische Untersuchungen in der Hüttenindustrie. Tübingen, J. C. B. Mohr, 1961. Soziale Forschung und Praxis, Band 17 (hrsg. von der Sozialforschungsstelle an der Universität Münster, Dortmund).

[178] *Pross, Helge:* Die Soziologie fabriziert keine Revolutionäre. In: Der Volkswirt, Jg. 22, 1968, Nr. 27.

[179] *Riesman, David:* The Lonely Crowd. New Haven, Yale University Press, 1950.

Deutsche Übersetzung: Die einsame Messe. Hamburg, Rowohlt, 1960, Rde, Band 72/73.

[180] *Roethlisberger, Fritz J.:* Human Relations: Rave, Medium, or Well Done. In: Harvard Business Review. Vol. 26, 1948, Nr. 1, Januar, S. 80–107.

[181] *Roethlisberger, Fritz J.* und *Dickson, William J.:* Management and the Worker. Cambridge [Mass.], Harvard University Press, 1939.

[182] *Roethlisberger, Fritz J.:* Management and Morale. Cambridge [Mass.], Harvard University Press, 1946. Deutsche Übersetzung: Betriebsführung und Arbeitsmoral. Köln/Opladen, Westdeutscher Verlag, 1954.

[183] *Rohrer, John H.* und *Sherif, Muzafer* [Hrsg.]: Social Psychology at the Crossroads. New York, Harper, 1952.

[184] *Ross, Arthur M.* und *Hartmann, Paul T.:* Changing Patterns of Industrial Conflict. New York, John Wiley, 1960.

[185] *Sayles, Leonhard:* Behavior of Industrial Work-groups. Prediction and Control. New York, John Wiley, 1958.

[186] *Sayles, Leonard:* Managerial Behavior. Administration in Complex Organizations. New York, Mc Graw-Hill, 1964.

[187] *Schäfers, Bernhard:* Fortschritt der Gesellschaft und Fortschritt der Soziologie. In: Schäfers, B. [Hrsg.]: Thesen zur Kritik der Soziologie. Frankfurt a. M., Suhrkamp, 1969. Edition suhrkamp, Band 324, S. 151–174.

[188] *Schelsky, Helmut:* Wissenschaftliche Experten und politische Praxis – das Problem der Zusammenarbeit in der heutigen Demokratie. In: Bergedorfer Gespräche zu Fragen der freien industriellen Gesellschaft. Protokoll Nr. 23 [hrsg. vom Bergedorfer Gesprächskreis], Bergedorf, 1966.

[189] *Schelsky, Helmut:* Aufgaben und Grenzen der Betriebssoziologie. In: Schelsky, H.: Auf der Suche nach Wirklichkeit. Düsseldorf/Köln, Diederichs Verlag, 1965, S. 59–87.

[190] *Schelsky, Helmut:* Industrie- und Betriebssoziologie. In: Gehlen, A. und Schelsky, H. [Hrsg.]: Soziologie. Ein Lehr- und Handbuch zur modernen Gesellschaftskunde. Düsseldorf/Köln, Diedrichs Verlag, 1968 [7. Aufl.], S. 159–203.

[191] *Scheuch, Erwin K.:* Sozialer Wandel und Sozialforschung. Über die Beziehungen zwischen Gesellschaft und empirischer Sozialforschung. In: Kölner Zeitschrift für Soziologie und Sozialpsychologie, Jg. 17, 1965, Heft 1, S. 1–48.

[192] *Schneider, Eugene V.:* Industrial Sociology. The Social Relation of Industry and the Community. New York, Mc Graw-Hill, 1957.

[193] *Scott, Ellis L.:* Status Expectation and Organizational Behavior. Columbus, Ohio State University, Research Foundation, 1953.

[194] *Seashore, Stanley E.:* Group Cohesiveness in the Industrial Work Group. Ann Arbor, University of Michigan, 1954. Survey Research Center Monograph, Nr.14.

[195] *Seeman, Melving:* On the Meaning of Alienation. In: American Sociological Review, Vol. 24, 1959, Nr. 6, S. 783–791.

[196] *Selekman, Benjamin, M.:* A Moral Philosophy for Management. New York, Mc Graw-Hill, 1959.

[197] *Selznick, Philip:* Leadership in Administration. White Plains [N. Y.], Row Peterson, 1957.

[198] *Selznick, Philip:* Foundations of the Theory of Organization. In: American Sociological Review, Vol. 13, 1948, Nr. 1, Februar, S. 25–35.

[199] *Simon, Herbert A.:* Administrative Behavior. New York, Macmillan, 1947.

[200] *Simon, Herbert A.:* Models of Man: Social and Rational. New York, John Wiley, 1957.

[201] *Slichter, Sumner / Healy J.* und *Liverwash E.:* The Impact of Collective Bargaining on Management. Washington, 1960.

[202] *Stirn, Hans:* Die informelle Arbeitsgruppe. Dortmund, Ardey Verlag, 1952. Die Gruppe in Forschung und Praxis, Heft 1 [hrsg. von H. Paul und P. Steinmetz].

[203] *Stoetzel, Jean:* Sociology in France. An Empiricist View. In: Becker, H. und Boskoff, A.: Modern Sociological Theory. New York, Holt, Rinehart and Wiston, 1957, S. 623–657.

[204] *Sutton, Francis X./Harris, S. F./Kaysen, C.* und *Tobin, J.:* The American Busines Creed. Cambridge, Harvard University Press, 1956.

[205] *Symanowski, Horst* und *Vilmar, Fritz:* Die Welt des Arbeiters. Junge Pfarrer berichten aus der Fabrik. Frankfurt a. M., Stimme Verlag, 1963.

[206] *Tannenbaum Robert/Massarik Fred* und *Weschler I. R.:* Leadership and Organisation: a Behavioral Science Approach. New York, Mc Graw-Hill, 1961.

[207] *Taylor, Frederick W.:* The Principles of Scientific Management. New York, Harper, 1911.

[208] *Thoenig, Jean-Claude:* La sociologie moderne en France. Unveröffentlichtes Paper der Methodengruppe der Schweizerischen Gesellschaft für Soziologie, 1967.

[209] *Thomas, Konrad:* Die betriebliche Situation der Arbeiter. Stuttgart, Enke, 1964. Göttinger Abhandlungen zur Soziologie und ihrer Grenzgebiete, Band 9 [hrsg. von H. Plessner und H. P. Bahrdt].

[210] *Topitsch, Ernst* [Hrsg.]: Logik der Sozialwissenschaften. Köln/Berlin, Kiepenheuer & Witsch, 1966. Neue Wissenschaftliche Bibliothek, Band 6.

[211] *Touraine, Alain:* L'évolution du travail ouvrier aux usines Renault. Paris, C. N. R. S., 1955.

[212] *Touraine, Alain:* Les travailleurs et les changements techniques. Paris. O. C. D. E. 1965.

[213] *Touraine, Alain:* Sociologie de l'action. Paris, Editions du Seuil, 1965.

[214] *Touraine, Alain:* La conscience ouvrière. Paris, Editions du Seuil, 1966.

[215] *Touraine, Alain:* Liste des recherches de sociologie industrielle actuellement en cours en France. In: Recherches sociologiques (edité par les chercheurs du centre d'études sociologiques). 1955, Nr. 2, Juni.

[216] *Tréanton, Jean-René* und *Reynaud, Jean-Daniel:* La sociologie industrielle 1951–1962. Tendances actuelles de la recherche et bibliographie. In: Current sociology/La sociologie contemporaine, Vol. 12, 1963–64, Nr. 2.

[217] *Urwick, Lyndall F.:* The Pattern of Management. Minneapolis, University of Minnesota Press, 1956.

[218] *Wallraff, Günther:* Industriereportagen. Als Arbeiter in deutschen Großbetrieben. Hamburg, Rowohlt, 1970. Rororo Band 6723.

[219] *Warner, W. Lloyd* und *Low, J. O.:* The Social System of the Modern Factory. New Haven [Conn.], Yale University Press, 1947.

[220] *Warner, W. Lloyd* und *Abegglen, James C.:* Big Business Leaders in America. New York, Harper, 1955.

[221] *Warner, Lloyd W.* und *Martin, Norman* [Hrsg.]: Industrial Man: Business-men and Business Organizations. New York, Harper, 1959.

[222] *Weber, Arnold R.:* Union Decision-Making in Collective Bargaining. Urbana (Ill.), University of Illinois, 1951.

[223] *Weber, Max:* Wirtschaft und Gesellschaft. Grundriß der verstehenden Soziologie. Köln/Berlin, Kiepenheuer & Witsch, 1964, Studienausgabe.

[224] *Whyte, William F.:* Street Corner Society: The Social Structure of an Italian Slum. Chicago, University of Chicago Press, 1943.

[225] *Whyte, William F.:* Industry and Society. New York, Mc Graw-Hill, 1946.

[226] *Whyte, William F.:* Pattern for Industrial Peace. New York, Harper, 1951.

[227] *Whyte, William F.:* Leadership and Group Participation. Ithaca [N. Y.], New York State School of Industrial and Labor Relations, Cornell University, 1953.

[228] *Whyte, William F.* [Hrsg.]: Money and Motivation. An Analysis of Incentives in Industry. New York, Harper, 1955. Deutsche Übersetzung: Lohn und Leistung. Köln/Opladen, Westdeutscher Verlag, 1958.

[229] *Whyte, William F.:* Men at Work. Homewood [Ill.], Richard D. Irwin, 1961. The Irwing-Dorsey Series in Behavioral Science in Business.

[230] *Whyte, William H. Jr.:* The Organization Man. New York, Simon and Schuster, 1956. Deutsche Übersetzung: Herr und Opfer der Organisation. Düsseldorf, Econ Verlag, 1958.

[231] *Wiedemann, Herbert:* Die Rationalisierung aus der Sicht des Arbeiters. Köln/Opladen, Westdeutscher Verlag, 1967 [2. Aufl.]. Dortmunder Schriften zur Sozialforschung, Band 24 [hrsg. von der Sozialforschungsstelle an der Universität Münster – Sitz Dortmund].

[232] *Zaleznik, Abraham:* Foreman Training in a Growing Enterprise. Boston, Harvard University, Graduate School of Business Administration, 1951.

[233] *Zaleznik, Abraham/Christensen, Charles R.* und *Roethlisberger, Fritz J.:* The Motivation, Productivity and Satisfaction of Workers. A Prediction Study. Boston, Division of Research, Harvard Business School, 1958.

Soziologie

Hauptfragen und Grundbegriffe. Von *Friedrich Fürstenberg*. 154 Seiten. 1971 (Sammlung Göschen Band 4000) ISBN 3 11 003731 9

Wirtschaftssoziologie

Von *Friedrich Fürstenberg*. 2., neubearbeitete und ergänzte Auflage. 141 Seiten. 1970 (Sammlung Göschen Band 1193) ISBN 3 11 002774 7

Geschichte der Soziologie

Von *L. von Wiese*. 9. Auflage. 158 Seiten. 1971 (Sammlung Göschen Band 3101). Die 1.–8. Auflage (1926–67) erschien unter dem Titel „Soziologie, Geschichte und Hauptprobleme". ISBN 3 11 001949 3

Grundfragen der Soziologie (Individuum und Gesellschaft)

Von G. *Simmel*. 3., unveränderte Auflage. 98 Seiten. 1970 (Sammlung Göschen Band 1101) ISBN 3 11 002762 3

Industrie- und Betriebssoziologie

Von *Wolfram Burisch*. 6., neubearbeitete und erweiterte Auflage. 194 Seiten. 1971 (Sammlung Göschen Band 3103) ISBN 3 11 006474 X

Religionssoziologie

Von G. *Kehrer*. 158 Seiten. 1968 (Sammlung Göschen Band 1228) ISBN 3 11 002785 2

Methoden der empirischen Sozialforschung

Von *P. Atteslander*. Unter Mitarbeit von *K. Baumgartner, F. Haag, J. Oetterli, R. Steiner*. 2., verbesserte Auflage. 291 Seiten. 1971. (Sammlung Göschen Band 4229) ISBN 3 11 001902 7

Ideengeschichte der sozialen Bewegung des 19. und 20. Jahrhunderts

Von *Werner Hofmann* †. 4., unveränderte Auflage unter Mitwirkung von *Wolfgang Abendroth*. 298 Seiten. 1971 (Sammlung Göschen Band 4205) ISBN 3 11 003565 0

Jeder Band (neues Format 12 × 18 cm) Nr. 2000–2999: DM 3,60; Nr. 3000 bis 3999: DM 5,80; Nr. 4000–4999: DM 7,80; Nr. 5000–5999: DM 9,80. Jeder Band (altes Format 10,5 × 15,5 cm) Einfachband: DM 3,60; Doppelband: DM 5,80; Dreifachband: DM 7,80.

Walter de Gruyter · Berlin · New York